全国中国特色社会主义政治经济学研究中心（福建师范大学）
2022年重点项目研究成果

全国经济综合竞争力研究中心2022年重点项目研究成果

福建省"双一流"建设学科——福建师范大学理论经济学科
2022年重大项目研究成果

福建省社会科学研究基地——福建师范大学竞争力研究中心
2022年资助研究成果

全国中国特色社会主义政治经济学研究中心（福建师范大学）学者文库

主编 李建平

当代马克思主义经济学家经济学术思想研究丛书

刘国光
经济学术思想研究

A STUDY ON LIU GUOGUANG'S
ECONOMIC THOUGHTS

何海琳 ◎ 著

中国财经出版传媒集团
经济科学出版社
Economic Science Press

图书在版编目（CIP）数据

刘国光经济学术思想研究/何海琳著 . -- 北京：
经济科学出版社，2022. 10（2023. 6 重印）
（当代马克思主义经济学家经济学术思想研究丛书）
ISBN 978 - 7 - 5218 - 4161 - 9

Ⅰ. ①刘…　Ⅱ. ①何…　Ⅲ. ①刘国光 - 经济思想 - 研
究　Ⅳ. ①F092. 7

中国版本图书馆 CIP 数据核字（2022）第 200192 号

责任编辑：孙丽丽　戴婷婷
责任校对：孙　晨
责任印制：范　艳

刘国光经济学术思想研究

何海琳　著

经济科学出版社出版、发行　新华书店经销
社址：北京市海淀区阜成路甲 28 号　邮编：100142
总编部电话：010 - 88191217　发行部电话：010 - 88191522
网址：www. esp. com. cn
电子邮箱：esp@ esp. com. cn
天猫网店：经济科学出版社旗舰店
网址：http：//jjkxcbs. tmall. com
北京季蜂印刷有限公司印装
710 × 1000　16 开　14. 25 印张　260000 字
2022 年 11 月第 1 版　2023 年 6 月第 2 次印刷
ISBN 978 - 7 - 5218 - 4161 - 9　定价：66. 00 元
（图书出现印装问题，本社负责调换。电话：010 - 88191545）
（版权所有　侵权必究　打击盗版　举报热线：010 - 88191661
QQ：2242791300　营销中心电话：010 - 88191537
电子邮箱：dbts@ esp. com. cn）

刘国光先生和李建平教授合影

刘国光先生、李建平和綦正芳伉俪、何海琳合影

刘国光先生和何海琳合影

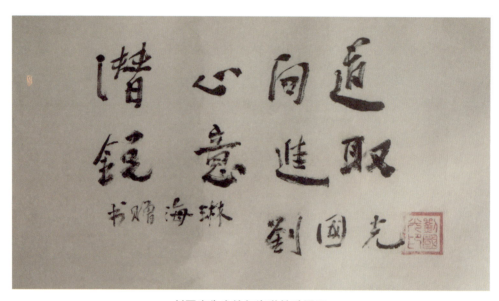

刘国光先生给何海琳勉励题词

总　序[*]

在 2017 年春暖花开之际，从北京传来喜讯，中共中央宣传部批准福建师范大学经济学院为重点支持建设的全国中国特色社会主义政治经济学研究中心。中心的主要任务是组织相关专家学者，坚持以马克思主义政治经济学基本原理为指导，深入分析中国经济和世界经济面临的新情况和新问题，深刻总结改革开放以来中国发展社会主义市场经济的实践经验，研究经济建设实践中所面临的重大理论和现实问题，为推动构建中国特色社会主义政治经济学理论体系提供学理基础，培养研究力量，为中央决策提供参考，更好地服务于经济社会发展大局。于是，全国中国特色社会主义政治经济学研究中心（福建师范大学）学者文库也就应运而生了。

中国特色社会主义政治经济学这一概念是习近平总书记在 2015 年 12 月 21 日中央经济工作会议上第一次提出的，随即传遍神州大地。恩格斯曾指出："一门科学提出的每一种新见解都包含这门科学的术语的革命。"[①] 中国特色社会主义政治经济学的产生标志着马克思主义政治经济学的发展进入了一个新阶段。我曾把马克思主义政治经济学 150 多年发展所经历的三个阶段分别称为 1.0 版、2.0 版和 3.0 版。1.0 版是马克思主义政治经济学的原生形态，是马克思在批判英国古典政治经济学的基础上创立的科学的政治经济学理论体系；2.0 版是马克思主义政治经济学的次生形态，是列宁、斯大林等人对 1.0 版的

---

* 总序作者：李建平，福建师范大学原校长，文科资深教授，全国中国特色社会主义政治经济学研究中心（福建师范大学）主任，经济学院和马克思主义学院教授，博士生导师。

① 资本论（第 1 卷）[M]. 北京：人民出版社，2004：32.

坚持和发展；3.0 版的马克思主义政治经济学是当代中国马克思主义政治经济学，它发端于中华人民共和国成立后的 20 世纪 50～70 年代，形成于 1978 年党的十一届三中全会后开始的 40 年波澜壮阔的改革开放过程，特别是党的十八大后迈向新时代的雄伟进程。正如习近平所指出的："当代中国的伟大社会变革，不是简单套用马克思主义经典作家设想的模板，不是其他国家社会主义实践的再版，也不是国外现代化发展的翻版，不可能找到现成的教科书。"① 我国的马克思主义政治经济学"应该以我们正在做的事情为中心，从我国改革发展的实践中挖掘新材料、发现新问题、提出新观点，构建新理论。"② 中国特色社会主义政治经济学就是具有鲜明特色的当代中国马克思主义政治经济学。

中国特色社会主义政治经济学究竟包含哪些主要内容？近年来学术理论界进行了深入的研究，但看法并不完全一致。大体来说，包括以下 12 个方面：新中国完成社会主义革命、确定社会主义基本经济制度、推进社会主义经济建设的理论；社会主义初级阶段理论；社会主义本质理论；社会主义初级阶段基本经济制度理论；社会主义初级阶段分配制度理论；经济体制改革理论；社会主义市场经济理论；使市场在资源配置中起决定性作用和更好发挥政府作用的理论；新发展理念的理论；社会主义对外开放理论；经济全球化和人类命运共同体理论；坚持以人民为中心的根本立场和加强共产党对经济工作的集中统一领导的理论。对以上各种理论的探讨，将是本文库的主要任务。但是应该看到，中国特色社会主义政治经济学和其他事物一样，有一个产生和发展过程。所以，对中华人民共和国成立七十年来的经济发展史和马克思主义经济思想史的研究，也是本文库所关注的。从 2011 年开始，当代中国马克思主义经济学家的经济思想研究进入了我们的视野，宋涛、刘国光、卫兴华、张薰华、陈征、吴宣恭等老一辈经济学家，他们有坚定的信仰、不懈的追求、深厚的造诣、丰硕的研究成果，为中国特色社会主义政治经济学做出了不可磨灭的

---

① 李建平. 构建中国特色社会主义政治经济学的三个重要理论问题 [N]. 福建日报（理论周刊）. 2017－01－17.

② 习近平. 在哲学社会科学工作座谈会上的讲话 [M]. 北京：人民出版社，2016：21－22.

贡献，他们的经济思想也是当代和留给后人的一份宝贵的精神财富，应予阐释发扬。

　　全国中国特色社会主义政治经济学研究中心（福建师范大学）的成长过程几乎和改革开放同步，经历了 40 年的风雨征程：福建师范大学政教系 1979 年开始招收第一批政治经济学研究生，标志着学科建设的正式起航。以后相继获得：政治经济学硕士学位授权点（1985 年）、政治经济学博士学位授权点（1993 年），政治经济学成为福建省"211 工程"重点建设学科（1995 年）、国家经济学人才培养基地（1998 年，全国仅 13 所高校）、理论经济学博士后科研流动站（1999 年）、经济思想史博士学位授权点（2003 年）、理论经济学一级学科博士学位授权点（2005 年）、全国中国特色社会主义政治经济学研究中心（2017 年，全国仅七个中心）。在这期间，1994 年政教系更名为经济法律学院，2003 年经济法律学院一分为三，经济学院是其中之一。40 载的沐雨栉风、筚路蓝缕，福建师范大学理论经济学经过几代人的艰苦拼搏，终于从无到有、从小到大、从弱到强，成为一个屹立东南、在全国有较大影响的学科，成就了一段传奇。人们试图破解其中成功的奥秘，也许能总结出许多条，但最关键的因素是，在 40 年的漫长岁月变迁中，我们不忘初心，始终如一地坚持马克思主义的正确方向，真正做到了咬定青山不放松，任尔东西南北风。因为我们深知，"在我国，不坚持以马克思主义为指导，哲学社会科学就会失去灵魂、迷失方向，最终也不能发挥应有作用。"[1] 在这里，我们要特别感谢中国人民大学经济学院等国内同行的长期关爱和大力支持！因此，必须旗帜鲜明地坚持以马克思主义为指导，使文库成为学习、研究、宣传、应用中国特色社会主义政治经济学的一个重要阵地，这就是文库的"灵魂"和"方向"，宗旨和依归！

　　是为序。

李建平

2019 年 3 月 11 日

---

[1]　习近平. 在哲学社会科学工作座谈会上的讲话 [M]. 北京：人民出版社，2016：9.

序

　　获悉厦门医学院何海琳副教授的大作《刘国光经济学术思想研究》在其博士论文的基础上几经修改即将付梓，作为其导师，应她要求，欣然为之作序。

　　新中国成立七十多年，特别改革开放四十多年来，我国的面貌发生了翻天覆地的变化，仅用几十年的时间就走完了西方发达国家几百年走过的工业化历程，创造了经济快速发展和社会稳定的两大奇迹，为世人所瞩目。中国获得的巨大成功，关键在于中国共产党坚强而正确的领导和亿万人民群众真心实意的大力支持。在亿万人民群众中有一个特殊的群体不可忽视，那就是一直与中国共产党同心同德同奋斗的马克思主义经济学家。刘国光先生是当代中国最负盛名最有影响的经济学家之一。

　　刘国光先生人生经历极为丰富，颇有传奇色彩。他在西南联大读过书，新中国成立后到苏联留过学，回国后从基层到中央国家机关都工作过。在国家三年困难时期，他加入中国共产党。上个世纪八十年代，在党的十二大和党的十三大上刘国光先生两度当选中央候补委员。1982年，他被任命为中国社会科学院副院长，兼任经济研究所所长与《经济研究》杂志主编。1993年，他已到古稀之年，当选为第八届人大常委，之后，卸任中国社会科学院副院长职务，被聘为中国社会科学院特邀顾问。2006年，刘国光先生被推选为中国社会科学院学部委员。

　　自1955年写作《论物质平衡在国民经济平衡中的作用》一文开始，在长达六十七年的研究生涯中，刘国光先生为民平实做人，为国

1

勤奋治学，先后出版专著、主编和专题文选、文集40多种，发表论文、报告、演说、访谈等以千篇计，共近2000万字，其中自撰超过1000万字。他的研究涉及经济学多个领域，重点是宏观经济包括经济发展战略和改革开放模式。晚年，他退而不休，笔耕不辍，高度关注社会主义市场经济的健康发展，密切关心马克思主义政治经济学在中国的地位和作用，时刻心系党和国家的前途和命运。正如2005年，他在接受首届中国经济学杰出贡献奖时所说的："在坚持市场取向的改革目标时，我们这一代学人也始终坚持社会主义的方向。'社会主义市场经济'是一个完整的概念，是不容割裂的有机统一体""我总以为马克思主义经济学的立场，劳动人民的立场，大多数人民利益的立场，关注弱势群体的立场，是正直的经济学人应有的良心，是不能丢弃的。马克思主义的最基本的观点和方法也是要坚持的；但具体的观点、方法，马克思主义经济学和西方经济学都可以选择，为我所用，为创建我国社会主义的政治经济学所用。"① 心底无私天地宽。刘国光先生心中装着人民，所以他能做到不唯上，不唯书，不唯风，只唯实，这是难能可贵的！

　　刘国光先生的学术生涯分期有多种说法。我比较同意以2003年为界（这一年他刚好80岁），分为前后两个时期。在2003年以前，他最主要的开创性贡献是最早论证和长期坚持社会主义经济要实行计划与市场相结合。早在1979年发表于《经济研究》的《论社会主义经济中计划与市场的关系》一文，是我国在计划与市场关系问题上最早最有新意的论文。他提出，为了确保国民经济各部门、各地区协调发展，为了维护整个社会的公共利益和正确处理各方面的物质利益关系，社会主义经济运行必须走计划与市场相结合的途径。1982年9月，他在《人民日报》发表的《坚持经济体制改革的具体方向》一文中率先提出，随着改革的不断深入，"买方市场"将逐渐形成，价格趋向合理化，提出要逐步缩小"指令性计划的范围，扩大指导性计划的范围"等观点，同时还指出，应着力研究指导性计划的机制问题，并认为这

① 刘国光. 刘国光专集 [M]. 太原：山西经济出版社，2005：1-2.

是社会主义经济的计划与市场关系中难度最大的一个问题，也是坚持改革方向必须解决的一个问题。由此可充分证明，刘国光先生是我国最早主张并系统论证实行社会主义市场取向改革的经济学家，为我国建立和完善社会主义市场经济体制作出了可贵的前瞻性贡献。[①]

刘国光先生另一个最主要的开创性贡献是最早提出从"两重模式转换"到"两个根本转变"等经济指导思想。早在1985年，刘国光先生就在《世界经济导报》和《人民日报》上刊文，提出我国社会主义经济要实现两种或双重模式转换，即发展模式转换和体制模式转换。发展模式转换就是指从过去以高速增长为目标、外延发展为主导方式和以重工业为中心不平衡发展战略，逐步转向在提高经济效益前提下，以满足人民需要为目的的适度增长，以内涵发展为主导的方式和合理配置资源的相对平衡发展战略。而体制模式转换就是转换以增强企业活力为核心的多层次决策结构、以经济手段间接控制为主的调节体系，把物资利益原则和社会公正原则结合起来的利益结构，政企分开和横向经济联系为主的组织结构等为特征的新体制模式。上个世纪九十年代，针对经济体制和经济增长中出现的新问题、新矛盾，刘国光先生率先提出，国民经济体制要持续健康发展，必须实现两个根本性转变，即经济体制从传统计划经济体制向社会主义市场经济体制转变和经济增长方式从粗放型向集约型转变，并指出经济体制和增长方式的选择应成为经济工作始终关注和决策的重要内容。他提出的"双重模式转化"的思想，最终演变成为"两个根本性转变"，为国家的决策作出先行的论证。[②]

辩证看待计划经济和市场经济，坚持社会主义市场经济的改革方向。刘国光先生在《八十心迹》一文中坦陈，"我们这一代经济学人经历了计划与市场争论烈火与实践反复的锤炼"，应该承认，"计划经济在苏联、在中国，还是起过它的辉煌历史作用的。但历史也证明，计划经济毕竟不能解决效率和激励问题。市场经济作为资源配置的主

①② 张福军. 刘国光对社会主义经济理论与实践的有益探索——庆贺刘国光九十华诞暨完善社会主义市场经济体制研讨会综述［J］. 当代经济研究，2014（3）：93.

要方式，是历史必由之路。但市场经济的缺陷很多，很多。完全让看不见的手来调节，不能保证社会的公正协调发展。在坚持市场取向改革的同时，必须有政府有效的调控干预加以纠正，有必要的计划协调予以引导。在像我国这样的发展中大国，尤其要强调政府管理经济社会职能的作用。这是我和许多经济学界朋友们共同的信念。"① 多年来，刘国光先生一贯强调我国改革的目标模式是社会主义市场经济，而且是在坚持社会主义基本制度下实行的市场经济，明确提出社会主义市场经济与资本主义市场经济的本质区别在于市场经济不能脱离于它存在其中的社会制度的制约。他认为，经过多年的改革开放，我国的市场取向的改革已经取得很大成就，不足之处需要进一步完善，过头之处则需要加以改正，当前需要警惕以进一步市场化为名推行私有化的倾向，要防止过度市场化而引发的种种灾难性后果。不破不立，只有深刻揭露一些人所主张的全盘西化、私有化的新自由主义观点，只有反对建立一个不讲计划、没有国家强有力宏观调控的资本主义的自由竞争市场的错误主张，才能有助于建立完善的社会主义市场经济体制，这才是中国经济体制改革的方向。他还指出，坚持社会主义市场经济体制根本方向，应从以下三个方面着手：做优做强国有经济和集体经济，发挥国有经济的主导作用和公有制经济的主体作用；转变政府职能，提高国家宏观调控能力；从所有制结构和财产制度，从强化公有制主体等方面入手，实现改善民生，逐步解决财富和收入可能出现的两极分化，② 最终实现邓小平提出的共同富裕目标。

中国经济学必须用马克思主义做指导，这是唯一的选择。刘国光先生几十年来坚持用马克思主义经济学的立场和观点来从事经济理论研究，认为只有加强马克思主义的主导地位，才能引领中国经济学的正确走向。但也指出要辩证地看待西方经济学，其合理的东西可以为我所用。本世纪初，我国经济学界刮起了一股歪风，对西方经济学盲目照搬照抄，甚至力图用西方经济学取代马克思主义经济学作为我国

---

① 刘国光文集（第十卷）[M]. 北京：中国社会科学出版社，2006：536.

② 张福军. 刘国光对社会主义经济理论与实践的有益探索——庆贺刘国光九十华诞暨完善社会主义市场经济体制研讨会综述 [J]. 当代经济研究，2014（3）：94.

改革开放的指导思想。这种错误的倾向一度甚嚣尘上，严重影响了学校经济学教学与研究工作，影响了学生的世界观、价值观和人生观。对此，我有切身的体会。我曾受教育部委派作为专家组成员到北京一所知名大学检查经济学教学与研究工作。在座谈会上，一些学生公然贬低嘲笑马克思主义经济学，认为《资本论》已经过时了。这使我很震惊！此时，刘国光先生到了耄耋之年，而且明知公开反对这一倾向，会招致围攻，但强烈的社会责任感促使他挺身而出，捍卫真理，旗帜鲜明、理直气壮地进行评述，体现了一个马克思主义经济学家对党的事业的无限忠诚！2005 年，他发表了《对经济学教学和研究中一些问题的看法》长文，开门见山地指出，"一段时间以来，在理论经济学的教学与研究中，西方经济学的影响上升，马克思主义经济学的指导地位被削弱和被边缘化""在经济学的教学与研究中，西方经济学现在好像成了主流，很多学生自觉不自觉地把西方经济学看成我国的主流经济学""有人认为西方经济学是我国经济改革和发展的指导思想，一些经济学家也这么公然主张西方经济学应该作为我国的主流经济学，来代替马克思主义经济学的指导地位。西方资产阶级意识形态在经济研究工作和经济决策工作中都有渗透。对这个现象我感到忧虑。"[①] 他分析了造成这种现象的原因，特别提到了领导权问题："领导权很关键""中央一再强调，社会科学单位的领导权要掌握在马克思主义者手中。因为一旦掌握在非马克思主义者手中，那么教材也变了，队伍也变了，什么都变了。"[②] 刘国光先生这一担心不是多余的。对这些问题，他逐一提出了针对性的解决办法，强调中国经济改革和发展以马克思主义为指导，"这是一个重大的问题，是涉及中国向何处去的问题。"[③] 那种认为建立和建设现代市场经济制度，如果没有西方的经济理论为指导，这一艰巨任务就不能完成的观点，不仅不符合党的十一届三中全会到十四大的历史事实，而且中国的经济改革与发展如果完全按西方新自由主义来指导，那中国的基本经济制度就要变，那就势

---

① 刘国光文集（第十卷）［M］. 北京：中国社会科学出版社，2006：605.
② 刘国光文集（第十卷）［M］. 北京：中国社会科学出版社，2006：608.
③ 刘国光文集（第十卷）［M］. 北京：中国社会科学出版社，2006：619.

必要滑入"坏的资本主义市场经济"的深渊，对多数中国人来说，那将是一个噩梦！刘国光先生在事关党和国家的前途和命运的大是大非面前，不顾个人安危，以马克思主义者的坚定立场和大无畏的胆识，成为中国马克思主义者反击新自由主义的旗手，引起中国经济学界空前的大讨论，人称"刘国光旋风"。

刘国光先生曾说过，中国特色社会主义经济学应当旗帜鲜明地坚持马克思主义立场、观点和方法，构建新的经济学理论体系，不能照抄照搬以往政治经济学教科书的框架，更不能模仿西方经济学的范式，同时把意识形态与分析工具有机地统一起来，既鲜明地强化科学社会主义的意识，又能精巧地运用各种分析工具，把二者紧密地统一于马克思主义中国化的科学上。马克思主义政治经济学要研究现时代出现的各种新情况、新问题。刘国光先生在88岁高龄时提出六个需要深入研究的问题："一是社会主义政治经济学的阶级性和科学性的问题；二是社会主义初级阶段的矛盾问题；三是不同于其他社会制度的社会主义本质特征问题；四是社会主义市场经济是有计划的；五是关于社会主义基本经济制度问题；六是收入分配与所有制关系问题""只有研究透彻和阐述清楚刘国光提出的六个方面的问题，才能真正做到既不走封闭僵化的老路，也不走改旗易帜的邪路，才能坚定不移地走中国特色社会主义道路"①。

在"庆贺刘国光先生九十华诞暨完善社会主义市场经济体制"研究会上，刘国光先生坦陈，他近十年关于市场经济与社会主义的心声："我的总的理念其实也很平常：在社会主义初级阶段，我们需要继续深化市场经济的改革，但这个市场经济改革的方向必须是社会主义的，而不是资本主义的。这个问题关系到我国改革的前途命运，也是现今经济领域里意识形态斗争的焦点。环绕这个问题针锋相对的纷争，当然有理论是非问题，但是在更大程度上，这是当今中国社会不同利益阶层势力的对决。反对'市场经济'与'社会主义'相结合，主张私

---

① 张福军. 刘国光对社会主义经济理论与实践的有益探索——庆贺刘国光九十华诞暨完善社会主义市场经济体制研讨会综述 [J]. 当代经济研究，2014（3）：95.

有化、自由化和两极分化的声音，虽然有雄厚的财富和权力的实力背景，但毕竟只代表少数人的利益；而主张'市场经济'必须与'社会主义'相结合，以公有制为主体，以国家宏观计划调控为导向、以共同富裕为目标的声音，则代表了工农大众和知识分子群体的希望。我国改革开放的前景，不取决于争论双方一时的胜负，最终将取决于广大人民群众的意志。我虽然来日不多，但对此仍满怀信心和激情。"①从中我深切感受到一位老一辈马克思主义经济学家坚定正确的理想信念，为最广大人民根本利益而不懈奋斗的高尚情怀，勇于坚持真理追求真理的品德和风骨。2023 年是刘国光先生诞辰 100 周年，我们谨以本书出版表达对他的崇高敬意！

　　是为序。

李建平

写于 2022 年初冬

福州金桥花园冬夏庐

---

① 刘国光. 刘国光［M］. 北京：社会科学文献出版社，2017：123 – 124.

目 录
CONTENTS

绪　　论

一、研究背景和意义

（一）研究背景

新中国成立 70 多年来，中国共产党坚持把马克思主义基本原理同中国具体实际相结合、同中华优秀传统文化相结合，深刻把握发展不同阶段的主要矛盾，及时调整中心任务、制定战略决策，全力推进经济现代化。党领导人民创造了世所罕见的经济快速发展奇迹，实现了从生产力相对落后到经济总量跃居世界第二的历史性突破，实现了人民生活水平从温饱不足到总体小康、奔向全面小康的历史性跨越，推进了中华民族从站起来到富起来的伟大飞跃。2021 年，尽管受到新冠肺炎疫情的影响，我国国内生产总值比上年增长 8.1%，按年平均汇率折算，达 17.7 万亿美元，稳居世界第二①。当今世界正在经历百年未有之大变局，世界进入新的动荡变革期。大国间经贸摩擦加剧，单边主义、保护主义抬头，霸权主义和强权政治又有新的表现，国内经济发展面临需求收缩、供给冲击、预期转弱三重压力，不确定因素和潜在风险大大增加。意识形态领域各种思潮相互交织，影响社会和谐稳定的舆论和事件时有出现，坚持和巩固马克思主义在意识形态领域的指导地位任重而道远。面对复杂多变的国内外经济形势，如何抓住时机深化重要领域改革、进一步完善社会主义经济制度，推动中国经济迈上更高质量、更有效率、更加公平、更可持续、更为安全的发展之路，使全体人民共享发

---

① 国家统计局. 国家统计局局长就 2021 年国民经济运行情况答记者问 ［EB/OL］. （2022 - 01 - 17）［2022 - 03 - 22］. http：//www. stats. gov. cn/tjsj/sjjd/202201/t20220117_1826479. html.

展成果？面对西方资本主义的意识形态渗透，如何在理论风云和思想激荡中坚持和发展马克思主义、坚定社会主义方向？在新的伟大征程上，如何进一步深化国有企业改革，巩固公有制经济主体地位，更好地发挥国有经济的主导作用？这些是公众热切关注的问题，也是广大经济工作者研究的重点。探讨这些问题，必须要向思想家和经济学家求教。伟大的思想由于深刻地揭示社会发展的内在规律，而成为引领时代、指导实践的科学指南，具有恒久的力量。中国社会科学院原副院长刘国光是影响新中国经济建设的经济学家，他"是当代中国最有影响的经济学家之一"[①]。在七十多年的经济工作中，刘国光潜心中国特色马克思主义经济理论研究，成就非凡；先后获得首届"中国经济学杰出贡献奖"（2005）、"21世纪世界政治经济学杰出成果奖"（2010）、首届"世界马克思经济学奖"（2011）。

（二）研究意义

刘国光是具有丰富社会主义经济建设经验的马克思主义经济学家。研究他的经济思想具有重要意义。

1. 深化社会主义市场经济体制改革，推动经济高质量发展的需要

中国特色社会主义进入新时代，中国经济由高速增长阶段转向高质量发展阶段。进一步深化社会主义市场经济体制改革，对于全面建成小康社会后满足人民对美好生活的更高需求、建成社会主义现代化强国和实现民族复兴具有重要意义。刘国光对中国的经济体制改革和国民经济持续健康发展等问题有着较为系统的研究和前瞻性思考，对中国经济体制改革的抉择产生了重要影响。研究刘国光思想洞见，有助于经济工作者更加深刻地理解改革开放以来经济领域重大决策的立场、观点和理论渊源，进一步深化社会主义市场经济体制改革，不断实现经济高质量发展。

2. 深刻理解马克思主义经济思想在当代中国运用和发展的需要

中国仅用几十年时间就走完发达国家几百年走过的工业化历程，创造了经济快速发展和社会长期稳定两大奇迹，创造了人类社会发展史上惊天动地的发展奇迹。这些奇迹是在马克思主义经济学指导下取得的。马克思主义是刘国光经济学术思想的理论起点、逻辑起点、价值起点。刘国光经济学术思想是创造性地运用马克思主义经济思想思考和解决当代中国具体经济问题的典范。研究刘国光经济学术思想，对于深刻理解马克思主义经济思想在当代中国的运用和发展，总结马克思主义经济学中国化的实践和经验，丰富中国特色社会主义政治经济学话语体

---

① 中国经济学奖管理委员会. 为改革创造相对宽松的环境 ［J］. 中国改革，2005（4）：27.

系具有重要的意义。

3. 坚持和发展马克思主义经济学的需要

进入新发展阶段，应对重大挑战、抵御重大风险、克服重大阻力、解决重大矛盾，必须坚持和发展马克思主义经济学。刘国光是"反击新自由主义的领军人物和旗手"[①]"引领中国经济学与中国经济改革正确走向的旗帜"[②]。研究刘国光经济学术思想，对于坚持和传播马克思主义经济学，用马克思主义引领中国经济建设正确走向具有重要的启示和意义。

二、刘国光思想研究现状

在中国知网上[③]以"刘国光"为关键词、篇名进行检索，查询到研究刘国光经济学术思想的文献有博士论文 2 篇，学术论文 38 篇。有 25 篇是以书评形式对刘国光经济学术思想的研究，其余为专题研究。部分当代中国经济思想史著作也有论及[④]。最早对刘国光经济学术思想进行研究的文章是唐忠焜的《总结实践整经验，探索发展方向》（发表于《经济学动态》1980 年第 12 期）。该文是对刘国光《国民经济管理体制改革的若干问题》一书的评论。郭笑撰的博士论文《刘国光经济思想研究》（2003）[⑤] 较为全面地研究了刘国光在 2000 年以前的经济思想。沈立人是发表成果最多的研究者，有 6 篇论文成果。可见，学术界对刘国光经济学术思想的研究具有持续性，已有文献较清晰地展示了刘国光经济学术思想的发展过程和刘国光在中国经济发展不同时期的关注点。

（一）刘国光经济学术思想研究

目前，学术界对刘国光经济学术思想研究主要从理论要点、发展阶段、思想特点和历史贡献四个方面展开。

---

① 李炳炎. 引领中国经济学正确走向的一面旗帜 [J]. 探索，2010（3）：87.
② 李炳炎. 引领中国经济学正确走向的一面旗帜 [J]. 探索，2010（3）：91.
③ 搜索时间为 2021 年 11 月 11 日。
④ 这些专著有程恩富主编的《马克思主义经济思想史（中国卷）》（2006），马国川著作《大碰撞——2004－2006 中国改革纪实》（2006），赵智奎主编的《改革开放 30 年思想史》（2008），柳欣、刘刚主编的《中国经济学三十年》（2008），苏东斌编《当代中国经济思想史断录》（2009），张卓元主编的《当代中国经济学理论研究（1949－2009）》（2009），刘思华编著的《当代中国马克思主义经济学家：批判与创新》（2012）。此外，邓加荣所写的《中国经济学杰出贡献奖获得者——刘国光》（2008）从文学角度对刘国光的经济思想作了较为全面的介绍。
⑤ 该文对本书第一、二章的写作具有一定的参考价值。

1. 刘国光经济学术思想理论要点的研究

扩大再生产理论研究。刘国光关于社会再生产的研究是建立在对马克思主义简单再生产和扩大再生产的理论基础上，是他留苏期间取得科研成果的延续，也为他后来提出"两个根本性转变"理论奠定了基础（赵人伟，1981；陈仪坤，1985；沈立人，1988；李向阳，2000；李建伟，2003；郭笑撰，2003；陈东琪，2007）。

计划和市场结合论。主要内容有：市场和计划是内在的、有机的结合；坚持在国家宏观计划导向下实行市场取向的改革（唐忠焜，1980；沈立人，1988；杜辉，1988；郭笑撰，2003；程恩富，2006；柳欣，2006；张卓元，2009；苏东斌，2009）。在不同的经济发展阶段，刘国光对计划和市场关系强调的侧重点有所不同：改革初期，强调引入市场机制的必要性和必然性；当社会主义市场经济理念深入人心，强调市场经济也有缺陷，必须重视政府的宏观调控职能（陈东琪，2007）。

经济体制改革研究。主要内容有：对苏联和东欧各国经济体制模式研究，经济体制转变的原因，经济体制模式的构成，经济体制转变的原则（沈立人，1988；杜辉，1988；B. 波尔佳科夫，1990；肖灼基，杜辉，1990；郭笑撰，2003；毛立言，2011）。刘国光将经济体制模式的构成分为：所有制结构、经济决策结构或经济决策体系、经济利益或经济动力体系、经济调节体系和经济组织体系（沈立人，1988）。刘国光的体制模式各要素环节紧密呼应，体现配套方向和模式转换衔接，易于整体推进（杜辉，1988；肖灼基，杜辉，1990）。经济体制模式的转换原则是渐进原则、配套原则和买方市场原则；模式转换分为四个具体阶段，即初步突破阶段，新旧体制并存阶段，改革深化阶段和目标模式实现阶段（肖灼基，杜辉，1990）。

双重模式转换论。主要内容有：两种模式转变的必要性和内在联系、经济体制改革模式的特征内容、经济发展模式等（沈立人，1988；B. 波尔佳科夫，1990；肖灼基，杜辉，1990；东旗，1994；阳国亮，2000；桁林，2003；郭笑撰，2003；李建伟，2004）。双重转换的三条原则是改革战略与发展战略同步调整；总量调控形成对投资和消费膨胀的自我约束机制；为推进结构调整，形成有利于产业结构优化的机制（肖灼基，杜辉，1990）。政府与市场关系是双重经济转换方式的中心环节（桁林，2003）。模式转换理论的中心环节是增强企业活力，枢纽是完善市场体系，模式转换的归宿是国家的经济管理由以直接控制为主转向以间接控制为主（郭笑撰，2003）。

宏观经济管理思想。主要内容有：对防治通货膨胀和通货紧缩的研究、"软着陆"理论以及中国宏观经济发展目标思考（杨圣明，1999；阳国亮，2000；郭笑撰，2003；陈东琪，2007；毛立言，2010）。"软着陆"理论提出把着力点放在宏观调控的时机与力度上；主张力度要适度从紧（杨圣明，1999）。刘国光认为，与宏观目标相联系的是宏观政策和相应的宏观措施，包括运用经济手段、法律、行政手段和思想教育手段等，最主要的是经济手段（毛立言，2011）。

关于国有企业改革的思考。刘国光重视财产关系的相互渗透和相互融合，主张国有产权分三层管理：政府国有资产管理部门是固有资产的终极所有权代表；作为经济实体的国有资产经营公司受托经营国有资产；拥有法人所有权的工商企业（肖灼基，杜辉，1990）。刘国光主张以建立现代企业制度为核心推进国有企业改革，走公司化、股份化的新路（郑耀东，1996）。刘国光关于国企改革的思路是：抓大放小，产权投资主体、产权主体多元化，政企分开，进行财政－银行－企业之间的债务重组，以便建立起一种良性的银企关系，倡导融资参与国企改制，探索中小企业的股份合作制（阳国亮，2000）。刘国光转变国有企业改革的工作思路有：巩固与壮大国有经济的主导地位；彻底清算和坚决回收流失的国有资产；慎重对待垄断国有企业的改革；以及加快深化国有资产管理体制改革建议（李炳炎，2010）。

其他方面重要经济思想。针对经济学教学中马克思主义边缘化的现象，刘国光提出，经济学要强调立场和意识形态；要坚持改革的社会主义方向，认为计划要适应市场经济的发展，加强有效的政府管理（马国川，2006）。刘国光认为，经济结构调整要以市场为导向，科技为支撑，企业为主体，发挥劳动资源优势等；推动农村经济的发展还需要推广规模化经营，推动农村的技术升级，实现现代农业的发展等（郭笑撰，2003）。关于调整收入分配关系，缩小贫富差距，刘国光认为不但要从财政税收、转移支付等再分配领域着手，完善公共福利等社会保障机制，改善低收入者的民生状况，还需要从基本生产关系、从基本经济制度来解决（毛立言，2011；何海琳，2012）。

2. 刘国光经济学术思想特点的研究

刘国光从事经济研究的科学方法有质量结合分析，抽象方法的运用和经济运动过程的具体现实相结合（赵人伟，1981）。刘国光的经济改革思路特点是"稳中求进"（沈立人，1992；刘思华，2013）。刘国光经济研究特征是理性分析、平民化和大众化以及稳中求进（郭笑撰，2003）。具有良知和责任使刘国光经济研究具有深厚的人文关怀，有"中国特色"，把经济学的一般理论深入应用到中国的具体实践中来（陈东琪，2007）。刘国光经济学术思想的主线是其社会责任感和人民情结、大无畏的反潮流精神和勇气；忠诚的马克思主义者（李炳炎，

2010）。唯物论是刘国光从事经济研究的出发点，辩证法是他从事经济研究的主要分析方法（何海琳，2013）。

3. 刘国光经济学术思想发展阶段的研究

刘国光经济学术思想发展分为三个阶段：第一阶段（1955～1964），重点研究社会主义再生产理论和国民经济综合平衡问题；第二阶段（1978～2004），刘国光研究社会主义经济实践和经济理论的黄金期，几乎涉及经济和经济学所有领域的重大问题；第三阶段（2005～2007），研究重点是公平与效率关系、改革的取向、市场经济条件下的宏观调控以及改革反思等方面（陈东琪，2007）。

4. 刘国光经济学术思想主要贡献的研究

刘国光"稳中求进"的改革思路被政府决策部门吸纳，其科学性与正确性也被我国经济发展与改革的实践所印证（邢桂芹，1999；李建伟，2004）。刘国光在20世纪70年代关于市场与计划的研究受到当时国内经济学界，特别是政府决策部门和中央领导的高度重视，对我国经济体制市场化改革取向的抉择产生了重要影响（李建伟，2004）；刘国光对中国经济体制改革、经济发展以及宏观经济管理等问题进行了系统而卓有成效的研究，对促进中国经济体制改革、开放和发展，建立中国社会主义市场经济理论做出了巨大贡献（陈东琪，2007）。刘国光关于社会主义经济中计划与市场的关系研究得到党中央主要领导人的肯定；关于效率与公平的正确关系的观点，为十七大报告所吸纳（杨承训，2010）。刘国光提出的"双重模式转换"思想为"两个根本性转变"（即经济增长方式转变和经济体制转变）提供了理论支持（桁林，2003；杨承训，2010）。刘国光稳健务实的学术风格对学术界研究和中央决策均产生了积极影响，为我国经济体制改革顺利推进提供了决策参考（赵智奎等，2008）。刘国光是确立社会主义市场经济体制的积极支持者，较早为我国社会主义市场经济改革方向和目标模式的形成做出前瞻性贡献，是卓有建树的经济学家（刘思华，2013）。李建平、何海琳（2018）从经济体制改革的基础、经济体制改革的架构、经济发展战略的理论指导、宏观经济决策的理论依据、收入分配改革导航、中国特色社会主义政治经济学科体系话语权、改革的社会主义方向等七个方面论证刘国光经济学术思想是中国特色社会主义经济学的重要组成部分。

（二）对现有研究的评析

现有研究成果较为全面地展示了刘国光在社会主义政治经济学领域的建树和贡献。但是，相对刘国光长期从事经济研究的丰富经历和理论贡献而言，上述研究还很不够。

第一，内容不够全面。现有的研究主要涉及刘国光在 2005 年之前的思想内容，较少涉及此后关于中国经济问题的思考及批判新自由主义、马克思主义政治经济学学科建设等方面内容。

第二，史实联系不够紧密。刘国光经济学术思想是在运用马克思主义基本原理解决中国经济体制改革实践问题中产生的。研究刘国光经济学术思想必须要联系史实，探讨其与中国经济体制改革和发展的内在联系及现实作用；在此基础上，延伸对解决当下问题的启示。但现有研究较少把刘国光经济学术思想放在历史背景下去探讨其形成和发展，在一定程度上遮蔽了刘国光经济学术思想的时代意义和理论价值。

第三，对马克思经济理论的传承性研究不够。刘国光是坚定的马克思主义经济学家。他运用马克思主义立场、观点、方法探索中国经济问题，做出了突出的贡献。深刻地解读刘国光经济学术思想，深刻理解马克思主义经济思想在当代中国运用和发展，需要挖掘刘国光经济学术思想和马克思主义经济理论的关联。

三、本书的研究思路和研究方法

（一）研究思路

本书以改革开放以来刘国光经济学术思想主要内容为研究对象。在总结刘国光经济学术思想的要点及贡献的基础上，探讨刘国光经济学术思想研究的当代价值。

（二）研究方法

第一，坚持以唯物辩证法为指导，梳理刘国光学术经济思想的发展脉络，提炼刘国光经济学术思想的要点，分析其特点和价值意义。

第二，史论结合方法。研究经济思想要将经济思想同相应的时代背景、理论渊源、社会经济条件相结合，才能深刻把握经济思想的内涵。我国社会主义市场经济建设和经济改革是刘国光经济学术思想形成和发展的时代背景，马克思主义经济理论是刘国光经济学术思想的渊源。在中国经济改革和建设的历史实践中研究刘国光经济学术思想，在分析马克思主义在当代社会主义中国的发展中研究刘国光经济学术思想，以更好地呈现和客观评价刘国光经济学术思想的历史贡献和理论价值。

第三，文献研究法。通过研读刘国光经济学论著，归纳和提炼刘国光经济学术思想的主要内容，尽可能全面、真实、客观展示刘国光经济学术思想的主要特点，凸显刘国光经济学术思想的当代意义。

（三）研究框架

本书的基本框架如下：

绪论。介绍刘国光经济学术思想研究的背景和意义；概述相关研究的成果；阐述本书的研究内容、研究方法、创新和有待进一步研究之处等。

第一章，刘国光学术生涯概述。本章简介刘国光学术生涯轨迹、学术成果及获得荣誉；分析刘国光经济学术思想产生的时代背景；阐述刘国光经济学术思想在不同发展阶段的研究侧重点。

第二章，20世纪八九十年代的主要经济学术思想。本章介绍该时期刘国光经济学术思想产生的背景、主要内容以及理论价值和意义。涉及的主要内容有：社会主义经济中计划与市场的关系、社会主义经济体制改革、经济体制和经济发展两重模式转换、宏观调控论。

第三章，论坚持和完善社会主义所有制。新世纪以来，所有制结构调整引起激烈学术争锋。本章阐述刘国光对于涉及的社会热点和焦点经济问题的深入分析和新形势下深化所有制改革的建议，归纳总结刘国光关于坚持和完善社会主义所有制改革的理论贡献和现实意义。

第四章，论新时期个人收入分配问题。近年来，个人收入分配差距扩大化引起社会各界高度关注。本章简述学术界关于个人收入分配问题的讨论焦点，刘国光对争论要点的思考，归纳总结刘国光关于新时期的个人收入分配问题论述的理论贡献和现实意义。

第五章，深化改革的反思。2008年正值改革开放30周年，对深化改革有不同的看法和观点，引起学术界的争锋。本章简述学术界的争锋情况，概述、分析刘国光对深化改革的方向和推进改革的方法论的反思，归纳总结刘国光论反思改革的理论贡献和现实意义。

第六章，坚决批判和抵制新自由主义。新世纪以来，新自由主义对中国经济发展和经济教学中造成一定的干扰。本章阐述刘国光对干扰原因的分析、对新自由主义实质的揭露、对新自由主义主要观点的批判和应对新自由主义挑战的建议，归纳总结刘国光批判和抵制新自由主义的理论贡献和现实意义。

第七章，对政治经济学学科建设的思考。进入新世纪，政治经济学学科建设出现边缘化趋势。本章围绕刘国光关于马克思主义政治经济学建设的指导思想、学科建设内容、对待马克思主义政治经济学和西方经济学的态度以及学科教育的建议等内容；归纳总结刘国光的思考对政治经济学学科建设的理论贡献和现实意义。

第八章，刘国光经济学术思想的特点。总结归纳刘国光经济学术思想的理论品质特点：坚持以人民为中心的价值立场；把马克思主义哲学作为经济研究的主要方法论；继承、发展和捍卫马克思主义经济学是神圣历史使命；坚持批判和创新的理论品质。

第九章，刘国光经济学术思想的当代价值。刘国光经济学术思想是有鲜明中国特色政治经济学的重要组成部分，广大经济学人要秉承刘国光高度历史责任感和严谨学风，推进我国社会主义经济建设。

四、本书的创新点和有待进一步研究之处

（一）本书创新点

本书的创新主要体现两点：

第一，把刘国光经济学术思想研究纳入马克思主义经济思想史，特别是当代中国经济思想史研究，是新的尝试。长期以来，人们习惯把马克思主义经济思想史等同于马克思主义经典作家的经济思想发展史。事实上，在中国特色社会主义经济体制的建立、发展和完善历程中，广大马克思主义理论工作者紧密结合时代条件和实践要求，把马克思主义跟中国的经济建设实践相结合，进行艰辛理论探索，为推动中国特色社会主义经济发展做出了巨大的贡献。刘国光就是其中之一。改革开放以来，刘国光始终站在经济体制改革理论与对策研究的前沿，他的主张对我国经济体制改革模式与政策选择产生了重大影响。把刘国光经济学术思想纳入到马克思主义经济思想发展史的范畴里，在马克思主义经济思想研究方面，是一个新的尝试。

第二，填补刘国光经济学术思想研究空白。进入新世纪的头十年，刘国光发表大量研究成果，其鲜明的政治倾向和坚定的原则立场，引起诸多争议，成了经济学界的"焦点人物"。然而，学术界对此研究成果不多。因此，本书在国内为数不多的同类研究中起到了填补空白的作用。

（二）本书尚待深入研究之处

第一，研究材料有待进一步收集和分析。刘国光从事经济研究工作超过半个世纪，取得丰富的成果。但由于种种原因，资料收集整理难度比较大，难免有所

疏漏，内容分析很难做到深入、准确。

第二，研究内容有待进一步拓展。囿于篇幅，刘国光经济学术思想中还有一些方面内容未纳入本书的研究范围，如刘国光对陈云、周恩来、孙冶方等人经济思想研究、特区经济发展的观点、关于社会再生产理论等。这些不足之处有待在今后的研究加以补充和完善。

第三，研究深度方面有待进一步挖掘。刘国光经济学术思想博大精深，限于笔者已有的经济理论基础和水平，对刘国光经济学术思想理论贡献方面把握不够全面和深入，对刘国光经济学术思想内涵的深度挖掘还很有限。

第一章

刘国光学术生涯概述

第一节　刘国光学术生涯简介

　　刘国光，1923年11月23日生于江苏省南京市。中学时代，刘国光就倾向学习马克思主义理论。初中时期就开始接触艾思奇的《大众哲学》，高中时期开始自学《资本论》。1946年，刘国光毕业于国立西南联合大学经济系，毕业论文为《地租理论纵览》。这篇文章以马克思主义地租理论为主轴，融贯各派经济学理论，展露了深厚的理论积累。本科毕业后，刘国光考取清华大学经济系研究生。入学后不久，由于家境困难，被迫辍学，就职南开大学经济系，担任助教。1948年9月，经陈岱孙教授介绍，刘国光就职中央研究院社会研究所，任助理研究员。1951年，刘国光被派往苏联莫斯科经济学院，攻读博士研究生。1955年，获得副博士学位回国，到中国科学院（现为中国社会科学院）经济研究所从事研究工作，历任助理研究员、研究员、《经济研究》主编、所长等职务。

　　刘国光曾经担任过中国国家统计局副局长、中国社会科学院副院长、中国共产党第十二次和第十三次全国代表大会中央委员会候补委员、全国人民代表大会第八届常务委员会委员，国家学位委员会委员、中国城市发展研究会理事长、中国生态经济学会会长等职；兼任北京大学、浙江大学、东北财经大学、上海财经大学等大学教授；现任全国社会保障基金会理事会理事、孙冶方经济科学基金会理事、名誉理事长及其评奖委员会主任委员。

　　刘国光坚持以马克思主义为指导，紧密结合我国社会主义经济建设实际，以开阔的学术视野、鲜明的理论观点、严谨的治学态度，对我国经济体制改革、转变经济发展方式、政府宏观调控、完善社会主义基本经济制度、个人收入分配改革、抵制新自由主义渗透、政治经济学学科建设等问题进行了深入、系统的思考，提出了一系列精辟而务实的理论观点和政策建议。刘国光多次参与中央重要文件的起草工作，他的理论观点影响政府经济改革和经济发展决策，在国内外享有盛誉。刘国光先后被聘为波兰科学院外籍院士（1988）、中国社会科学院特邀顾问（1993），被授予俄罗斯科学院荣誉院士（2001）；被中国宏观经济学会和中国经济体制改革研究会授予"中国经济学杰出贡献奖"（2005）；被推选为中国社会科学院学部委员（2006）；获得世界政治经济学学会颁发的"21世纪世界政治经济学杰出成果奖"（2010）和"世界马克思经济学奖"（2011）。

第二节　刘国光经济学术思想产生的时代背景[①]

"一切划时代的体系的真正的内容都是由于产生这些体系的那个时期的需要而形成起来的。"[②] 刘国光经济学术思想是在新中国经济建设的伟大实践中产生的，具有深厚的社会实践基础。

一、在经济体制改革中探索中国特色社会主义经济发展道路

"文化大革命"后，如何使失调的国民经济得到恢复？如何使人民生活得到改善？如何使经济建设充满生机和活力？如何发挥社会主义制度的优越性？这是刘国光关心的问题。从20世纪70年代末开始，刘国光以经济体制改革为切入点，探索中国特色社会主义经济发展道路。

1979年，刘国光在《论社会主义经济中计划与市场的关系》中，深入剖析计划经济体制存在的弊端，论证社会主义经济中计划与市场结合的必然性，"对澄清当时对社会主义经济中计划与市场的混乱认识起了十分重要的作用"[③]，为中国理论界而后确定"国家调节市场、市场引导企业"模式进行了前瞻性理论探索。

[①] 本书研究的是改革开放以来的刘国光经济学术思想，所以研究的背景为改革开放以来的时代背景。

[②] 马克思恩格斯全集（第三卷）［M］. 北京：人民出版社，1960：544.

[③] 授予刘国光中国经济学杰出贡献奖的授奖理由［J］. 经济理论与经济管理，2005（4）：76.

随着城市经济体制改革进入关键期，转换经济发展方式日显重要。粗放型增长方式能源消耗较高，成本较高，产品质量难以提高，经济效益不高，严重影响我国的国际竞争力。对此，刘国光开展先行研究，提出的双重模式转换论为"两个根本性转变"的政策（经济体制从传统的计划经济体制向社会主义市场经济体制转变；经济增长方式从粗放型向集约型转变）。

20世纪八九十年代，我国经济供求关系严重失衡，引起公众恐慌。刘国光倡导实行积极的财政政策和稳妥的货币政策，实现经济"软着陆"。刘国光的主张被实践检验是正确的。刘国光的"稳中求进"宏观调控理论为我国经济实现平稳发展起了理论指导作用。

随着改革进入深水区，各种潜在利益矛盾冲突显现，各种非马克思主义思想观念有所滋长，妄图动摇改革方向和影响社会和谐稳定的舆论时有出现。刘国光有理有据地批驳误导改革方向的错误观点，对坚持改革的社会主义方向和发展政治经济学提出战略性建议。对发展公有制经济特别是深化国有企业改革，刘国光提出一系列具有很强针对性的建议和主张。针对个人收入分配差距扩大化趋势，刘国光提出要更加强调社会公平，主张在初次分配中就要重视公平。

二、在经济全球化背景下研究中国经济发展重要问题

经济全球化是当代世界经济发展的特征之一。参与经济全球化是一把双刃剑。一方面，经济全球化拓展经济发展空间，为我国经济发展增加经济新动力创造了机遇。我国已经成为全球第一大贸易国、第一大出口国、第二大进口国。利用外资和对外投资都稳居世界前列，参与全球经济治理能力不断加强，有力促进了经济繁荣、社会发展、民生改善。另一方面，经济全球化也带来前所未有的冲击和考验，保护主义、单边主义、金融危机、环境危机、文化霸权、意识形态的渗透等，对我国发展产生重大影响。经济全球化背景下，实现高质量发展，提高我国经济抵御各种风险能力越显重要。在外需增长受到严重制约时，刘国光主张，"实现以内需为主的长期方针，减缓国际经济波动给中国经济带来的影响"[1]，"抓住时机推进战略性重组和建立现代企业制度的步伐"[2]。面对1997年亚洲金融危机和2008年美国金融危机给我国经济带来的影响，刘国光更加关注国内经济的高质量发展。他提出，要坚持马克思主义指导、优化我国产业结构、

---

① 刘国光文集（第十卷）[M]. 北京：中国社会科学出版社，2008：349.
② 刘国光文集（第十卷）[M]. 北京：中国社会科学出版社，2008：357.

扩大内需、加强公有制主体地位、重视社会公平和宏观调控、保持经济适度发展、转变经济增长方式等建设性意见。面对反共势力借着经济全球化浪潮，进行观点的输入、意识形态的渗透，刘国光驳斥错误思潮，对中国经济话语权建设提出一系列的建议，捍卫马克思主义，坚持改革的社会主义方向。刘国光的深刻思考和呼吁引起社会各界热烈的响应，在国内经济学界引起广泛的共鸣，产生巨大影响作用。

三、在与多种经济思想的交锋中逐步充实

重大经济理论研讨贯穿着中国经济体制改革的全过程。刘国光经济学术思想在多种经济问题争论中不断丰富、充实。

计划和市场的关系"是我国经济学家讨论最多、争论最激烈、成果最突出的经济理论问题"[①]。20世纪70年代末80年代初，针对社会主义和市场机制是否兼容、计划和市场如何结合等问题，理论界展开激烈的讨论。刘国光指出，计划经济存在弊端，社会主义社会存在市场机制是合理的；要逐步缩小指令性计划范围，扩大指导性计划范围；这是坚持改革方向必须解决的问题。当社会主义市场经济理念已经深入人心，并转化为经济改革政策理论基石的时候，刘国光敏锐地指出，社会主义需要市场，但市场不是万能的；不能迷信市场。进入新世纪，经济学界出现片面"市场化"、否定政府管理经济职能的声音。刘国光多次强调，在坚持市场取向改革的同时，政府必须实施合理而有效的宏观调控；社会主义市场经济是一个完整的概念，要把"社会主义"和"市场经济"相结合起来，不可离开"社会主义"谈"市场经济"。

20世纪80年代，随着经济体制改革重点由农村转向城市，如何推进改革、深化改革成为思想界、理论界讨论的热点。当时主要存在七种主要观点：以刘国光为代表的中国社会科学院课题组提出的"双向协同，稳中求进"、以厉以宁为代表的北京大学课题组提出"以企业改革为中心"、以王珏为代表的中央党校课题组提出"以创建现代企业制度为中心的三环节配套改革"、以吴树青为代表的中国人民大学课题组提出的"非平衡协调和非规范配套"、吴敬琏主张"以价格改革为突破口，三方面协调配套改革"、杨培新提出"以落实和完善从承包制为中心进行配套改革"和王琢提出"改革过渡论"等。其中刘国光等人提出的"双向协同，稳中求进"，主张要把阶段性改革和目标模式衔接；稳步前进实现价格

---

① 张卓元. 当代中国经济学理论研究（1949-2009）[M]. 北京：中国社会科学出版社，2009：73.

改革；要把所有制改革和运行机制改革有机辩证结合。"这种以整顿经济秩序、治理通货膨胀、有选择地深化改革'稳中求进'的改革思路，比较贴近当时中国经济发展的实际。其稳健务实的学术风格对学术界和中央决策都产生了积极的影响，为我国经济体制改革的顺利推进提供了决策参考"①。

随着国有企业改革的深入，经济学界出现了对发展公有制经济的质疑之声，如"公有制低效论""公有制腐败论"等，刘国光对这些错误观点进行了有理有据的批驳，为捍卫社会主义公有制经济的主体地位、为发挥国有经济的主导作用出谋划策，对深化基本经济制度改革具有一定的影响和作用。

随着个人收入分配领域的差距扩大，是否存在两极分化、收入差距扩大化的原因、效率和公平的关系等问题成为学术界的热议。刘国光指出，收入分配问题的根源是所有制占有问题，再次坚决捍卫公有制经济的主体地位，提出在初次分配中就要重视公平原则，收入分配原则要更加重视公平性倾向。刘国光的主张对进一步完善个人收入分配制度起到了重要的作用。

有观点认为，我国的改革和经济成就是在新自由主义指导下开展和取得的。刘国光从不同角度有力论证，中国的改革是而且必须坚持以马克思主义为指导，新自由主义经济理论不是中国改革的指导。在此基础上，刘国光较为全面系统地提出抵制新自由主义侵蚀的建议和政治经济学学科建设的内容。这些主张对于中国经济建设和改革沿着社会主义方向前进具有重要的指导作用。

刘国光以经济建设中出现的问题为切入点，积极参与学术争论讨论，在思想碰撞中丰盈真理性的认识。正如他所言："批判与反批判是追求科学真理的必由之路……在社会主义国家，公正合理的思想斗争，必将有利于错误思潮的清除和马克思主义的胜利，推进中国特色社会主义经济学深化研究。"②

第三节　刘国光经济学术思想发展阶段

本书以改革开放以来刘国光经济学术思想为研究对象，根据刘国光研究经济问题的侧重点，将刘国光经济学术思想发展分为三个阶段。

① 赵智奎. 改革开放三十年思想史（上卷）[M]. 北京：人民出版社，2008：208.
② 刘国光. 论中国特色社会主义经济三则 [J]. 毛泽东邓小平思想研究，2009（3）：7.

一、在经济体制改革探索中形成

党的十一届三中全会作出将工作的重心转移到经济建设上来的决定。党的十四大明确经济体制改革的目标是建立社会主义市场经济体制。这一时期，刘国光的研究工作主要围绕经济体制改革展开，先后发表了《计划经济和价值规律》等160 余篇论文，出版《中国经济大变动与马克思主义经济理论的发展》等 10 多部专著和《中国经济发展战略问题研究》等 20 多部合著。这些著作体现了刘国光在我国改革和发展的诸多领域的真知灼见，包括"社会主义经济中计划与市场的关系、社会主义市场经济的理论基础、'双向协同，稳中求进'的改革战略、经济体制和经济发展两重模式转换、宏观调控的理论与实践等方面的理论和政策研究。"① 刘国光上述经济主张和建议多次被党和国家经济发展战略文件所吸收，为中国的经济建设做出了杰出的贡献。

二、在对宏观调控的研究中走向成熟

21 世纪之交，我国经济发展中出现发展过热、速度过快、经济结构不平衡等问题导致出现经济波动。1993～1995 年，年 CPI 上涨率分别达到 14.7%、24.1% 和 17.1%。② 对此，刘国光先后发表《坚决抑制通货膨胀》（1994）、《论"软着陆"》（1997）、《关于实施积极财政政策和"双防"问题》（2001）等 20余篇文章，分析通货膨胀和通货紧缩原理，力陈对策，提出"双向协同，稳中求进""软着陆"等主张。1997 年，他与刘树成合作发表的《论软着陆》被时任副总理朱镕基誉为"迄今为止总结宏观调控经验的一篇最好的文章"③。刘国光关于治理通货膨胀和通货紧缩的一系列思路和想法被实践证明是正确的，对推动国民经济持续、健康的发展具有积极的引导作用。他主张通过宏观调控，遏制经济发展中通货膨胀和通货紧缩的做法，丰富和发展了马克思主义宏观调控理论。

---

① 高尚全. 首届中国经济学杰出贡献奖获奖人名单及学术贡献简介 [EB/OL]. （2005－03－24）[2022－03－22]. http://www.macrochina.com.cn/cea/viewnews.asp? xnews = 20050324003.
② 张卓元等. 中国经济学 40 年（1978－2018）[M]. 北京：中国社会科学出版社，2018：253.
③ 邓加荣. 刘国光传 [M]. 南京：江苏人民出版社，2015：151.

三、在批判和反思中深化

2005 年，刘国光已到耄耋之年，但依然牵挂改革和人民利益。2005 年 7 月，刘国光就中国经济学教学和研究中西方经济学的地位和影响上升、马克思主义经济学的地位和影响下降等问题发表重要文章——《对经济学教学和研究中一些问题的看法》，认为新自由主义经济理论误导了中国经济改革的发展方向，掀起学术界对中国经济改革反思的"刘旋风"①②。此后，刘国光对国有企业改革、效率与公平、改革方向和方法反思、新自由主义批判等领域有着较为全面、深刻的思考。党的十六届三中全会召开前后，他又多次提出要重视分配领域中的效率与公平问题，提倡要"公平优先"，重视初次分配。这一时期，刘国光发表论文 80 余篇，内容涉及对新自由主义的批判、改革的反思、马克思主义政治经济学的学科建设、个人收入分配改革和深化国有企业改革等。

在七十多年的经济研究中，刘国光忠诚于马克思主义事业，怀着高度的历史使命感和对人民特别是对劳动群众强烈的责任感，实事求是，治学严谨，努力探索中国特色社会主义经济发展的规律，取得了公认的成就。2011 年，刘国光获得世界政治经济学会颁发的"世界马克思经济学奖"。在获奖感言中，刘国光说，"我虽然已经年近 90，但只要我的人生之路还在延续，我的经济学探索之路就不会停止，我所信守的这些信念就不会放弃。从我走上经济学探索之路起，我就希望我们国家日益强大，人民生活日益富裕和幸福。"③

---

① 赵智奎主编. 改革开放三十年思想史（下卷）[M]. 北京：人民出版社，2008：758.

② 程恩富、刘日新、何干强、马立诚和马国川等学者在署名文章中也采用"刘旋风"表述。刘国光在自传《刘国光》阐述："2003 年我的《八十心迹》《关注收入分配问题》以及 2005 年我的《中国经济学杰出贡献奖答辞》（以下简称《答辞》）、《谈经济学教学与研究中一些问题》等系列文章，在社会上引起反响，尤其是反映经济学教学与研究中存在问题的谈话，引起社会的密集关注和热烈争辩，反应强烈，学术界当时称之为'三大旋风'之一（刘旋风）"。刘国光. 刘国光 [M]. 北京：社会科学文献出版社，2017：78.

③ 刘国光. 我的经济学探索之路 [J]. 毛泽东邓小平理论研究，2012（1）：114.

第二章

20 世纪八九十年代的主要经济学术思想

20 世纪八九十年代是我国经济体制改革取得重大突破的关键时期。期间，刘国光对我国经济体制改革进行深入系统研究，发表论文超过 160 篇，出版了《中国经济大变动与马克思主义经济理论的发展》等 10 多部专著和《中国经济发展战略问题研究》（该书入选为"影响新中国经济建设的 10 本经济学著作"①）等 20 多部合著。其中，不少研究成果被党和国家经济发展战略文件所吸收。由于刘国光在社会主义再生产理论、宏观经济管理、中国经济发展、中国经济体制改革等方面具有开创性贡献，被中国宏观经济学会和中国经济体制改革研究会授予首届中国经济学杰出贡献奖（2005）。

第一节　计划与市场结合论

20 世纪 70 年代末到 90 年代初，我国经济学界围绕着建立什么样的社会主义经济体制展开了激烈探讨。正确认识市场和社会主义的关系是迈向我国经济体制改革的前奏。社会主义制度下能否发展商品经济或市场经济呢？公有制与市场该怎样结合？刘国光提出的"计划与市场结合论"，对推进中国经济体制改革具有重要影响。

刘国光的"市场与计划结合论"主要包括以下内容。

---

① 光明日报. 影响新中国经济建设的十本经济学著作［EB/OL］.（1999 – 01 – 22）［2022 – 03 – 22］. https：//www. gmw. cn/01gmrb/1999 – 01/22/GB/17945％5EGM6 – 2218. htm.

一、市场机制和社会主义不相排斥

刘国光认为，"社会主义经济中计划和市场的关系……是由社会主义经济的本质所决定的一种内在的有机的结合。"① 刘国光从国情和理论两个层面进行论证。

国情依据方面，刘国光指出，"由于在社会主义阶段，劳动还不是生活的第一需要，还仅仅是谋生的手段，人们劳动能力和贡献又不相同，因此人们物质利益上的差别还存在"②。这种物质利益关系所决定的社会主义还存在着商品和市场关系。通过国情调研，刘国光指出，由于片面强调计划和忽视市场，企业出现"生产与需要脱节"③、"计划价格脱离实际"④、"资金分配上的供给制"⑤、"企业结构上的自给自足倾向"⑥ 等问题；这些问题严重影响了企业的发展、人民生活水平的改善以及国民经济的健康发展。因此，刘国光认为，要"建立使计划经济和商品经济、计划调节和市场调节有机结合起来的社会主义运行机制，这是从我国经济建设实践中得出的一个基本结论。"⑦

理论认识层面，刘国光指出，"把市场同自发性等同起来，特别是同资本主义市场经济的无政府状态等同起来"⑧的意识形态泛化认识，是导致经济工作中难以尊重价值规律、难以处理好商品和货币关系的主要原因。刘国光强调，市场经济"是以社会分工和生产的社会化为物质前提的"⑨，"与社会化大生产基础上的社会主义计划经济非但不互相排斥而且是有共通之处的"⑩；市场经济是"不是私有制的社会经济所特有的"⑪，"并不一定都是自发性和无政府状态"⑫，"可以由人们自觉地加以控制，为社会主义计划经济服务"⑬；计划经济和有控制的市场经济不是对立的，是同"自发的市场经济和自然经济相对立"⑭。

马克思和恩格斯指出，资本主义社会化大生产同生产资料私有制之间的矛盾，在资本主义条件下不可能消除。为解决这一矛盾，未来社会要"按照一个统一的达到计划协调地配置自己的生产力"⑮。俄国"十月革命"后，列宁发现按照消灭商品货币关系的设想不适合和平建设时期，提出并实行"新经济政策"，

①②　刘国光，赵人伟. 论社会主义经济中的计划与市场的关系［J］. 经济研究，1979（5）：48.

③④⑤　刘国光，赵人伟. 论社会主义经济中的计划与市场的关系［J］. 经济研究，1979（5）：46.

⑥⑧⑨⑩⑪⑫⑬⑭　刘国光，赵人伟. 论社会主义经济中的计划与市场的关系［J］. 经济研究，1979（5）：47.

⑦　刘国光. 在改革的实践中发展马克思主义经济理论［J］. 中国社会科学，1987（5）：11.

⑮　马克思恩格斯文集（第九卷）［M］. 北京：人民出版社，2009：313.

在社会主义建设中引入商品货币关系，并取得一定成效。但该政策后被斯大林当作过渡性办法而被取消。20 世纪 30 年代中期，波兰经济学家奥斯卡·理沙德·兰格（Oskar Ryszard Lange）主张社会主义计划经济也可以模拟完全竞争形式下的市场模式。1953 年，斯大林在《苏联社会主义经济问题》一书中肯定社会主义存在商品生产和商品交换，但是排斥市场机制。20 世纪 50 年代，我国借鉴苏联的社会主义经济制度，建立起具有鲜明行政指令色彩的计划经济体制。1956 年 9 月，陈云在党的第八次全国代表大会上提出，"有一定范围内国家领导的自由市场……是社会主义统一市场的组成部分。"① 此后，孙冶方提出把计划和统计放在价值规律基础上的主张②；顾准提出通过价格的自发涨落调节生产③；于光远认为社会主义经济存在商品交换关系④，卓炯提出，商品经济与社会主义不矛盾，可以是社会主义建设有力工具。⑤ 这些观点虽然没有明确提出市场取向的选择，但是从不同层面论及社会主义制度下商品生产和价值规律作用。然而，随后的政治运动中断了对这一问题的研究和讨论。1978 年，党的十一届三中全会提出，要"坚决实行按经济规律办事，重视价值规律的作用"⑥，但社会各界对此还有存在大量反对意见，认为社会主义与市场机制是不相容的，认为计划经济与商品经济的对立、计划与市场的对立是社会主义和资本主义的对立表现。把"市场"打上深刻的意识形态标签严重影响人们的认识，也影响社会主义经济建设顺利开展。

1979 年，刘国光与赵人伟合作发表《论社会主义经济中计划与市场的关系》。文章的核心观点是"社会主义经济中计划和市场的关系……是由社会主义经济的本质所决定的一种内在的有机的结合"⑦。在当时提出这样的观点和认识，需要极大的理论勇气。《论社会主义经济中计划与市场的关系》敢发思想先声，以理性话语探寻改革门径，引起西方经济学界的重视。1979 年，大西洋经济学年会将该文和诺贝尔奖获得者英国的詹姆士·E. 米德的论文一起全文刊发《大

---

① 陈云. 社会主义改造基本完成以后的新问题 [EB/OL]. (2021 - 01 - 27) [2022 - 03 - 22]. http：//www. 71. cn/2021/0127/1115741. shtml.

② 刘国光，张卓元，冒天启. 孙冶方的经济体制改革理论研究 [M]. 北京：经济日报出版社，1987：84 - 127.

③ 顾准. 试论社会主义制度下的商品生产和价值规律 [J]. 经济研究，1957（3）：21 - 53.

④ 于光远. 关于社会主义制度下商品生产问题的讨论 [J]. 经济研究，1959（7）：48 - 54.

⑤ 于风村. 论商品经济 [J]. 经济问题，1962（10）：48 - 54.

⑥ 中央政府门户网站. 中国共产党第十一届中央委员会第三次全体会议公报 [EB/OL]. (2008 - 06 - 20) [2022 - 03 - 22] http：//www. gov. cn/govweb/test/2008 - 06/20/content_1022432. htm.

⑦ 刘国光，赵人伟. 论社会主义经济中的计划与市场的关系 [J]. 经济研究，1979（5）：48.

西洋经济评论》（1979 年 12 月）（其他参加年会的论文只发提要）。

二、市场和计划"胶体式"结合模式

当理论界逐渐达成在经济调节中有必要运用市场机制的共识后，我国经济体制改革中的重大理论问题是如何实现市场和计划有效结合。

围绕着计划和市场的结合模式，当时理论界有四种代表性观点。其一是"板块式结合说"，主张"有关国计民生的重要产品，必须实行计划调节，就是说由国家统一计划生产，统一规定价格，统一进行产品的分配"①，"对于其他产品，则可以实行市场调节的方式"②；其二是"二次调节论"，认为"市场调节是第一次调节，政府调节是第二次调节"③；其三是"渗透式"，即认为"始终存在着两个相互依存和制约的部分：部分以计划调节为主，同时受到市场机制的制约；另一部分以市场调节为主，同时受到计划调节的制约"④，"必须着眼于明确经济活动不同层次中两者的分工，再进而考虑两者在分工基础上的结合"⑤；其四是"胶体式"，即认为社会主义经济中"整个国民经济不再分为两块，计划调节和市场调节却胶合成为一体，在统一的胶合体内互相渗透"⑥。对于市场和计划的不同结合模式的思考，体现着不同经济工作者对市场调控和计划调控的领域、作用的理解和认识。刘国光比较倾向第四种观点，认为"两种调节紧密结合在一起的胶合体里面，接受非指令性的国家计划指导下的市场调节。"⑦

刘国光指出，"板块式"调节存在有"实行市场调节部分出现的某些盲目性等消极现象"⑧，"由国家指令性计划安排的那一块中存在的产销脱节等弊病"⑨，"板块式"是体制改革过程中的过渡，"不能作为体制改革的最终模式"⑩。关于"二次调节论"，刘国光认为持这种观点的学者把"市场配置作为资源配置的基础形式"⑪，但是实际经济工作中，不存在隔离的第一次和第二次，"社会主义经

---

① ②　北方十三所高校编. 政治经济学（社会主义部分）[M]. 西安：陕西人民出版社，1979：321.

③　厉以宁. 再论市场调节与政府调节之间的关系 [J]. 人文杂志，1988（5）：1.

④　张振斌. 计划与市场：结合方式的现实选择 [J]. 中国经济问题，1989（6）：18.

⑤　戴园晨. 计划与市场结合的方式和结合中的摩擦 [J]. 商业经济与管理，1990（5）：5.

⑥　刘国光. 略论计划调节与市场调节的几个问题 [J]. 经济研究，1980（10）：6.

⑦　刘国光. 略论计划调节与市场调节的几个问题 [J]. 经济研究，1980（10）：7.

⑧　刘国光文集（第二卷）[M]. 北京：中国社会科学出版社，2006：327.

⑨　刘国光文集（第二卷）[M]. 北京：中国社会科学出版社，2006：328.

⑩　刘国光. 略论计划调节与市场调节的几个问题 [J]. 经济研究，1980（10）：8.

⑪　刘国光. 社会主义市场经济理论问题 [M]. 北京：中国社会科学出版社，2013：9.

济中的正常的市场调节,不但不能离开国家宏观计划的框框而单独存在,并且要以国民经济计划中的正确的宏观决策和综合平衡为前提"①。关于"渗透式"中的主体性,刘国光指出,计划和市场两种调节方式都是为了实现"使社会劳动(活劳动和物化劳动)按照社会需要的比例,得到合理的有效的利用"②,从目的性导向来看,"不存在何者为主"③。刘国光指出,"国家计划的决策,侧重于从宏观的角度,从社会整体的长远的利益的角度来考虑问题"④;而市场"往往限于微观的范围,侧重于考虑局部的眼前的利益"⑤,从统筹经济工作全局性和长远性考虑,"实行计划调节与市场调节相结合的体制中,要以计划调节为主,同时充分发挥市场机制的作用"⑥。

刘国光认为,虽然市场在资源配置上有一定的优势,但是在经济总量平衡、经济结构调整、公平竞争、有关生态平衡、环境保护、公平与效率的关系等领域,还"不能完全放任交给市场这只'看不见的手'去操纵,还必须有看得见的手,即国家计划和政府管理,来干预这些事情"⑦。同时,"计划工作不考虑市场供求和价值规律,它同样会出现失控、失误,这方面我们的经验教训很多"⑧。新的经济体制建立就是"要把计划和市场的优点和长处都发挥出来"⑨:既要让计划发挥集中力量对生产要素调配、调节分配、维护公正的长处;又要发挥市场优胜劣汰促进技术和管理的进步、实现产需衔接的优势。建立计划经济与市场调节相结合的经济运行机制,要"坚持计划经济,但不迷信计划"⑩,"推进市场导向的改革,但不能迷信市场"⑪。计划和市场结合的方式是"胶合体","所有产品的生产和流通都要按照社会主义商品经济的原则并遵照社会主义计划经济的要求,最终都要统一在两种调节紧密结合在一起的胶合体里面,接受非指令性的国家计划指导下的市场调节"⑫。

现今看来,刘国光当时的观点显得有些拘谨。但是在20世纪70年代末,这样的观点是具有先锋性的。刘国光在对国情深入调研的基础上,结合苏东国家经济体制改革情况,打破将计划作为社会主义重要特征的传统观点和对市场教条式的认识,深入地论证了社会主义经济中计划与市场的关系,厘清当时对社会主义

---

① 刘国光文集(第二卷)[M]. 北京:中国社会科学出版社,2006:326.
②③④⑤⑥ 刘国光. 略论计划调节与市场调节的几个问题 [J]. 经济研究,1980(10):9.
⑦ 刘国光文集(第六卷)[M]. 北京:中国社会科学出版社,2006:362.
⑧ 刘国光文集(第六卷)[M]. 北京:中国社会科学出版社,2006:363.
⑨ 刘国光文集(第六卷)[M]. 北京:中国社会科学出版社,2006:360.
⑩⑪ 刘国光文集(第六卷)[M]. 北京:中国社会科学出版社,2006:361.
⑫ 刘国光. 略论计划调节与市场调节的几个问题 [J]. 经济研究,1980(10):7.

经济中计划与市场的混乱认识，提出市场和计划的结合论。市场和计划的结合论，既坚持了马克思主义关于对社会经济的计划管理的观点，又开拓性地提出社会主义也可以有市场机制；对于经济工作中尊重价值规律，用经济办法组织生产，处理好国家和企业的集权和分权关系，促进社会资源合理利用，解放和发展生产力，满足社会需求具有重要指导作用。

第二节　社会主义经济体制改革

我国的社会主义经济体制改革是以大一统的计划经济体制中渗入市场因素为突破口的。1978年，刘国光发表《计划经济和价值规律》一文中提出，"通过利用价值规律和价值工具，正确处理各方面经济利益关系的办法来进行计划管理"[①]。这可能是刘国光最早开始探索经济体制改革的文章。此后，刘国光从中国的具体国情出发，针对我国经济体制改革提出了一系列重要的理论观点和政策建议。

一、经济体制改革的必然性

1976～1979年，刘国光多次参加国内各省市的调研，并前往罗马尼亚、南斯拉夫、匈牙利等国考察。通过考察国内外计划经济体制的运行情况，刘国光指出，计划经济体制"忽视企业和劳动者的自主决策权"[②]，"社会上的人力、财力、物力资源在各个生产部门之间的分配，不受市场供需变动和价格高低的限制而主要根据国家计划来安排"[③]，"不是用经济办法和经济法规进行经济管理，基本上是行政的管理体制"[④]，"是多年来中国经济之所以发展缓慢，人民生活提高不快的一个十分重要的原因"[⑤]。因此，刘国光认为必须对这种经济体制进行改革。

二、经济体制改革的框架

（一）经济体制改革的目标模式

1. 学术界对经济体制改革目标模式的探讨
经济体制改革是否需要择定目标模式，当时理论界有三种主要观点。

---

①　刘国光文集（第二卷）[M]. 北京：中国社会科学出版社，2006：8.
②　刘国光文集（第三卷）[M]. 北京：中国社会科学出版社，2006：328.
③④⑤　刘国光文集（第三卷）[M]. 北京：中国社会科学出版社，2006：329.

其一认为从总体设计改革不具有可行性，改革没有择定目标模式，只能在实践中摸索。刘国光不赞同这种观点。刘国光认为，"只有行动没有明确的目标，或者仅靠经验办事，就难以提高自觉性，防止和克服盲目性。……导致某种程度的机制紊乱、时序颠倒和措施冲突。因此……择定改革目标模式正是当务之选。"①

其二是认为拟定改革具体目标是徒劳的。刘国光认为这种观点是把改革的确定性和不确定性混淆起来，"为改革择定一个总的方向和基本框架……绝不是对所有细节的具体规定。"②

其三是认为改革的目标模式只能是"有计划的商品经济"。刘国光认为这种想法是过于简单化，"有计划的商品经济是一种高度概括……不能成为具体的目标模式。"③

刘国光主张经济体制改革要有明确的目标模式；主张把目标的确定性和发展中的弹性相结合，使经济体制改革有目标性避免盲目性，有弹性空间避免决定性造成的阻碍。

2. 经济体制改革目标模式选择的依据和原则

刘国光认为经济体制改革目标模式选择要"服从于建设有中国特色的社会主义这个大前提"④，"坚持马克思主义和中国实际相结合，坚持四项基本原则与改革开放相结合，坚持经济发展与经济改革相结合，坚持经济改革与政治、文化、教育、科技改革相结合"⑤，"必须在公有制为主体的所有制结构上和按劳分配为主要原则的分配制度上划清改革的目标模式同资本主义的界限，但同时……又要吸收资本主义相似的东西"⑥。可见，刘国光对我国经济体制模式的选择的依据是：从国情出发，坚持理论与实际相结合、总结自己的与借鉴别人的范例相结合，这样使认识更加深化、全面、系统。

经济体制改革的原则要"以马克思主义的基本原理为指导"⑦；要"总结自己的经验，包括建国以来体制演变……试验正反两方面的经验"⑧；要"有分析地吸收其他社会主义国家先后多次改革的理论和经验"⑨；要"借鉴资本主义发达国家和发展中国家进行宏观经济和微观经济管理的某些理论和具体做法"⑩。

---

① 刘国光文集（第四卷）[M]. 北京：中国社会科学出版社，2006：524.
②③ 刘国光文集（第四卷）[M]. 北京：中国社会科学出版社，2006：525.
④⑤ 刘国光文集（第四卷）[M]. 北京：中国社会科学出版社，2006：526.
⑥ 刘国光文集（第四卷）[M]. 北京：中国社会科学出版社，2006：527.
⑦⑧⑨⑩ 刘国光主编. 中国经济体制改革的模式研究 [M]. 北京：中国社会科学出版社，2009：6.

（二）经济体制改革模式的构成要素

刘国光从所有制结构、经济决策体系、经济利益体系、经济调节体系、经济组织体系五个主要方面架构经济体制模式。

刘国光认为，"所有制关系是经济运行机制赖以形成的前提和基础"①。生产、分配、交换、消费是社会生产的基本环节，是经济运行机制的指向。所有制关系体现生产资料的归属关系，决定不同主体直接生产过程中的地位和相互联系，决定了生产的目的和性质，以及分配、交换、消费等环节生产关系的基本性质。因此，刘国光把所有制结构纳入到经济体制改革的目标模式中，主张"结构上，建立以公有制为主体，国有制为主导地位、多种经济成分并存、相互之间开放的多元化模式"②，"在公有制特别是全民所有制内部，本着所有权和经营权分开以及责、权、利统一的原则，建立多种形式的经营责任制模式"③。刘国光关于所有制结构的构想，既坚持了社会主义公有制在国民经济中的主体地位，又根据生产力发展水平现状鼓励多种非公有制经济作为必要的补充。刘国光关于所有制结构的构想，对于鼓励产权多元化、盘活多种生产要素、搞活经济、安排就业、便利生活和对外开放具有积极的作用。

经济决策对经济活动的成败和效益至关重要。刘国光将经济决策主体分为三个层次：国家（包括地方）、企业和个体（家庭），提出要建立在国家集中必要权力前提下形成企业、个人的多层次、多元化的决策体系。他认为"国家决策要明确区分两个方面：一是基于作为公有制的所有者权利的决策，二是基于政府机构权力的决策，不能混为一谈"④；国家决策权"不仅是一个大国实行宏观经济管理和调控的需要，同时体现了以公有制为基础的社会主义本质"⑤。关于企业决策权，刘国光认为包括以下内容："短期的投入产出，长期的投入产出，企业内部的分配，产品和生产要素的定价"⑥，这样使企业成为真正市场的主体，发挥企业发展经济的活力。关于个人决策层面，刘国光认为应包含有四个层面的决策权："流动择业的决策权"⑦，"参与管理、分享决策之权"⑧，"完全自主选择消费品的决策权"⑨，"自主处理个人所有商品货币财产的决策权"⑩。刘国光关于经济决策的思考是建立在调动国家、企业和个人各方面生产的积极性和创造力的

---

① 刘国光文集（第四卷）[M]. 北京：中国社会科学出版社，2006：532.
②③ 刘国光文集（第四卷）[M]. 北京：中国社会科学出版社，2006：533.
④⑤ 刘国光文集（第四卷）[M]. 北京：中国社会科学出版社，2006：536.
⑥ 刘国光文集（第四卷）[M]. 北京：中国社会科学出版社，2006：536-537.
⑦⑧⑨⑩ 刘国光文集（第四卷）[M]. 北京：中国社会科学出版社，2006：537.

基点上，对于解放和发展生产力具有重要的指导作用。

经济利益体系是经济体制中的动力体系，合理的经济利益体系满足各类市场主体的诉求，激发各类市场主体积极性，使经济建设富有活力和生机。刘国光主张从"利益主体多元化"①、"利益来源多样化"②、"利益形式货币化"③ 三方面来构建经济利益体系，建立"具有多层次经济利益的主体……使国家、集体和个人三者以及其中不同层次、不同群体的利益能够得到完整实现"④。

经济调节体系一般由经济计划、调节机制、经济杠杆、经济政策、经济法规和经济信息等组成的。刘国光认为，"经济调节模式决定于所有制关系及其结构，生产和交换的社会形式，以及生产社会化的程度和经济发展战略模式"⑤。关于经济体调节体系目标择定，刘国光认为，"指导性计划是经济调节的主要依据"⑥，"市场机制是商品经济运行的内在要求"⑦，"指令性计划将逐渐缩小而只在必要的场合予以保留"⑧，"运用各种杠杆进行间接控制"⑨。这些间接杠杆包括价格杠杆、税收杠杆、信贷杠杆、汇率杠杆等。改革经济调节体系是刘国光关于计划和市场结合论观点的具体化。

刘国光认为，经济组织体系改革的目标模式是"关键在于调整国家的经济职能，把一部分不该管的事交给企业、交给社会，并防止企业组织的行政化和出现新的行政性条块"⑩。

经济体制五个要素的改革目标是相互联系、有机运行的整体。刘国光认为，"经济决策体系和调节体系决定经济运行中的资源配置"⑪，"经济利益体系决定经济运行中的动力"⑫；"经济组织体系既反映决策体系的结构形式，又是经济调节机制赖以发挥作用的载体"⑬。

关于经济体制的构成，纽伯格（Neuberger）和达菲（Duffy）在《比较经济体制——从决策角度进行的比较》一书将其分为：决策结构、信息结构和动力结构；阿瑟·林德贝克教授（Assar Lindbeck）指出，经济制度包含有决策、信息传递、财产关系、动力机制、资源配置、协调机制等内容；社会主义经济学家弗·布鲁斯（Virlyn W. Bruse）从经济决策的角度，将经济体制分为基本的或主

---

①②③　刘国光文集（第四卷）［M］. 北京：中国社会科学出版社，2006：539.

④　刘国光文集（第四卷）［M］. 北京：中国社会科学出版社，2006：538 – 539.

⑤　刘国光文集（第四卷）［M］. 北京：中国社会科学出版社，2006：540.

⑥⑦　刘国光文集（第四卷）［M］. 北京：中国社会科学出版社，2006：541.

⑧⑨　刘国光文集（第四卷）［M］. 北京：中国社会科学出版社，2006：542.

⑩　刘国光文集（第四卷）［M］. 北京：中国社会科学出版社，2006：544.

⑪⑫⑬　刘国光文集（第四卷）［M］. 北京：中国社会科学出版社，2006：545.

要的宏观经济决策，一般的或日常的微观经济决策，个人或家庭在劳动力分配和消费选择方面的决策三个层次；雅诺什·科尔奈（János Kornai）从经济协调角度，提出经济体制分为行政协调和市场协调两类。以上经济学家关于经济体制构成分析未涉及所有制结构的调整及国家所有制内涵的变革问题。所有制是经济制度的基础。如果没有合理的所有制结构变革，经济体制改革则难以有效推进。在刘国光的经济体制目标模式中，明确点出所有制结构变革的方向，并与其他环节紧密呼应。

刘国光关于经济体目标模式的择定参考了苏东各国的经济体制模式。改革开放初期，刘国光曾多次出访苏联和东欧国家，深入考察这些国家的经济体制。他将苏东经济体制分为："'军事共产主义'供给模式"①、"传统的集中计划经济模式"②、"改良的集中计划经济模式"③、"间接行政控制模式"④、"计划和市场有机结合的模式"⑤、"'市场社会主义'模式"⑥。通过对这些模式历史地客观地分析，刘国光认为"计划和市场有机结合的模式"更适合我国国情，可"作为我国经济体制改革的目标模式"⑦。

刘国光以马克思主义的基本原理为指导，总结新中国成立以来经济体制演变的实践，吸收其他社会主义国家改革的理论和经验，借鉴资本主义发达国家和发展中国家进行宏观经济和微观经济管理的某些理论和具体做法，作出我国经济体制改革的目标规划。可见，刘国光不搞学术教条主义和"拿来主义"，立足我国的国情，对我国的经济体制改革目标规划进行全方位的思考和探索。关于经济体制改革目标的择定既考虑宏观层面，又考虑微观层面，以市场运行机制把国家、企业、个人三个经济活动的主体联系起来，体现了改革的系统性配套方向，有利于整体推进经济体制改革。实践证明，刘国光关于经济体制改革目标定位对于推动建立社会主义市场经济，推动社会主义经济建设具有重要的作用。

三、经济体制改革中的双重体制

双重体制指的是在经济体制改革过程中，存在旧的经济体制和新的经济体制并存状态。刘国光认为，存在这样的现象是因为我国"采取渐进的改革方式"⑧。

---

① ② ③ ④ ⑤ ⑥ 刘国光文集（第四卷）[M]. 北京：中国社会科学出版社，2006：531.
⑦ 刘国光文集（第四卷）[M]. 北京：中国社会科学出版社，2006：532.
⑧ 刘国光文集（第四卷）[M]. 北京：中国社会科学出版社，2006：546.

我国改革采取这样的方式是建立在对他国改革经验的借鉴、国情分析以及践行合理性考虑的基础上。刘国光指出，有的国家"倾向于一揽子解决，而实际上并不能一步到位……花去十几年或更多时间，还不能实现新旧体制的完全替换"①。刘国光认为，我国"原有的生产力水平较低，商品货币不发达，经济上存在二元结构，科学文化也较落后，改革的障碍多、难度大，不可能一蹴而就"②；高度集中的计划经济和供给因素跟改革目标存在较大的跨越度，"同样需要一个较长的过程"③；地区和城乡间差异性大，"很难从旧模式一步的、同步地转换到新模式"④；改革的涉及面广，包括"经济发展战略的转换、经济环境的治理、经济结构的改造和企业机制、国家职能的重建"⑤。基于上述现实因素，采用渐进式的改革方式有助于"使新体制由点到面地逐步展开"⑥，"缓和改革的震荡"⑦，"有利于持续稳定地发展生产，增加供给"⑧，"有利于不断积累经验，造就改革人才"⑨。

双重体制并存使改革不可避免存在摩擦和矛盾。例如存在"衔接不够"⑩，"特别表现在宏观管理和微观活动之间的若干矛盾和混乱"⑪，"导致机会不均和不合理竞争"⑫，"运行规则不稳定，使企业行为进而各级宏观控制行为无法杜绝短期化倾向"⑬，以及"滋长抵触情绪"⑭。因此，"必须通过进一步的改革给以解决，千万不该见难而退或因噎废食"⑮。

双重模式转变的中心环节是"增强企业活力"⑯。企业是市场的主体，"搞活经济和搞活市场，都必须以搞活企业为前提"⑰，"逐步减少指令性计划任务"⑱，"使企业对自己的经营状况真正承担责任"⑲，"进一步发展多种经济形式和多种经营方式"⑳；转换的枢纽是"完善市场体系"㉑，"使商品市场或物品市场渐趋完善，并且要使其他生产要素市场……逐步发达起来"㉒；转换的归宿是"国家的经济管理由直接控制为主转向以间接控制为主"㉓，"逐步缩小指令性计划，逐

① 刘国光文集（第四卷）［M］. 北京：中国社会科学出版社，2006：547.
②③④⑤⑥ 刘国光文集（第四卷）［M］. 北京：中国社会科学出版社，2006：548.
⑦⑧⑨ 刘国光文集（第四卷）［M］. 北京：中国社会科学出版社，2006：549.
⑩⑪ 刘国光文集（第四卷）［M］. 北京：中国社会科学出版社，2006：550.
⑫⑬ 刘国光文集（第四卷）［M］. 北京：中国社会科学出版社，2006：551.
⑭⑮ 刘国光文集（第四卷）［M］. 北京：中国社会科学出版社，2006：552.
⑯⑰ 刘国光文集（第四卷）［M］. 北京：中国社会科学出版社，2006：555.
⑱⑳ 刘国光文集（第四卷）［M］. 北京：中国社会科学出版社，2006：353.
⑲ 刘国光文集（第四卷）［M］. 北京：中国社会科学出版社，2006：354.
㉑㉒ 刘国光文集（第四卷）［M］. 北京：中国社会科学出版社，2006：557.
㉓ 刘国光文集（第四卷）［M］. 北京：中国社会科学出版社，2006：558.

步扩大指导性计划"，"控制供需总量及其构成"①，对象转向市场，手段和方式转向"经济政策、经济杠杆和经济参数"②，经济政策"从确定性较差的非法令性文件转向规范化的法律和规章制度"③。

为了实现双重体制平稳的过渡，刘国光认为，要"逐步明确了改革的紧迫性和长期性的结合"④；"逐步明确改革的分项有序性和配套性的结合"⑤；"逐步明确了利益调整、利益刺激和利益约束的结合"⑥。

四、经济体制改革需要宽松的经济环境

1980 年，刘国光提出"买方市场"理论，即"使社会生产大于社会的直接需要，使商品供给大于有支付能力的需求"⑦，"与资本主义经济中由于购买力不足而造成的生产过剩危机，是根本不同"⑧。形成宽松的经济环境具有如下作用：（1）"有序地推进改革，使改革深化"⑨。使国家有充裕的物资基础出台系列改革措施，避免通过行政手段来推进改革，为"促进利益格局的转换"⑩ 留有斡旋的空间。（2）"开展比较充分的市场竞争，促进企业提高生产技术，改善经营管理"⑪。（3）"防止结构失衡，实现结构优化"⑫。通过卖方的竞争，促进产品结构、行业结构、产业结构和企业组织结构调整。（4）"实现国民经济的持续、稳定、协调发展"⑬。

要实现宽松的经济环境，刘国光提出"买方市场"的量化目标是：（1）"要大出一个必要的预防不测事故和比例不协调的后备"⑭；（2）"要大出一个经常性的调剂余缺的周转性的储备"⑮；（3）"要大出一个能够造成必要的卖方竞争的余额"⑯。

1984～1985 年，我国经济出现投资支出和消费支出增长过快，导致短缺加剧和物价上涨。经济学界对改革的经济环境展开激烈的研讨。

一种观点认为，经济体制改革需要市场比较宽松，国家的财政、物资、外汇等后备比较充裕的良好环境，存在一个总供给略大于总需求的有限买方市场，这

---

① ② ③　刘国光文集（第四卷）[M]. 北京：中国社会科学出版社，2006：560.
④ ⑤ ⑥　刘国光文集（第四卷）[M]. 北京：中国社会科学出版社，2006：483.
⑦　刘国光文集（第二卷）[M]. 北京：中国社会科学出版社，2006：325.
⑧　刘国光文集（第二卷）[M]. 北京：中国社会科学出版社，2006：326.
⑨ ⑩　刘国光等. 不宽松的现实和宽松的实现 [M]. 北京：经济管理出版社，2007：20.
⑪　刘国光等. 不宽松的现实和宽松的实现 [M]. 北京：经济管理出版社，2007：20－21.
⑫ ⑬　刘国光等. 不宽松的现实和宽松的实现 [M]. 北京：经济管理出版社，2007：21.
⑭ ⑮ ⑯　刘国光文集（第三卷）[M]. 北京：中国社会科学出版社，2006：436.

样能减少经济利益调整过程中的摩擦，是市场机制积极发挥作用的必要前提。因此，要放慢发展速度，控制投资规模，避免短时间大幅度地提高工资和奖金，要有必要的资源进行经济改革。针对当时出现的经济"过热"危险征兆，应当采取适当的措施，抑制消费膨胀和投资膨胀，使总需求与总供给保持大体上的平衡，为经济改革创造出良好的环境。

另一种观点认为，经济体制改革只能在供不应求的紧张状态下进行，改革要适应这个现状，并逐步缓解它；认为不能先创造出一个良好的经济环境，再进行改革。持这种观点的学者认为，我国经济正经历高速成长期，消费从温饱型转向选择型，消费基金必然迅速增长；固定资产更新时投资额也在加速增长；造成总需求增长超过总供给增长。因此，货币供应的超前增长是我国经济高速成长阶段的内在要求，不应该人为抑制投资和消费需求，使其达到略低于总供给的均衡状态。

刘国光比较认同前一种观点。他主张要"逐步消除导致需求膨胀的体制因素外，我们还要在发展方针方面采取有限度的战略目标和明智的政策措施。"[1] 为此，刘国光进一步充实和发展"买方市场"理论。他提出要制定出量化的指标和目标，便于监测和调控，要从经济增长率、投资率、消费率[2]制定相关的发展目标。此外，刘国光还提出要运用"各种经济政策和经济杠杆"[3] 保证实施。稳定的政策调控体系是宏观调控体系，包括财政政策、税收政策、货币金融政策、利息政策、收入分配政策、国际收支政策[4]。

"买方市场"理论是刘国光对各国经济体制改革的经验总结和超越。1965年，弗·布鲁斯（Virlyn W. Bruse）就曾指出，"决策的分权化，同不能保持一般市场均衡的那种过度紧张的经济，是不相容的。利用作为计划经济（分权模式）操作手段的、有调节的市场机制，在呈现出明显的卖方市场现象的情况下，是不完全可能的"[5]。匈牙利经济学家雅诺什·科尔奈（János Kornai）在他的著作《短缺经济学》提出"短缺经济"理论，揭示出现短缺的原因是有效需求过旺，但没有相应提出解决矛盾的方法。随着改革深入，出现新旧经济体制交替，旧体制的某些直接控制手段放弃以后，新体制的间接控制手段又不能立即生效，就出现经济短缺和紧运行现象，出现严重的需求膨胀，影响改革的进一步推进。

---

① 刘国光. 中国经济体制改革的若干问题 [J]. 财贸经济, 1987（9）: 7.

② 刘国光等. 不宽松的现实和宽松的实现 [M]. 北京: 经济管理出版社, 2007: 22 - 25.

③ 刘国光等. 不宽松的现实和宽松的实现 [M]. 北京: 经济管理出版社, 2007: 27.

④ 刘国光等. 不宽松的现实和宽松的实现 [M]. 北京: 经济管理出版社, 2007: 28 - 35.

⑤ W. 布鲁斯. 社会主义的政治和经济 [M]. 何作, 译. 北京: 中国社会科学出版社, 1981: 16.

刘国光主张从缓解供求矛盾入手，使社会商品的总供给略大于总需求，通过企业间竞争，推进市场调节和价格改革，促进经济结构的调整。刘国光的主张从调控目标和实现手段两方面入手，使"买方市场"理论具有极强的操作实践性。刘国光提出的监控目标，既照顾了国家、企业和个人三方经济主体需求，又把生产、消费、分配等环节紧密联系在一起，有利于促进经济总量的大体平衡发展。他提出的调控手段，既有需求调控，也有供给调控；既要考虑到长期规划，也要着眼于中短期平衡，在"计划指导下的市场协调"①。刘国光的"买方市场"理论落脚点在于促成总需求与总供给相适应，这与他拥有扎实的马克思主义国民经济平衡理论基础是分不开的。实践证明，刘国光的"买方市场"理论对于推动我国经济体制改革具有重要的理论指引作用。

五、经济改革与对外开放以及政治改革的关系

经济改革与对外开放是相互关联的。刘国光指出，对外开放后建立各种形式外资企业"使所有制结构增加了新成分，并在内外市场上增加了竞争对象"②，与国际市场互联互通，促发市场机制发挥作用，开阔了综合平衡全球视野，产业结构趋于复杂；这些变化"促进了经济发展的商品化、货币化，又促进了经济体制的市场化"③，还给经济改革带来"很多有益的借鉴"④。

经济改革和政治改革是相互联系的。刘国光指出，"社会政治体制改革是实现经济体制目标模式的重要前提"⑤，"发展社会主义民主，健全社会主义法制，改善各级政府领导和企业领导，实行党政分离、政企分离，为经济体制改革的顺利进行创造有利的政治条件和适宜的环境"⑥。

刘国光关于经济体制改革的思考，明确社会主义经济体制改革方向和目标，解决阻挠经济体制改革的思想羁绊，对于推动经济体制改革顺利开展具有重要的意义。刘国光关于经济体制改革的思考是建立在对中国国情考察的基础上，针对原有的经济体制存在的问题，结合我国的生产力状况和社会主义国家的性质，借鉴苏联和东欧社会主义国家建设社会主义的经济模式经验，从所有制、经济组织

---

① 刘国光等. 不宽松的现实和宽松的实现 [M]. 北京：经济管理出版社，2007：12.

②③④ 刘国光. 中国经济大变动与马克思主义经济理论的发展 [M]. 南京：江苏人民出版社，1988：194.

⑤ 刘国光. 中国经济大变动与马克思主义经济理论的发展 [M]. 南京：江苏人民出版社，1988：195.

⑥ 刘国光文集（第三卷）[M]. 北京：中国社会科学出版社，2006：197.

体系、经济利益体系、经济决策体系、经济运行体系等五个方面进行构建充满生机活力的经济体制，并对经济体制改革相关方面如经济体制改革与经济增长方式并进、经济体制改革和政治体制改革相辅相成等进行综合的思考。如今，社会主义市场经济体制改革基本框架仍然体现刘国光当年提出的关于经济体制改革的大胆设想。

第三节　双重模式转换

上个世纪五六十年代，刘国光就开始对社会主义扩大再生产中的内涵式发展方式进行研究，这是刘国光对经济发展方式的初步探索。上个世纪80年代中期，面对经济发展过热和周期性波动，刘国光敏锐地看到，经济发展模式和经济体制模式的转换具有内在关联性。1984年，刘国光受国务院体制改革委员会委托，组织课题组对经济体制改革的总体构想论证，"双重模式转换"理论逐步成型。1985年8月26日的《世界经济导报》刊发了刘国光的《略论两种模式转换》。此后，他又相继发表《试论我国经济的双重模式转换》《中国经济大变动中的双重模式转换》（1986）以及《关于我国经济体制改革的目标模式及模式转换的若干问题》（1988）等文。

一、经济体制转换和经济发展模式转换是相互促进的

双重模式转换指的是经济体制转换和经济发展模式转换。

经济体制模式主要包含"所有制结构、决策权力结构、动力和利益结构、经济调节体系和经济组织结构"①。经济体制模式转换指的是由"高度集中的计划经济模式转向市场取向的经济模式"②。

经济发展模式主要"包括生产目的的转换，产业结构的转换，消费与积累关系的转换，发展策略的转换，管理制度的转换和发展方式的转换"③。经济发展

---

① 刘国光文集（第四卷）［M］. 北京：中国社会科学出版社，2006：189.
② 刘国光文集（第八卷）［M］. 北京：中国社会科学出版社，2006：342.
③ 刘国光文集（第八卷）［M］. 北京：中国社会科学出版社，2006：402 - 403.

模式转换是"增长方式从外延粗放向内涵集约的转变"①。经济增长方式的转变具有迫切性，原因有：（1）粗放型的发展道路"反复引起经济过热、通货膨胀和经济调整的剧烈波动，造成不利于经济持续健康发展的损失"②。（2）粗放型的发展道路"将加剧环境污染，破坏生态平衡，危及子孙后代的可持续发展"③。（3）转变经济发展方式"才有利于保护持续健康的发展"④，符合"走向现代化的要求"⑤，"实现经济互补"⑥，"妥善处理国际关系"⑦。经济增长方式转变受"发展观念的制约、基本国情的制约、发展阶段的制约、科教水平和管理水平的制约"⑧ 等，"与上述诸因素相比，经济体制和运行机制对经济增长方式有更大的制约性"⑨。在传统体制下，从微观层面来说，企业尤其是国有企业，"存在预算软约束，缺乏利益激励机制和优胜劣汰的竞争机制"⑩，不追求技术和管理的进步；从宏观层面来说，缺乏"有效的调控体系和调控手段来遏制粗放型增长的势头"⑪。经济运行方式，"由于市场发育还未完善，行政干预较强，要素的流动性不高，难以按照集约加以重组，达到优化组合"⑫。

刘国光认为，经济体制的改革和经济发展战略（经济增长方式）的转换是互为条件、互相制约的。"经济体制是手段，经济发展是目标，前者服务和服从于后者，为后者所决定⑬，"前者对后者有反作用，可以制约经济发展"⑭，"体制上的障碍不解除，结构调整、技术进步、挖潜改造、提高质量效益等等"难以为继。"转变经济体制是转变经济增长方式的保证"⑮。"相应改变的强速发展战略"⑯ 才能促使企业"改善经营管理和提高质量效益的压力"⑰，形成"供给略大于需求的有限的买方市场"⑱，从而促进"经济体制改革的顺利进行"⑲。

刘国光从"建立现代企业制度是转变经济增长方式的微观基础"⑳、"培育市场体系为经济集约化提供运行机制"㉑、"转变政府职能完善宏观调控"㉒、"投资体制和其他体制的配套改革"㉓、"加快改革步伐要有新的改革战略"㉔ 等方面阐

---

① 刘国光文集（第八卷）[M]. 北京：中国社会科学出版社，2006：403.
②③ 刘国光文集（第八卷）[M]. 北京：中国社会科学出版社，2006：405.
④⑤⑥⑦⑧⑨⑩ 刘国光文集（第八卷）[M]. 北京：中国社会科学出版社，2006：406.
⑪⑫ 刘国光文集（第九卷）[M]. 北京：中国社会科学出版社，2006：55.
⑬⑭ 刘国光文集（第九卷）[M]. 北京：中国社会科学出版社，2006：26.
⑮ 刘国光文集（第八卷）[M]. 北京：中国社会科学出版社，2006：65.
⑯⑰⑱⑲ 刘国光文集（第四卷）[M]. 北京：中国社会科学出版社，2006：460.
⑳ 刘国光文集（第九卷）[M]. 北京：中国社会科学出版社，2006：66.
㉑ 刘国光文集（第九卷）[M]. 北京：中国社会科学出版社，2006：77.
㉒ 刘国光文集（第九卷）[M]. 北京：中国社会科学出版社，2006：85.
㉓ 刘国光文集（第九卷）[M]. 北京：中国社会科学出版社，2006：96.
㉔ 刘国光文集（第九卷）[M]. 北京：中国社会科学出版社，2006：103.

述体制改革推动经济增长方式转变的思路。

二、促进双重模式的转换

刘国光从多方面考虑营造促进双重模式转换的良好氛围。从实现宏观经济平衡角度，刘国光提出，要"正确处理总需求和总供给间的关系，形成对投资膨胀和消费膨胀的自我抑制机制"①。刘国光高度重视发挥科学技术作用，认为"促进科学技术进步是发展模式和体制模式转换的基本出发点"②，要"形成经济发展和进步相互推动促进的内在机制"③。刘国光认为，对外开放为实现转换提供的"资金、技术、知识和管理经验"④等有利条件；因此，提出，"扩大对外开放是实现发展模式和体制模式转换的不可分割的组成部分"⑤，要"充分利用世界经济结构变动对我有利的时机"⑥。良好的社会环境有助于促进经济发展，刘国光提出要"解决好人口、资源、环境等方面的社会问题"⑦。

刘国光指出，两个转变"是整体性的、全方位的，贯穿于从宏观到微观的各个层次和第一、二、三次的各个产业以及较发达、次发达、欠发达的各个地区"⑧。因此，他深入分析探讨农业、工业、第三产业和对外开放的两个根本性转变问题，对东南沿海和经济特区、中西部地区的两个转变存在的问题提出相应对策。

促进双重模式的转换，要"建立检测系统，据以掌握动态，调整对策"⑨。刘国光提出检测和考核的十个指标是："在实现经济增长速度指标的同时，要把综合经济效益是否增长放在第一位"⑩；"通货膨胀率是否逐年下降到合理水平"⑪；"投资增长率是否只是略高于经济增长率，要把积累率控制在30%左右"⑫；"产品质量是否提高，产销率是否保持较高水平"⑬；"能源等消耗定额是否逐步下降"⑭；"财政收入增长率是否高于经济增长率，财政收入占国民生产的比重是否有所提高，财政收支是否基本平衡"⑮；"科技投入和教育投入占财政支

---

① 刘国光主编. 中国经济体制改革的模式研究 [M]. 北京：中国社会科学出版社，2009：380.
②③④⑤⑥ 刘国光主编. 中国经济体制改革的模式研究 [M]. 北京：中国社会科学出版社，2009：378.
⑦ 刘国光主编. 中国经济体制改革的模式研究 [M]. 北京：中国社会科学出版社，2009：386.
⑧ 刘国光文集（第九卷）[M]. 北京：中国社会科学出版社，2006：190 - 191.
⑨⑩ 刘国光文集（第九卷）[M]. 北京：中国社会科学出版社，2006：240.
⑪⑫ 刘国光文集（第九卷）[M]. 北京：中国社会科学出版社，2006：241.
⑬⑭ 刘国光文集（第九卷）[M]. 北京：中国社会科学出版社，2006：242.
⑮ 刘国光文集（第九卷）[M]. 北京：中国社会科学出版社，2006：243.

出和国民生产总值的比重是否提高，科技进步对经济增长的贡献份额是否提高"[①]；"在劳动生产率和综合要素生产率逐步提高的同时，失业率是否控制在合理的水平上，农村剩余劳动力的非农化进度有所加快"[②]；"在发展经济的基础上，城乡居民收入和生活水平、生产质量是否逐年提高，人均收入与人均国民生产总值的比例是否合理"[③]；"生态和环境保护是否都有进步，污染程度是否不断下降，遗留问题是否在逐步解决"[④]。

"双重模式转换"理论是刘国光经济学术思想的重要组成部分。该理论涵盖计划与市场的关系、企业改革、经济发展方式的转换、宏观调控等内容，"是对改革实践中的矛盾、问题和出路进行不息探索的结晶"[⑤]。

第四节　稳中求进的宏观调控论

1985 年，名义 GDP（Gross Domestic Product，国内生产总值）比上年增长 25%，居民消费价格指数（CPI，Consumer Price Index，消费者物价指数）同比上涨 9.3%。1988 年 8 月的价格闯关，消费品价格大幅上升。1988 年底，我国 M_0（流通中的现金）、M_1（狭义货币）和 M_2（广义货币）分别比上年同期上升 46.7%、22.5% 和 22.4%，CPI 上升 18.8%。[⑥] 1991～1993 年的通货膨胀率分别达到 3.4%、6.4% 和 14.7%，1994 年达到改革开放以来最高值 24.1%。[⑦] 1997 年 CPI 同比下滑至 3.8%，到 1998 年 4 月 CPI 同比出现负增长，于 1999 年 5 月达到最低点 -0.22%。此次 CPI 同比为负增长自 1998 年 4 月到 2000 年 1 月为止，持续 22 个月。在此期间，PPI（Producer Price Index，生产价格指数）同比增速连续 31 个月为负，并于 1998 年 10 月到达最低点 -5.3%。[⑧] 刘国光在对上述经济现象进行剖析的基础上提出治理通货膨胀和通货紧缩的政策主张，形成稳健的宏观调控理论。

①②③　刘国光文集（第九卷）[M]．北京：中国社会科学出版社，2006：243．
④　刘国光文集（第九卷）[M]．北京：中国社会科学出版社，2006：244．
⑤　桁林．从"双重模式转换"到"两个根本性转变"[J]．经济学动态，2003（11）：38．
⑥　柳欣，刘刚主编．中国经济学三十年 [M]．北京：中国财政经济出版社，2008：152．
⑦　柳欣，刘刚主编．中国经济学三十年 [M]．北京：中国财政经济出版社，2008：153．
⑧　中信证券明明．双通缩会影响政策取向吗 [EB/OL]．（2020－11－16）[2022－03－22]．https：//wallstreetcn．com/articles/3610495．

一、抑制通货膨胀

（一）通货膨胀的原因分析

造成 20 世纪 80 年代的通货膨胀，刘国光认为有货币因素，也有经济因素。

货币因素是指现钞和银行发放的贷款超过现实经济所需要量，引起货币贬值和物价上涨；经济因素则是指包括投资和消费引起的总量失衡和结构失衡，从而引起物价总水平上涨。刘国光认为，"造成总量失衡和结构失衡的经济方面的原因是通货膨胀可能发生的客观基础，但是光有可能发生通货膨胀的基础而无货币供应量的支撑……通货膨胀也不一定发生"[①]；"投资膨胀仍然是总需求膨胀的主要动因"[②]，因为"投资膨胀不仅扩大了对生产资料的需求，同时也扩大了对消费资料的需求；消费需求又由于短期行为和铺张浪费之风的蔓延而加剧扩大。"[③]

（二）治理通货膨胀的对策

对于当时社会上流行的通货膨胀有益论，刘国光认为，虽然从短期看，可以在一定程度刺激经济的增长；但是，"从长期看，通货膨胀只能引起持续的物价上涨，有百害而无一利。"[④]

刘国光关于治理通货膨胀的对策主要包括下面六点：一是"不能奢求过高的经济增长速度"[⑤]；二是"货币政策要有一个近中期目标……为物价改革所必需的物价水平上涨腾出必要的空间；同时相应降低货币供应量增长率"[⑥]；三是"使中央银行职能独立化……通过立法机关的制衡机制以减轻货币发行中的行政随意性"[⑦]；四是"尽快建立起时政的复式预算体制划清经常性收支盈利性的资本投资和重在社会效益的非盈利性投资的界限"[⑧]；五是"抑制需求，促进效率，鼓励储蓄，加强积累"[⑨]；六是实现"发展战略的彻底转变、经济体制的彻底改革和经济结构的彻底改造"[⑩]。

---

① 刘国光文集（第五卷）[M]. 北京：中国社会科学出版社，2006：194.
②③ 刘国光文集（第五卷）[M]. 北京：中国社会科学出版社，2006：195.
④ 里白. 关于双稳健的宏观调控政策探讨 [J]. 经济师，2005（12）：6 - 7.
⑤⑥⑩ 刘国光文集（第五卷）[M]. 北京：中国社会科学出版社，2006：198.
⑦⑧⑨ 董焕亮. 刘国光谈遏制通货膨胀 [J]. 改革，1988（4）：42.

（三）"软着陆"理论

1991～1993年上半年，我国经济出现了"四热、四高、四紧、一乱"问题。"四热"是房地产热、开发区热、集资热、股票热。"四高"是高投资膨胀、高工业增长、高货币发行和信贷投放、高物价上涨。"四紧"是交通运输紧张、能源紧张、重要原材料紧张、资金紧张。"一乱"是经济秩序混乱，特别是金融秩序混乱。1993年下半年以后，我国实施了以治理通货膨胀为首要任务的宏观调控。到1996年底，经济过热明显降温，经济增长趋于稳定。1996年，GDP增长率为9.7%，增幅虽然比前几年有所减缓，但仍然是世界上少数增长最快的国家，国民经济开始摆脱"过热"，步入适度增长区间。过高的通货膨胀率得以控制，经济增长的协调性强。哄抬物价、欺行霸市、倒买倒卖的现象明显减少。股票热、房地产热、开发区热在整治中逐渐走向规范。投资扩张过度和消费盲目征购现象基本得到控制。社会供求平衡关系基本正常。财政收入持续较快增长，1993～1996年平均递增20%，1996年财政增幅仍在17%以上，为90年代以来首次超过现价国内生产总值增幅的年份。此外，中央银行对货币的调控能力增强，国家外汇储备在持续贸易顺差和外资净注等因素作用下大幅度上升，增强了国家对外经济调控的回旋余地。国民经济运行成功实现"软着陆"。1997年，刘国光和刘树成合著的《论"软着陆"》一文全面总结了20世纪80年代以来的"软着陆"措施，被朱镕基誉为"迄今为止看到的关于宏观调控最好的文章"[1]。

1. "软着陆"的必然性

刘国光认为，"'软着陆'即是一种回落方式。'软着陆'是相对于'硬着陆'即'大起大落'方式而言的"[2]；"国民经济的运行是一个动态的过程"[3]，"国民经济的运行经过一段过度扩张之后，平稳地回落到适度增长区间"[4]，即"由社会的物力、财力、人力即综合国力所能支撑的潜在经济增长幅度"[5]。"国民经济的过度扩张，导致极大地超越其潜在增长能力，严重地破坏了经济生活中的各种均衡关系"[6]。如果这时采取"硬着陆"全面紧缩，则会使经济增长速度大幅度跌落；不成功的"软着陆"也会使经济面临着通货膨胀之灾；而成功的"软着陆"有助于经济平稳健康发展。因此，刘国光认为避免出现经济过度扩张，必须要成功地"软着陆"。

① 邓加荣. 刘国光传［M］. 南京：江苏人民出版社，2015：150.
②⑥ 刘国光文集（第九卷）［M］. 北京：中国社会科学出版社，2006：252.
③④⑤ 刘国光文集（第九卷）［M］. 北京：中国社会科学出版社，2006：251.

2. "软着陆"的措施

刘国光提出实现"软着陆"的主要措施有：（1）适度从紧。从总量上，"要从紧控制货币与信贷总规模、财政支出总规模、固定资产投资总规模，严格把住货币关和财政预算关，以有效地抑制通货膨胀"①；从结构方面，"对于低水平重复建设部分、对于单纯外延性扩张和低效益甚至无效益的部分、对于'泡沫经济'部分"② 从紧，"对于有效益、有市场、有利于培育和扶持新的经济增长点、促进内涵型发展的部分，则给予支持"③。（2）适时微调。"在适度从紧的总原则下，根据各年度内经济运行的具体状况，审时度势地进行微调和预调，以缓解'降温'中的实际困难，防止出现过度滑坡"④。（3）"抓住了'软着陆'的主线……相应地降低和控制经济增长率。"⑤ 可见，刘国光将抑制通货膨胀作为实现宏观调控的首要目标，在稳定物价的前提下，保持经济稳定快速增长；把控制需求膨胀和增加有效供给结合起来，确立货币与信贷总规模、财政支出总规模、固定资产投资总规模、经济增长率、通货膨胀率的最佳合理区间，以有利于对各项指标有力监控和调整，实现经济健康和平稳的发展。

长期以来，不少学者认为，要想保持经济增长就要付出通货膨胀的代价；而要控制住通货膨胀，也要付出降低经济增长的代价。要实现经济增长还要控制通货膨胀是一道经济理论和经济实践的难题，也是一个世界性的课题。1996年，我国成功实现了"软着陆"，有效地避免了经济上的大起大落，使我国经济运行步入了一条适度快速和相对平稳发展的轨道；在大幅度降低物价涨幅情况下，保持经济的较快增长，体现了高超的驾驭经济能力。

二、治理通货紧缩

（一）通货紧缩成因

刘国光认为，造成通货紧缩的原因有货币因素和实体经济因素，但"其深层次的成因则在后者"⑥，认为由于供求失衡，供过于求，导致货币需求不足。刘国光从供给和需求方面分析通货紧缩原因。需求端分为投资需求和消费需求。投

---

①② 刘国光文集（第九卷）[M]. 北京：中国社会科学出版社，2006：256.
③ 刘国光文集（第九卷）[M]. 北京：中国社会科学出版社，2006：257.
④⑤ 刘国光论文集 [M]. 北京：中国发展出版社，2008：116.
⑥ 刘国光，刘树成. 略论通货紧缩趋势 [J]. 理论导刊，2000（3）：3.

资需求方面，"投资体制逐渐被打破，资金约束趋于硬化"①，"投资决策趋于谨慎，出现'慎借'"②，"融资渠道也很狭窄"③。消费需求方面，"积累率长期维持在过高的水平，最终消费率过低，造成消费需求相对不足，影响投资前景和整个社会再生产的顺利进行"④；"由于结构重组和经济不景气，下岗人员增多，使居民现期收入和预期收入的增幅有所减缓"⑤；"收入差距扩大……也使得全社会平均消费需求倾向减弱"⑥。供求端，存在供给过剩和供给刚性。刘国光指出，这"妨碍供需互动实现良性循环和结构升级，加剧了社会供需总量的失衡，推动物价总水平持续走低。"⑦

（二）通货紧缩的对策

刘国光提出，要制定综合性政策措施，"既要扩大基础设施投资，又要加强技术改造投资；既要增加中央政府投资，更要推动社会与民间投资；既要扩大投资需求，又要鼓励消费需求；既要提高居民特别是中低收入者的现期收入，更要稳定居民的收支预期；既要坚持立足内需为主，又要千方百计开拓国际市场，积极扩大外需；既要实施积极的财政政策，又要发挥货币政策的作用，采取多种方式适当扩大货币供应；既要解决需求不足问题，又要解决供给刚性和结构问题"⑧；"抓紧抓好国有企业改革这一中心环节，继续推进财政、金融、流通、科技、教育、住房、社会保障和收入分配等各项改革，这对于为促进需求和改善供给而清除制度障碍，建立必要的体制环境"⑨。

刘国光认为，"通过投资规模适当控制，既能遏制因投资膨胀而导致的投资品价格过度上涨，防止通胀苗头滋长在先，又能抑制过度建设造成的产能过剩，防止通缩趋势再现于后，从而实现'双防'的目的。"⑩ 因此，刘国光主张推行双稳健的宏观调控政策，即稳健的财政政策和稳健的货币政策，控制经济增长率和投资规模，确保经济平稳较快地发展。

宏观经济不是按照固定的状态运行和变化的，会有起伏波动，伴随着通货膨胀和通货紧缩的交互换位。刘国光从货币金融和实体经济两个方面进行较为深入的分析，指出要把经济调节着力点放在宏观调控的时机与力度上：在紧控制货币与信贷总规模、财政支出总规模、固定资产投资总规模的前提下，保持经济的适

---

①②③④⑤⑥ 刘国光，刘树成. 略论通货紧缩趋势 [J]. 理论导刊，2000 (3)：3.

⑦ 刘国光，刘树成. 略论通货紧缩趋势 [J]. 理论导刊，2000 (3)：3 - 4.

⑧⑨ 刘国光，刘树成. 略论通货紧缩趋势 [J]. 理论导刊，2000 (3)：4.

⑩ 里白. 关于双稳健的宏观调控政策探讨 [J]. 经济师，2005 (12)：7.

度增长；根据各年度经济运行的具体情况，审时度势地进行微调和预调，以缓解实际困难；重视发挥宏观调控的作用，倡导政府管理经济要根据经济运行的现实做出合理的选择，不能简单地依赖于行政命令。"稳中求进"的宏观调控论，倡导从财政货币政策和产业政策层面，通过优化产业结构，平衡积累和消费的关系，促进国民经济持续稳定的发展，为今后宏观经济的运行与调控提供了理论指引。

第五节　本 章 简 评

改革开放初期，刘国光对苏东国家经济体制进行深入的考察和研究，吸取了其中的经验教训，深化了对社会主义经济体制模式的认识。在探索中国特色社会主义经济建设中，刘国光领导和参加过中国经济发展、宏观经济管理、经济体制改革等方面重大课题的研究、论证和咨询，多次参加中央重要文件①的起草工作，亲历了我国经济改革的重大决策过程。期间，刘国光围绕中国经济改革中重大问题发表大量论著，为我国社会主义经济理论创新发展做了先期的论证。

一、为我国社会主义经济体制改革做了先期的论证

1979 年，刘国光与赵人伟合著发表的《论社会主义经济中计划与市场的关系》一文，指出社会主义经济运行机制不是单一的计划调节，可以实行计划和市场相结合，"对澄清当时对社会主义经济中计划与市场的混乱认识起了十分重要的作用"②。该文澄清了长期认识中的困扰，对于经济建设中正视商品和货币关系，发挥价值规律为社会主义经济建设服务具有重要意义。文章还为中国经济体制改革确定"国家调节市场、市场引导企业"模式做出了先导性理论探索。此后，刘国光又发表一系列文章阐述市场机制在社会主义初级阶段存在的必要性，

---

① 20 世纪 80~90 年代，刘国光参与起草的文件有：《中共中央关于经济体制改革的决定》（党的十二届三中全会通过的决定）、《加快改革开放和现代化建设步伐，夺取有中国特色社会主义事业的更大胜利》（党的十四大报告）、《中共中央关于建立社会主义市场经济体制若干问题的决定》（党的十四届三中全会通过的决定）以及《高举邓小平理论伟大旗帜，把建设有中国特色社会主义事业全面推向二十一世纪》（党的十五大报告）、《中共中央关于农业和农村工作若干重大问题的决定》（党的十五届三中全会通过的决定）以及《中共中央关于制定国民经济和社会发展第十个五年计划的建议》（党的十五届五中全会通过的决定）等。

② 中国经济学奖管理委员会. 为改革创造相对宽松的环境 [J]. 中国改革，2005 (4)：27.

并提出要减少指令性计划的主张。刘国光的主张是建立在国情分析的基础上，既有事实依据，又有理论支持，澄清长期以来把市场和社会主义制度相对立的错误观点。

1982年，刘国光在《坚持经济体制改革的具体方向》一文中进一步提出，随着"买方市场"逐步形成，要逐步缩小指令性计划的范围，扩大指导性计划的范围。他的观点在当时曾受到批判，但其正确性很快为后来改革的实践所证明。1984年，党的十二届三中全会通过了《中共中央关于经济体制改革的决定》，提出"社会主义经济是以公有制为基础的有计划的商品经济"。1992年，邓小平在南方谈话中再次强调，"计划多一点还是市场多一点，不是社会主义和资本主义的本质区别。计划经济不等于社会主义，资本主义也有计划；市场经济不等于资本主义，社会主义也有市场。计划和市场都是经济手段。"① 而中央文件关于计划和市场关系的认识也经历了"计划经济为主，市场调节为辅""公有制基础上的有计划的商品经济"到"建立社会主义市场经济体制"的提法。正确认识计划和市场关系是我国经济体制改革的突破口，党中央关于社会主义市场机制的正确认识和决策与刘国光为代表的经济学前辈的理论探索是分不开的。

二、为两个根本性转变决策作出了先行的论证

早在上个世纪五六十年代，刘国光就实现社会主义再生产的顺利进行提出要实现经济发展方式转变，即用内涵式的发展方式取代外延式的发展方式。进入改革开放时期，刘国光对经济发展目标、方式、重点、途径等方面有了更深刻更丰富更清晰的看法，并有了经济发展方式的转变要和经济体制改革相结合的"双重模式转换"的想法。1985年，刘国光发表了《略论两种模式转换》，这是体现他该想法的第一篇文章。这种前瞻性想法在当时是罕见的。双重模式转换涵盖了经济体制改革、经济增长方式改革、政治体制改革、国民经济综合平衡、社会再生产理论、企业改革等多方面的内容，是刘国光在学术上的一种提炼，是对改革实践中的矛盾、问题和出路进行探索的结晶。他提出的许多改革思想如对于"遏制双通"的对策、买方市场理论等都以"双重模式转换"为中心，可以认为这是他的经济思想的核心内容之一。1995年，十四届五中全会上通过的《中共中央关于制定国民经济和社会发展"九五"计划和2010年远景目标建议》吸收了刘

---

① 邓小平文选（第三卷）［M］．北京：人民出版社，1993：273.

国光双重模式转换的思想，提出实现远景目标的关键是实行两个具有全局意义的根本性转变：一是经济体制从传统的计划经济体制向社会主义市场经济体制转变，二是经济增长方式从粗放型向集约型转变。首届"经济学杰出贡献奖"的授奖词指出，刘国光"率先提出……双重模式转换理论符合当代中国经济演变的实际情况，为两个根本性转变决策，做出了先行的论证"，"抓紧实现'两个根本转变'，是医治我国经济增长大起大落、抑制通货膨胀、搞好总量平衡和结构调整的治本之路。"①

三、为宏观调控提供了理论思路

上个世纪 80 年代中期，我国经济发展出现了"过热"现象。对此，刘国光主张采用"渐进"改革方式，实施"双向协同，稳中求进"的改革策略和发展策略。"双向协同"是指体制转变与发展战略转变配合；"稳中求进"既有突破传统体制的基本框架，又不造成急躁冒进。刘国光主张，"把经济发展和经济改革视为一个整体结合起来，同步进行经济体制模式和经济发展模式的双重转变"②，实现"稳中求进"的发展。刘国光的观点为当时乃至后来几年的改革决策提供了重要的理论依据。1999 年，我国经济受国际金融危机影响出现波动，刘国光提出积极的财政政策应对，得到国务院领导同志的肯定。2003 年，受非典疫情的影响，我国经济再次出现波动。刘国光提出稳健型的财政和货币政策主张，得到中央采纳。2005 年，首届经济学杰出贡献奖给刘国光的颁奖词之一是："总结了'软着陆'和治理通货膨胀的经验，剖析了通货紧缩的机理和治理思路"③。

党的十一届三中全会以来，刘国光立足中国的国情，抓住经济发展中的热点难点问题，对中国经济体制改革、经济发展以及宏观经济管理等问题进行了系统而卓有成效的研究，提出了许多精辟且深邃的理论观点和尤具号召力的领先观点。"一个杰出的经济学家，不在于说了人们想说的什么，而在于以超前的意识告诉人们还要做什么。刘教授可以被看成是一个这样的典范。"④

当前，中国特色社会主义进入新时代，我国经济已由高速增长阶段进入到高

---

① 中国经济学奖刘国光、吴敬琏获奖理由及答辞 [J]. 经济理论与经济管理，2005（4）：77.

② 刘国光. 两个根本性转变的历史性选择 [J]. 中国经济史研究，1998（1）：5 – 6.

③ 新华网. 授予刘国光中国经济学杰出贡献奖颁奖辞 [EB/OL].（2005 – 03 – 24）[2022 – 03 – 22]. http：//finance. sina. com. cn/g/20050324/10591457037. shtml.

④ 东旗. 独树一帜的理论探索 [J]. 经济学动态，1994（5）：74.

质量发展阶段。但是，社会主义市场体系还不够完善，政府和市场的关系没有完全理顺，市场激励不足、要素流动不畅、资源配置效率不高、微观经济活力不强等问题还没有得到彻底解决。刘国光在社会主义市场经济体制改革初期探索的思考、思路对于进一步深化社会主义市场经济体制改革具有重要的启示作用。

第三章

论坚持和完善社会主义所有制

党的十一届三中全会指出，"社员自留地、家庭副业和集市贸易是社会主义经济的必要补充，任何人不得乱加干涉"①。该决定打开了所有制结构调整的开端。1997年，党的十五大通过决议，将公有制为主体、多种所有制经济共同发展作为我国社会主义初级阶段的基本经济制度②。进入新世纪，舆论界出现一些错误声音。对此，刘国光陆续发表了《党的十七大重申坚持和完善基本经济制度的意义》（2008）、《"国退民进"争论的实质与发展私营经济的正确道路》(2008)、《深化对公有制地位和作用的认识》（2011）、《关于社会主义初级阶段基本经济制度若干问题的思考》（2011）、《"两个毫不动摇"的当前价值》(2012)、《再论我国经济体制改革的方向》（2013）等文章予以澄清，并对新形势下坚持和完善社会主义所有制提出中肯的建议。研究刘国光关于进一步完善社会主义所有制的思想，对于落实贯彻"两个毫不动摇"，对于科学理解公有制经济的主体地位和国有经济的主导作用，推动公有制的战略布局、深化国有企业改革、推进混合所有制改革以及构建各种所有制经济平等竞争共同发展的体制机制等具有重要的指导意义。

第一节　学术界关于发展公有制经济的争论

改革开放以来，我国所有制结构发生了深刻而重大的变化。1978年底，国

---

① 中共中央文献研究室．三中全会以来重要文献选编（上）[G]．北京：中央文献出版社，2011：7．
② 2019年11月，党的十九届四中全会在公有制为主体，多种所有制经济共同发展作为基本经济制度基础上，把按劳分配为主体，多种分配方式并存，社会主义市场经济体制上升为基本经济制度。

有经济占 56%，集体经济占 43%，个体经济占比不到 1%。① 2007 年中国规模以上工业中，非公企业数量达 30.3 万个，占全部规模以上工业企业的 90%。② 公有制经济和非公有制经济在内容、形式以及相互关系等方面经历了重构。

一、对公有制经济比例降低现象的认识

进入 21 世纪，学术界对于公有制经济比例下降有不同的认识。

（一）学术界的主要观点

有的学者认为，改革开放以来，虽然公有制经济比例有所减低，但是我国公有制经济的总体实力没有削弱，公有制经济的主体地位反而更加巩固，国有企业活力和竞争力增强。③ 有的学者则认为，公有制经济在国民经济中的比重严重下降，危及社会主义基本经济制度的巩固，公有制主体地位面临着危险。④⑤

（二）刘国光的观点

刘国光认为，公有制经济比例下降确实存在。三大改造后至改革开放前，私有制在国民经济中占有率几乎为零。改革开放后，"私有制加快发展速度，比重会提高，公有制经济和国有经济，速度相对慢一点"⑥。因此，出现所谓的"国退民进"。对于国有经济比例下降的认识，刘国光认为，"公有制比重的减少也是有限制、有前提的，就是不能影响公有制的主体地位"⑦。他指出，公有制经济在国民经济中的主体地位和主导作用，"更重要的表现为质的优势，即关键性的涉及经济命脉、战略全局和国民经济发展方向的生产资料占优势，先进的、具有导向性、控制性的生产资料占优势，并且不断提高、发展壮大。这样它才能控制经济命脉，对国民经济起主导作用，有强大的控制力、决定力、示范力和促进力"⑧。

---

① 顾海良，王天义. 读懂中国发展的政治经济学 [M]. 北京：中国人民大学出版社，2017：61.
② 新华网. 2007 年非公企业占中国规模以上工业总产值的 68% [EB/OL]. （2008 - 10 - 29）[2022 - 03 - 22]. [EB/OL] http：//news. sohu. com/20081029/n260322029. shtml.
③ 宋冬林，于群. 国有经济的战略性调整与国有经济控制力 [J]. 管理世界，2003（8）：142 - 143.
④ 周新城. 划清社会主义公有制为主体、多种所有制经济共同发展同私有化和单一公有制的界限 [J]. 中共石家庄市委党校学报，2010（1）：9 - 14.
⑤ 何干强. 抓住有利时机振兴公有制经济 [J]. 探索，2010（1）：75 - 80 + 87.
⑥ 刘国光. 对党的十七大报告中一些经济问题的理解 [J]. 经济学动态，2008（1）：35.
⑦ 刘国光. 关于中国社会主义政治经济学的若干问题 [J]. 政治经济学评论，2010（4）：9.
⑧ 刘国光. "两个毫不动摇"的当前价值 [J]. 人民论坛，2012（05 下）：48.

二、对所有制结构比重的认识

2009 年以后，各地出现国有企业对民营企业的兼并重组等现象，引发了学术界关于所有制结构比重的争论。

（一）学术界的主要观点

有观点认为要降低国有经济在所有制结构中的比重。有的学者认为，国有经济的存在是为了实现社会职能，而不是为了盈利，因而国营经济应从盈利性竞争领域退出来，经营一些不盈利非竞争性为社会服务的行业。[①] 有的学者认为，"国进"背离了市场化方向，主张"国退民进"以便保证社会经济的正常运转。[②]有的学者主张，中国要搞市场经济，应该更多地建立在私人资本的基础上，而不是更多地建立在国有资本的基础上；国有资产减让的主要形式是协议转让，并用83%转给了非国有经济和外国企业是一个十分可喜的现象[③]。有的学者将国有企业视为"未来中国成长的最主要的障碍之一"，主张国有企业私有化[④]。有的学者认为，国有企业定位于准公共物品的提供上，就不一定要做大做强，甚至不能做大做强；国有企业的做大做强是在不公正的规则下，是"与民争利"，颠覆了政府的公正性质[⑤]。有的学者提出，"国进民退"是一场危险的游戏，潜藏着很大的风险和危机，将对中国的经济发展和社会稳定造成极大的冲击[⑥]。有的学者认为，二战后苏东国家和一些第三世界国家搞国有化不行，最后都不约而同地搞非国有化有力地证明了"国退民进"是不可抗拒的历史潮流，并提出"国进民退"是逆流[⑦]。

有学者对上述观点持反对意见，认为那些贬抑和否定公有制经济，特别是国有经济在社会主义经济中的基础性地位和主导作用的看法是错误观点[⑧][⑨]；还有

---

① 何伟. 一个完善的具有中国特色的社会主义蓝图——学习十五届四中全会《决定》的体会 [J]. 长春市委党校学报，2000（2）：25 - 28.

② 汪洋，徐枫. 关于国有资产转移中的资产流失问题研究 [J]. 经济纵横，2005（9）：24 - 25，48.

③ 程恩富. 国企改革：不同思路的碰撞 [J]. 上海市经济管理干部学院学报，2005（6）：56 - 58.

④ 张维迎. 中国未来几年要做的头等大事就是国企私有化 [EB/OL]. （2012 - 03 - 17）[2022 - 03 - 22]. http：//finance. ifeng. com/news/special/zgfzlt_2012/20120317/5764651. shtml.

⑤ 东方早报. 天则所所长盛洪：民企本就有权进所有市场 [EB/OL]. （2012 - 05 - 15）[2022 - 03 - 22]. http：//www. hnr. cn/finance/cjsd/201205/t20120515_98925. html.

⑥ 杨速炎. 危险的"国进民退" [J]. 上海经济，2010（1）：36.

⑦ 曹思源. "国进民退"不是好现象 [J]. 成都大学学报（社会科学版），2010（2）：17 - 20.

⑧ 卫兴华. 警惕"公有制为主体"流为空谈 [J]. 经济学动态，2005（11）：15 - 18.

⑨ 苏文忠，郭凯. 未来国企改革路径分析 [J]. 中国石油企业，2005（10）：118 - 122.

学者指出，国有企业改革的方向是让国有企业能适应市场的要求，在市场经济的条件下快速发展，其目的是搞好国有企业，不是私分、吃掉、削弱，更不是消灭国有企业①②。

对于国有经济是否应该退出竞争性领域的问题，学术界有着不同的观点。有的学者认为不应该退出，社会主义制度因素决定不能退出③④；有的学者认为，是由国有经济发挥其主导作用的功能决定不能退出。⑤ 有的学者认为，国有企业退出非竞争性领域的主张忽视了社会主义市场经济条件下国有企业的特殊性质，不具有可操作性，违背了我国国有企业保值增值的目标，并且缺少政策依据。⑥ 还有学者认为，国有经济进入竞争性领域影响了市场经济尤其是竞争机制的建设，退出竞争性领域有利于提升国有经济的整体素质⑦⑧⑨。

（二）刘国光的观点

刘国光肯定了非公有制经济在现阶段的重要作用，指出非公有制经济"促进我国经济发展，增加就业，增加财政收入，满足社会各方面需要方面"⑩。

但是，刘国光认为，"国有企业、国有资本不应从竞争性领域中完全退出"⑪。国有企业按功能来说，具有商业功能和公益功能。作为商业功能的国有企业，主要从事竞争性领域经济活动。它和非公有制经济一样都是市场经济的平等参与者，尊重市场规律，优胜劣汰。这类国有企业具有竞争力，实现盈利，则增加国家财政收入，对于"发展生产和社会福利事业，对于社会财富分配中的公

---

① 丁冰. 坚持公有制经济的主体地位是我国当前不容忽视的一项重要任务——兼评对"国进民退"的指责 [J]. 思想理论教育导刊，2010（7）：56 – 61.

② 程恩富，胡乐明. 遵循经济规律做强做优国有企业 [N]. 人民日报，2011 – 11 – 16（7）.

③ 卫兴华. 坚持和完善中国特色社会主义经济制度 [J]. 政治经济学评论，2012（1）：66 – 79.

④ 刘越. 我国公有制经济占主体地位之"质"的分析 [J]. 马克思主义研究，2012（8）：74 – 83.

⑤ 项启源. 关于科学地判断公有经济主体地位的探讨 [J]. 当代经济研究，2012（8）：11 – 18 + 4 + 92.

⑥ 谢富胜，李双双. 社会主义市场经济条件下国有企业的定位 [J]. 教学与研究，2010（5）：9 – 14.

⑦ 段勇，林华勇. 利益协调视域下的"国进民退"现象解读及对策探析 [J]. 北华大学学报（社会科学版），2012（2）：40 – 42.

⑧ 汤吉军，陈俊龙. 计划与市场经济体制下国有经济功能的比较研究 [J]. 经济纵横，2012（8）：42 – 45.

⑨ 和军. 国有经济效率与公平争议辨析 [J]. 理论月刊，2012（9）：133 – 136.

⑩ 刘国光. "国退民进"争论的实质与发展私营经济的正确道路 [J]. 南京理工大学学报（社会科学版），2008（3）：5.

⑪ 刘国光. "国退民进"争论的实质与发展私营经济的正确道路 [J]. 南京理工大学学报（社会科学版），2008（3）：1.

平与公正是十分有利的"①。至于在竞争中失利的国有企业，根据市场规则，启动退出机制，则有利于盘活整体国有资本增值。因此，刘国光主张在竞争领域，国有企业和国有资本要有所为有所不为，不能一刀切。

对于关键领域和重要行业的结构调整，刘国光反对私人资本掌握重要部门领域控制权，主张"限制私人资本在关系国计民生部门取得超额垄断利润"②，"不可以把这个领域让给私人资本独资开发或控股经营，影响国有经济对这些部门的控制地位"③。他指出，"要在坚持公有制经济为主体，国有经济为主导的前提下进行，真正实行两个'毫不动摇'，而不是只实行一个'毫不动摇'"④，"国有经济负有保证社会正义和公平的经济基础的社会责任"⑤。刘国光主张"民进"不是建立在笼统的"国退"基础上，是在坚持公有制经济为主体的前提下发展非公有制经济。2015年，《中共中央、国务院关于深化国有企业改革的指导意见》提出，"主业处于关系国家安全、国民经济命脉的重要行业和关键领域、主要承担重大专项任务的商业类国有企业，要保持国有资本控股地位，支持非国有资本参股……对需要实行国有全资的企业，也要积极引入其他国有资本实行股权多元化"，"公益类国有企业……鼓励非国有企业参与经营"⑥。刘国光的主张和中央精神是一致的。

"国进民退"还是"国退民进"的争鸣焦点是对国有制经济在所有制结构中比重的认识，是对国有经济地位和作用的认识。刘国光强调，公有制在所有制结构中占主体地位和国有经济在国民经济中发挥主导作用，明确反对国有企业无条件退出竞争领域。马克思指出，"一切社会形式中都有一种一定的生产决定其他一切生产的地位和影响，因而它的关系也决定其他一切关系的地位和影响"⑦。在社会主义国家，公有制经济是社会主义经济的基础，是国家对经济进行引导和调控的经济基础，在实行宏观经济调控、保障人民生活、促进社会和谐稳定等诸多方面发挥着巨大的作用。在这场学术争鸣中，刘国光的观点对于深化和完善所有制理论、对于坚持社会主义方向的所有制改革、对于优化国有资本布局以及构

---

①②③ 刘国光."国退民进"争论的实质与发展私营经济的正确道路 [J].南京理工大学学报（社会科学版），2008（3）：1.

④ 刘国光."国退民进"争论的实质与发展私营经济的正确道路 [J].南京理工大学学报，2008（3）：6.

⑤ 刘国光."国退民进"争论的实质与发展私营经济的正确道路 [J].南京理工大学学报，2008（3）：4.

⑥ 新华社.中共中央、国务院关于深化国有企业改革的指导意见 [EB/OL].（2015 – 09 – 13）[2022 – 03 – 22]. http：//www. gov. cn/zhengce/2015 – 09/13/content_2930440. htm.

⑦ 马克思恩格斯文集（第八卷）[M].北京：人民出版社，2009：31.

建各种所有制经济平等竞争共同发展的体制机制具有重要的指导意义。

三、对公有制经济效率的认识

在"国进民退"和"国退民进"的争议中，公有制经济的效率是双方争论的焦点之一。

（一）学术界的观点

有学者根据经济比重、各项财务指标和全要素生产率自20世纪90年代后持续降低，得出国有企业低效率的结论①。有学者认为，从世界各国经验来看，国有企业的经营效率和利润率都不如民营企业；在计划经济体制下，一般竞争领域的国有企业效率虽低，但还能维持，但在市场经济条件下则连维持都难②。有学者认为，绝大多数国有企业活力不足，经营陷入困境，对整个国民经济和经济体制改革目标的实现产生了较大的影响③。

也有学者提出不同的观点。有学者从国有经济的活力、产品质量、发展后劲、职工生活水平等方面进行研究，指出我国国有经济的效率指标明显要高于非公有制经济④；有的学者通过业绩分析，指出"国企低效"是颠倒事实的私有化悖论。⑤

（二）刘国光的观点

刘国光指出，"公有经济低效论"是个伪命题。他从以下三点对"公有经济低效论"进行有力地反驳。

第一，公有制经济具有不俗的社会效益和经济效益。经济效益方面，公有制经济"无论是实现利润、上缴税金、对经济增长的贡献率等，都是民企和外资所

---

① 樊纲. 论体制转轨的动态过程——非国有部门的成长与国有部门的改革 [J]. 经济研究, 2000 (1): 11-21+61-79.

② 杨速炎. 危险的"国进民退"[J]. 上海经济, 2010 (1): 34-36.

③ 姚先国, 盛乐. 国有企业经营低效的劳动力产权因素分析 [J]. 经济理论与经济管理, 2000 (3): 39-42.

④ 程恩富, 鄢杰. 评析"国有经济低效论"和"国有企业垄断论"[J]. 学术研究, 2012 (10): 70-77.

⑤ 杨承训, 张新宁. "国企低效"：颠倒事实的私有化悖论 [J]. 海派经济学, 2007 (1): 155-166.

难以比拟的"①；"在欧美先后陷入主权债务危机、金融危机的大背景下，中国经济一枝独秀，仍然保持强劲发展势头"②；"中国在世界经济舞台能够拥有今天这样的地位，国有企业居功至伟。"③ 刘国光的论断是有现实的依据。根据财政部公布的数据，2010 年 1 至 12 月，国有企业累计实现利润 19870.6 亿元，同比增长 37.9%，12 月比 11 月环比增长 6.6%。应交税费 25316.8 亿元，同比增长 25.6%，12 月比 11 月环比增长 21.6%；已交税费 24399.1 亿元，同比增长 20.3%，12 月比 11 月环比增长 21.5%。此外，2010 年 1 至 12 月，国有企业销售利润率为 6.6%，比去年同期上升 0.3 个百分点；成本费用利润率为 7%，比去年同期上升 0.4 个百分点；净资产利润率为 10.2%，比去年同期上升 1.7 个百分点。④ 在国有经济的主导下，一大批具有自主知识产权的航空航天航海领域国之重器相继问世，在优化产业结构、培育增长动能等方面为我国建设创新型国家、转变经济发展方式贡献力量。党的十八大以来，公有制经济对社会经济发展的贡献有力地证明刘国光的论断是正确的。中国社科院企业社会责任研究中心发布的《中国企业应对气候变化自主贡献报告（2017）》显示，中央企业应对气候变化自主贡献水平为 48.8%，高于国有企业的 36.2%、外资企业的 19.5% 和民营企业的 7.7%，发挥了绝对引领作用。⑤ 2019 年，全国国有企业实现营业总收入 63.5 万亿元，增长 6.9%；利润总额 3.9 万亿元，增长 6.9%。资产负债率为 64.0%，同比下降 0.2 个百分点，债务风险整体可控。⑥ 社会效益方面，刘国光指出，国有企业具有高度的社会责任感，在抗震救灾一线，"在其他性质的企业瞻前顾后、踟蹰不前的一线，都能看到国有企业的身影。"⑦ 2009 年，中国社会科学院经济学部企业社会责任研究中心发布的《企业社会责任蓝皮书》显示，国有企业，尤其是中央企业社会责任发展指数已经连续四年领先于民营企业和外资企业。⑧ 近年来，公有制经济在推进国家重大项目实现和应对突发公共安全事件中发挥重要的作用再次证明刘国光的论述有坚实的现实依据。2015 年以来，中

---

① ② 刘国光. 共同理想的基石 [G]. 北京：经济科学出版社，2012：2.

③ 刘国光. 共同理想的基石 [G]. 北京：经济科学出版社，2012：3.

④ 新华社. 2010 年国有及控股企业主要效益指标创历史新高 [EB/OL]. (2011 - 01 - 17) [2022 - 03 - 22]. http：//www. gov. cn/govweb/jrzg/2011 - 01/17/content_1786628. htm.

⑤ 马菱霞. 促进国有企业更好履行社会责任 [EB/OL]. (2020 - 02 - 25) [2022 - 03 - 22]. http：// www. 71. cn/2020/0225/1077055_4. shtml.

⑥ 中新社. 2019 年中国国有企业营业总收入增长 6.9% [EB/OL]. (2020 - 10 - 15) [2022 - 03 - 22]. https：//baijiahao. baidu. com/s? id = 1680631286988652868&wfr = spider&for = pc.

⑦ 刘国光. 共同理想的基石 [G]. 北京：经济科学出版社，2012：6.

⑧ 钟宏武. 国企应当成为社会责任领跑者 [J]. 先锋队，2013 (29)：36.

央企业共投入和引进各类帮扶资金达 230 亿元。[①]　此外，国有企业在带头落实提速降费、降电价、清理拖欠中小企业账款和农民工工资、在抗击新冠肺炎疫情斗争中等重要事件中发挥主力军作用。

第二，国有企业的亏损是暂时的。刘国光认为，国有企业的亏损有许多特殊原因："拨改贷开始埋下企业资金不足的隐患或陷入债务深坑；富余人员过多，各种社会负担沉重；税负大大超过私营和外资企业。"[②]　由于历史原因，长期以来形成的"企业办社会"做法使国有企业存在人多、债多、社会负担重等诸多问题。有数据显示，计划经济时代，国有企业创办了医院、学校、幼儿园和其他公共福利设施，其资产大约占国有企业固定资产的 15%；国有企业每年用于职工的社会保障、医疗卫生、住房、教育、文化体育等方面的费用支出，大约占企业全年管理费用的 50%。[③]　随着市场经济体制改革的推进，计划经济体制下国有企业存在的弊端凸显。1999 年前后，国有企业出现经营困难及大面积亏损。此外，2008 年在内资外资企业税改统一性之前，根据我国企业所得税税源调查资料测算，内资企业所得税平均实际税负为 25% 左右，外资企业所得税平均实际税负为 15% 左右。[④]　这些都给国有企业经营以及扭亏带来难度。但是，刘国光认为这是一个暂时的现象，通过一定的合适政策措施是可以解决的。据国家统计局数据显示，1997 年，国企纳税 963.18 亿元，2007 年，国企纳税 8779.25 亿元，2012 年国企纳税 16639.24 亿元，2016 年国企纳税 28851.36 亿元。上述国有企业上缴的税收数据有力支持了刘国光对于国有企业效益暂时滑坡的分析是正确的。所谓的攻击和质疑是不客观的。

第三，不能把国有企业某些领导人的腐败问题泛化，甚至作为论证"公有制经济低效论"的理由。对于一些人把国有企业某些领导层的贪污腐化导致效益下滑，普遍化为国有企业的"特征"，认为国有企业是"官僚权贵资本主义"的观点，刘国光认为这"是对我国整个国有经济的歪曲和污蔑"[⑤]，"不符合我国国企员工和相当一部分国企领导尽忠职守、廉洁奉公的事实。"[⑥]　之所以出现部分国企干部贪污腐化的原因恰恰是因为"'人性自私论'和'经济人假设'这些理论

①　中国青年报. 央企以"更大决心更强力度"决战脱贫攻坚 [EB/OL]. (2020 - 05 - 25) [2022 - 03 - 22]. https：//baijiahao. baidu. com/s？ id = 1667656045623581229&wfr = spider&for = pc.

②　刘国光. 关于分配与所有制关系若干问题的思考 [J]. 开放导报，2007 (5)：14.

③　中央财经领导小组办公室. 《中共中央关于国有企业改革和发展若干重大问题的决定》学习辅导讲座 [G]. 北京：人民出版社，经济科学出版社，1999：5 - 6.

④　金人庆. 关于《中华人民共和国企业所得税税法》(草案) 的说明 [N]. 经济日报，2007 - 3 - 9 (2).

⑤⑥　刘国光. 关于分配与所有制关系若干问题的思考 [J]. 开放导报，2007 (5)：14.

的庸俗化普及所支撑的。"①

以上的讨论，都涉及公有制主体地位、国民经济的总体布局和战略性调整、非公有制地位等经济问题。争锋的意义已远远超出国有经济与民营经济的博弈，甚至演变成有关"战略性和全局性的取向和发展趋势之争"②。在上述争锋中，刘国光坚持公有制的主体地位，主张不同性质的所有制服务于解放和发展社会主义国家生产力，致力于增强社会主义国家综合国力，提高社会主义国家人民生活水平。刘国光的观点对于正确地认识国有经济和非公经济的性质、地位、效率、功能、作用等理论问题，澄清改革中存在错误的观点，进一步深化社会主义基本经济体制改革具有重要意义。

第二节　完善社会主义所有制理论的思考

完善社会主义所有制，是我国经济社会发展的内在要求。刘国光从"两个毫不动摇"切入，对此深入思考。

一、毫不动摇地巩固和发展公有制经济

（一）公有制经济要掌握重要行业和关键领域

刘国光主张，"国有经济就应主要集中于能源、交通、通信、金融、基础设施和支柱产业等关系国民经济命脉的重要行业和关键领域，在这些行业和领域应该为'绝对的控制力'、'较强的控制力'、'国有资本要保持独资或绝对控股'或'有条件的相对控股'"③，"使之成为经济结构调整和企业重组的主要力量，成为参与国际竞争的骨干力量。"④

公有制经济是社会主义经济的基础，是国民经济发展的主导力量。社会主义公有制经济要实现经济效益，还要提供公共服务、发展重要前瞻性战略性产业、支持国家宏观调控、为社会公平提供物质后盾，保卫国际经济安全，为国家战略

---

① 刘国光. 关于分配与所有制关系若干问题的思考 [J]. 开放导报，2007 (5): 14.
② 卫兴华，张福军. 当前"国进民退"之说不能成立——兼评"国进民退"之争 [J]. 马克思主义研究，2010 (3): 5.
③ 刘国光. 关于中国社会主义政治经济学的若干问题 [J]. 政治经济学评论，2010 (4): 9.
④ 刘国光. 当前我国经济运行的主要问题 [J]. 四川政报，2000 (5): 35.

目标服务。国有经济是社会主义全民所有制经济的基本载体，是社会主义公有制经济的主导力量，是促进经济社会发展、保障和改善民生的重要力量。

社会主义建设初期，由于受教条主义影响，我国的国有经济分布广，重复建设多，产业结构严重趋同，资产和资本没有发挥效用，影响公有制经济自主创新投入，影响国有经济应该发挥优势和主导作用的产业领域，难以形成有国际竞争力的大型企业，影响社会主义优越性的发挥。因此，要做大做强国有经济，提高国有资本运营效率，实现国有资本的保值增值，不是单纯控制国有企业数量，而是事关国有经济的战略布局的顶层设计。必须保证国有企业在重要行业和关键领域的控制力、影响力不削弱，不能在号称"改革"的声浪中把国企改革变成一些资本牟取暴利的机会。

刘国光提出公有制经济要掌握重要行业和关键领域的部署建议，对于推进国有企业实施战略性改组，积极地应对国际垄断资本对我国国家经济和产业安全的威胁，增强民族产业安全感，提高我国经济抵御风险能力，保障人民共同利益，体现公有制经济优越性，具有重要的指导意义。

（二）探索公有制实现形式多样化

刘国光主张"采取改组、联合、兼并、租赁、承包和股份合作制、出售等多种形式，放开搞活国有小型企业"①，"发展多元化的投资主体，广泛吸收非国有资本入股，少数国有独资公司也应尽可能由多家国有企业共同持股"②。刘国光建议探索公有制实现形式多样化以发挥国有企业的优越性，巩固和发展公有制经济。

公有制实现形式包括资产组织形式和经营方式。

资产的组织形式有独资、控股、参股等形式。在较长时间里，对社会主义初级阶段公有制经济实现形式的认识存在偏差，造成片面追求纯度高的公有制、国家作为国有企业的所有者，掌握着企业资产的占有权、支配权和使用权、国有企业的实现形式和结构单一等现象，影响公有制经济的活力发挥。随着单一公有制的结构被打破，出现各种主体权能及其组合格局。劳动、资本、土地、知识、技术、管理等生产要素逐步参与到企业的资产组织中，股份制逐步成为公有制的资产组织主要形式。搞活国有企业，要提高国有企业对社会生产要素的支配能力、吸纳能力以及获利能力，要让各类生产要素的活力竞相迸发。不论是吸收非公有制的生产要素参与国有企业，还是国有资产投资非公企业的发展，都是通过"产

---

①② 刘国光. 当前我国经济运行的主要问题 [J]. 四川政报, 2000 (5): 35.

权多元化"融合,将不同所有制优势有机结合起来,优化产业结构,更好地发挥国有资本放大功能,实现国有资本保值增值,提高国有资本的竞争力、创新力、控制力、影响力以及抗风险能力,实现"做强做优做大"的目标。产权多元化,使不同产权主体为维护自身权益,重视对其他产权主体的监督。这是降低非系统性风险的有效途径,比单一的产权结构更具动力、更富效率。从国有企业战略布局角度,重要行业关键领域采用国有独资方式或者控股形式组织资产;竞争性领域企业可采用控股或者参股形式组织资产;对于没有市场竞争力的企业允许破产和出售,对于盘活国有资产是有益的;遵循市场规律,根据国家产业规划,通过资产的改组、重组以及兼并,实现资产、业务整合等措施,确保国有资产保值增值。

资产的经营有承包、租赁、股份制等多种方式。在较长时间里,国有企业政企不分,经营权决策权归属行政部门,影响企业的自主权、积极性、主动性和创造性发挥,影响国有企业的优越性发挥。随着产权认识的深入,国有企业改革逐步推进经营权和所有权的分离,在经营方式上呈现多样化。承包制是企业所有权与经营权分离的有益尝试。国家把国有企业资产给承包人经营,按照包死基数、确保上缴、超收多留、欠收自补原则,承包方要上缴国家利润、完成技术改造、推进工资和经济效益挂钩改革。租赁制也是国有企业经营一种形式,在不改变全民所有制属性的前提下,国家授权企业所在地方人民政府委托的部门为出租方,代表国家行使企业的出租权。承租经营企业可采取个人承租、合伙承租、全员承租、企业承租等方式。随着国有企业改革的深入,建立并逐步完善现代企业制度,企业的经营方式呈现更多元化。同种资本组织形式可以采用多种经营方式。有的股份制企业实行董事会领导下的总经理负责制的统一经营方式,有的企业则采取部门承包经营方式;有的企业采用部分承包或者租赁,有的企业则采用全包或者全租。沿着所有权和经营权分离的思路,探索国有企业的多种经营方式,提高国有资本运行效率,推动国有资本做强做优做大。

(三) 抓好规范的公司制改革

巩固和发展公有制经济,刘国光认为,要重视"抓好规范的公司制改革,建立合理的公司法人治理结构"①。

企业制度是以产权制度为基础和核心的企业组织和管理制度。现代企业制度是以规范和完善的企业法人制度为核心,以有限责任制度为特征的新型企业制

---

① 刘国光.当前我国经济运行的主要问题 [J].四川政报,2000 (5):35.

度。市场经济活动的主体是自主经营、自负盈亏的独立企业。在计划经济时代，企业是政府机构的延伸，政企不分和政资不分严重制约了企业的积极性和创造性的发挥，影响了公有制经济优越性的实现。改革开放后一段时间，虽然国有企业有了一定的自主权，但是存在权责不明、政企不分、管理不善、企业内部缺乏有效的约束和监督机制的问题没有得到有效解决。建立现代企业制度，有助于上述问题的解决，使国有企业真正成为自负盈亏、自主经营、自我约束的市场主体。建立现代企业制度，公司法人治理结构是核心。刘国光指出，"形成公司法人治理结构，明确股东会、董事会、监事会和经理层各自的职责，形成协调运转、有效制衡的企业内部权力结构"①。通过明确股东会、董事会、监事会和经理层的职责，形成各负其责、协调运转、有效制衡的公司法人治理结构。股东会是公司的权力机构，对企业拥有最终控制权。董事会是公司的决策机构，要维护出资人权益，对股东会负责；对公司的发展目标和重大经营活动作出决策，聘任经营者，并对经营者的业绩进行考核和评价。经理层是公司的执行机构，依法由董事会聘任或解聘，接受董事会管理和监事会监督。监事会是公司的监督机构，对企业财务和董事、经营者行为的监督作用。通过明确内部组织机构的权利、义务、责任，建立起权责清晰、职责明确的决策机制与执行机制，形成科学的管理体制和运行机制，提高运行管理效率。

刘国光主张通过三个层次的发展来推进国有企业管理体制改革："第一个层次是政府作为国有资本所有者与作为社会经济管理者的职能分开；第二个层次是政府的所有者职能，进一步分开为国有资本行使管理职能和产权运营职能；第三个层次是在国有资本的运营中，要实现出资者所有权同企业法人财产权的分开。"② 可以看出，刘国光对于推进国企体制改革的思路还是秉承他一向的稳健派作风，循序渐进，扎实地稳健推进改革。

2019 年 11 月，国务院、国资委相继发布《中央企业混合所有制改革操作指引》《关于进一步做好中央企业控股上市公司股权激励工作有关事项的通知》《关于加强中央企业内部控制体系建设与监督工作的实施意见》等文件，对中央企业所属各级子企业通过产权转让、增资扩股、首发上市（IPO）、上市公司资产重组、优化内控体系、强化集团管控、完善管理制度以及健全监督评价体系等方面提出具体可操作性的要求，进一步深化引入非公有资本、集体资本实施混合所有制改革，推动国有企业改革向纵深发展，进一步开辟国有经济制度建设新局面。可见，刘国光提出国有资产多种实现途径的主张和中央制定新时期发展国有

---

①② 刘国光. 当前我国经济运行的主要问题 [J]. 四川政报，2000（5）：35.

经济发展思路是一致的。

二、毫不动摇地鼓励、支持和引导非公有制经济发展

刘国光认为，非公有制经济要鼓励发展也要规范引导。

刘国光指出，"竞争性领域，要允许私有经济自由进入，尽量撤除限制其进入的藩篱。"① 在社会主义市场经济条件下，非公有制经济和公有制经济在绝大部分领域（除了特殊领域外）都是平等的市场主体，都是社会主义经济的重要组成部分。非公有制经济和公有制经济依法平等使用资金、技术、人力资源、土地等各类生产要素和公共服务资源；依法平等适用各类支持发展政策；在政府采购和招标投标等公共资源交易活动中享有公平待遇。因此，刘国光认为，非公有制经济在合法的范围内可以在竞争性领域，甚至部分国民经济命脉部门有所发展，要破除非公有制企业发展中的歧视约束和限制，营造权利平等、机会平等、规则平等的发展环境。

针对非公有制经济发展中存在"融资困难较大，税收尤其是非税收负担较重"②，刘国光主张要"切实解决"③。有学者通过追踪 1992～2014 年我国非公有经济发展质量，发现在融资渠道方面存在许多难以突破的政策性瓶颈，导致我国民营企业大部分聚集在技术含量不高的劳动密集型产业。④ 有学者调研指出，税费过重也影响非公有制经济的发展。⑤ 可见，刘国光对发展非公有制经济的思考有现实的依据。

针对一些企业发展中存在的负面问题，他指出，"还要正确引导其发展方向"⑥。有的非公有制企业在发展中无视生态环境保护，有的企业法律意识淡薄，侵犯劳动者权益；有的扰乱了市场经济的正常秩序。对此，刘国光提出，"都要通过教育监督和法制，克服清除"⑦。

2020 年，中共中央和国务院颁布的《中共中央国务院关于新时代加快完善社会主义市场经济体制的意见》明确提出，营造支持非公有制经济高质量发展制

---

① ⑥ ⑦ 刘国光. 关于社会主义初级阶段基本经济制度若干问题的思考 [J]. 经济学动态，2011 (7)：17.

② ③ 刘国光. 关于分配与所有制关系若干问题的思考 [J]. 红旗文稿，2007 (24)：19.

④ 王保忠，何炼成，李忠民，刘阳. 我国非公有制经济发展质量提升路径与对策研究 [J]. 经济纵横，2016 (10)：34 - 35.

⑤ 宋智慧. 非公有制经济发展法治环境的现状与优化 [J]. 沈阳师范大学学报（社会科学版），2016 (2)：61.

度环境的政策主张，通过构建支持非公有制经济高质量发展的市场环境、政策环境、法治环境和社会环境，鼓励、支持和引导非公有制经济发展，更好地激发非公有制经济在社会主义现代化建设中的创造力和活力。可见，刘国光提出发展非公有制经济的思路和中央制定新时期发展非公有制经济的思路是一致的。

第三节　本章简评

新世纪以来，学术界出现了一些颇为流行的观点。刘国光对此进行了剖析，并对今后如何进一步深化所有制改革提出建议。

一、继承和发展马克思主义产权理论

马克思主义认为，产权不是单一的权利而是所有权、占有权、使用权、支配权、经营权等一系列权利的结合体。马克思指出，"在股份公司内，职能已经同资本所有权相分离"[①]，认为股份公司的发展使职能资本家转化为"单纯的经理，即别人的资本的管理人"[②]，使资本所有者转化为"单纯的所有者，即别人的资本的管理人"[③]，使资本管理者转化为"单纯的所有者，即单纯的货币资本家"[④]。马克思产权理论虽然揭示的是资本主义所有制的本质，但是对社会化大生产条件下探索国有企业产权分离，实现政企分离，提高国有资产的利用率，建立现代企业制度具有重要的意义。正如马克思曾经指出，"在每个历史时代中所有权以各种不同的方式、在完全不同的社会关系下面发展着。"[⑤] 按照所有权与占有权、支配权、经营权等权利相分离原则将政府公共管理职能与国有资产出资人职能分开，使企业成为自主经营、自负盈亏、自我发展的市场主体，为公有制的多种实现形式提供了理论依据。

在传统计划经济体制下，政府以所有者的身份对国有企业进行指令性的计划管理，使国有企业成为政府机构的附属物，严重束缚了国有企业的积极性和创造性，影响了国有企业的生产力的发挥。实现政企分离是推进国有企业改革的关键所在。在马克思产权理论指导下，刘国光明确地提出要把政府作为市场监管者和

---

① 马克思. 资本论（第三卷）[M]. 北京：人民出版社，2004：494.
②③④ 马克思. 资本论（第三卷）[M]. 北京：人民出版社，2004：493.
⑤ 马克思恩格斯全集（第四卷）[M]. 北京：人民出版社，1958：180.

调控者以及作为国有企业出资人的职能分离开来，避免两种职能错配，以财产的委托—代理关系为主轴，通过股东会、董事会、监事会和经理层实现财产各项权能分属，形成了出资者财产所有权与法人财产权的对立，但又不造成"所有人缺失"情况，以促使国有资产产权监管效率与公共管理效率的提升。刘国光主张通过"三步走"逐步实现国有企业"政企分开"，循序渐进的递进改革方式又体现其"稳健派"经济节奏。刘国光主张发展多元化股份公司，通过在公司中形成两个以上的投资主体，股东之间形成利益博弈，提高资产的效率，盘活国有资产，强化产权约束的有效性，推动法人治理结构的规范和完善，形成防范内部人控制和恶意寻租的新机制，对于避免国有资产的 MBO（Management Buy – Outs，企业内部管理层收购），防止国有资产的流失具有重要的作用。对股权多元化和完善现代企业制度下的公司法人治理结构的探索，体现着刘国光对优化产权配置及探索公有制有效实现形式的思考，对于正确处理好政府和市场在国有企业改革中的关系具有重要的指导意义。

二、继承和发展马克思资本运动理论

马克思认为资本在运动过程中实现增值。他指出，"在这个过程中，它不断地交替采取货币和商品形式，改变着自己的量，作为剩余价值同原价值的自身分出来，自行增殖着"①，"在流动资本中，劳动的交换，不同劳动部门的交换，生产劳动的并存，表现为资本的属性"②，"构成资本空间流通道路的市场越扩大，资本同时也就越是力求在空间上更加扩大市场。"③ 资本具有社会整体性，"资本不是同单个的劳动，而是同结合的劳动打交道，正如资本本身已经是一种社会的、结合的力量一样。"④ 虽然，马克思从资本主义生产过程揭露资本的本质属性和规律，但是对于在社会主义市场经济条件下，探索和推动国有企业资本运营改革，增强国有资本的控制力、影响力和经济活力具有重要的现实意义。

长期以来，对国有企业的管理主要采取实物形态管理方式，从实物的数量对国有资产加以严格控制，国有资产的无形损耗、保值增值以及在生产流通中的运动没有被充分意识到，使国有资产在社会资源配置中出现闲置、浪费、流失、贬

---

① 马克思恩格斯全集（第二十三卷）[M]. 北京：人民出版社，1972：173.
② 马克思恩格斯全集（第四十六卷下册）[M]. 北京：人民出版社，1980：229.
③ 马克思恩格斯全集（第四十六卷下册）[M]. 北京：人民出版社，1980：33.
④ 马克思恩格斯全集（第四十六卷下册）[M]. 北京：人民出版社，1980：21.

值等现象，影响了国有企业的改革，不利于发挥公有制经济在国民经济中的重要作用。刘国光深刻领会马克思主义资本运动理论，打破过去发展国有企业只重视实物形态经营、静态经营的管理理念，突破对国有资本运动局限在单个具体企业的惯性思维，主张通过国有企业的改组、联合、兼并、租赁、股份合作制、出售等灵活方式盘活国有企业的资本，更好服从服务国家战略需要，在更大范围、更深层次、更高水平促进国有资本合理流动、保值增值，实现国有经济总体效益的最大化。刘国光的上述主张对于盘活国有资产、深化国有企业改革，做大做强国有企业具有重要的理论和现实的启迪意义。

三、对进一步完善所有制结构具有一定的影响作用

刘国光提出放活搞好国有中小企业、促进国有企业产权多元化改革、在发挥公有制经济的主导作用、发挥非公有制经济作用以及推进混合所有制企业改革等主张。刘国光作为党的十六大报告文件起草小组的成员，他的主张和观点被中央文件精神所吸纳，成为国家的经济政策理论来源之一，这对于深化国有企业改革、进一步提高国有企业治理效率、改善国有企业经营绩效和提高效用、对促进公有制经济和非公有制经济共同服务社会主义国家发展产生重要的影响作用。党的十六大提出要进一步探索公有制特别是国有制的多种有效实现形式，实行投资主体多元化，"将坚持公有制为主导，促进非公有制经济发展，统一于社会主义现代化建设的进程中"[①]；党的十六届三中全会提出："按照现代企业制度要求，规范公司股东会、董事会、监事会和经营管理者的权责……支持股东会、董事会、监事会和经营管理者依法行使职权，参与企业重大问题的决策……探索现代企业制度下职工民主管理的有效途径，维护职工合法权益"[②]。党的十八届三中全会提出的"完善国有资产管理体制，以管资本为主加强国有资产监管，改革国有资本授权经营体制，组建若干国有资本运营公司""积极发展混合所有制经济"[③]；十九大报告再次重申，"促进国有资产保值增值，推动国有资本做强做优做大，有

① 新华社. 江泽民同志在党的十六大上所作报告（全文）[EB/OL].（2007－05－23）[2022－03－22]. http：//www. ce. cn/xwzx/gnsz/szyw/200705/23/t20070523_11466832_4. shtml.

② 新华社. 中共中央关于完善社会主义市场经济体制若干问题的决定 [EB/OL].（2008－08－13）[2022－03－22]. http：//www. gov. cn/test/2008－08/13/content_1071062. htm.

③ 中国经济网综合. 十八届三中全会《决定》、公报、说明（全文）[EB/OL].（2013－11－18）[2022－03－22]，http：//www. ce. cn/xwzx/gnsz/szyw/201311/18/t20131118_1767104_2. shtml.

效防止国有资产流失"①。2019 年 11 月，国资委关于印发《中央企业混合所有制改革操作指引》的通知，对促进各种所有制资本取长补短、相互促进、共同发展，夯实社会主义基本经济制度的微观基础进行较为全面的指导。这些中央文件体现了党和政府建设社会主义市场经济体制决策的连贯性，表明了党和政府要求全面深化经济体制改革，特别是深入推进国有企业改革的决心。

　　公有制和非公有制是不同性质的所有制，二者之间存在着矛盾也是必然的。如何在今后的改革和经济建设中，既要坚持公有制经济主体地位和发挥国有经济的主导作用，又发挥非公有制经济的重要作用，这是社会主义初级阶段所面临的重大难题。刘国光关于新时期坚持和完善社会主义所有制的思考，既有从宏观层面的战略布局，又有微观层面的盘活国有企业探索。认真学习领会刘国光关于我国社会主义初级阶段所有制的思想对于在实践中坚持社会主义方向，分清理论是非，排除干扰，推动各种所有制沿着正确的方向发展，大力发展社会生产力，具有重要的指导意义。

---

　　① 习近平. 决胜全面建成小康社会，夺取新时代中国特色社会主义伟大胜利［M］. 北京：人民出版社，2017：33.

第四章

论新时期个人收入分配问题

公平合理的收入分配格局，有利于生产和消费的良性循环，有利于促进经济可持续发展。改革开放以来，收入分配关系发生了深刻调整。1987 年，党的十三大报告第一次提出，社会主义初级阶段的分配方式不可能是单一的，分配方式是以按劳分配为主体，其他分配方式为补充。1993 年，党的十四届三中全会正式提出，建立以按劳分配为主体，效率优先、兼顾公平的收入分配制度。1997 年，党的十五大报告提出，坚持按劳分配和按生产要素分配结合，允许和鼓励资本、技术等生产要素参与收益分配。进入 21 世纪，社会各界高度关注个人收入分配差距问题。刘国光也关注到不合理的因素导致收入差距出现扩大化。对此，他呼吁要重视解决这些问题。

第一节　关于新时期个人收入分配问题的论争

进入 21 世纪以来，我国个人收入差距呈逐渐拉大趋势。1978 年，城乡收入比是 2.57，到 2006 年高达 3.28。[①] 2008 年，我国工资最高的行业为金融业，职工平均工资为 6.1841 万元；工资最低的行业为农、林、牧、渔业，职工平均工资为 1.2958 万元，两者的比例扩大到 4.77∶1。[②] 我国是否出现了两极分化？造成我国个人收入分配差距扩大化趋势的根本原因是什么？应该如何看待公平和效率关系？对此，学术界展开热烈讨论。

---

① 柳欣，刘刚.中国经济学三十年［M］.北京：中国财政经济出版社，2008：358.
② 郭飞，王飞.中国个人收入分配改革：成就、问题与对策［J］.马克思主义研究，2010 (3)：34.

一、是否存在两极分化

（一）两极分化论和合理区间论

关于我国是否存在两极分化的现象，学术界有两种对立的观点："两极分化论"和"合理区间论"。有的学者认为，我国基尼系数明显地超越国际公认的警戒线；城乡居民收入差距有持续扩大的趋势；各地区之间两极分化加剧，东西部差距有扩大的趋势；因此，我国收入分配中存在两极分化的问题。[1] 有的学者从收入不良指数的变化趋势和国际比较两个角度来分析验证我国已经进入两极分化状态[2]。有的学者对 1990 年、1995 年、2000 年和 2005 年四个主要年份的实证分析后认为，中国城乡两极分化、城镇及农村内部的两极分化、沿海与内陆的两极分化以及行业两极分化大多呈现上升趋势[3]。但也有学者认为，我国个人收入分配虽然存在差距，但是未出现两极分化。有的学者认为，收入分配有贫富差距的特征；但从量的规定性、质的规定性、发展趋势的规定性以及社会承受力角度看，并没有出现两极分化[4]。有的学者认为，尽管收入差别已扩大，但包括贫困阶层在内的中国所有阶层的绝对收入水平却提高了，对照经济增长速度和经济效率的提高来看，这种收入分配差别是适当的[5]。此外，还有的学者认为，对照国际上的情况（十几倍甚至几十倍），我国收入差距还处在"合理区间"[6]。

（二）刘国光提出要重视收入差距

刘国光认为，"贫富差距还未达到社会不能忍受程度的两极分化"[7]，但主张，"要认真及时解决，否则有接近两极分化，承受极限的危险"[8]。通过对历史数据的分析，刘国光指出，农村绝对贫困发生率下降，绝对贫困人口减少，但要

---

① 杨圣明，郝梅瑞. 论我国收入分配中的两极分化问题 [J]. 财贸经济，2005 (12)：47 - 53.

② 章洪海，苟娟娟. 也谈中国的两极分化现状 [J]. 经济问题，2005 (6)：28 - 30.

③ 洪兴建，李金昌. 两极分化测度方法述评与中国居民收入两极分化 [J]. 经济研究，2007 (11)：139 - 153.

④ 王明华. 论收入差距与两极分化之关系 [J]. 经济问题，2003 (9)：2 - 4 +64.

⑤ 陈宗胜，周云波. 城镇居民收入差别及制约其变动的某些因素 [J]. 经济学，2002 (2)：563 - 574.

⑥ 沈宝祥. 我国社会是否已经出现两极分化 [J]. 理论前沿，1997 (14)：6 - 8.

⑦⑧ 刘国光. 对十七大报告论述中一些经济问题的理解 [J]. 经济学动态，2008 (1)：31.

警惕"相对贫困的两极分化趋势"①。对于出现初次分配收入差距扩大现象，刘国光认为，随着经济市场化，通过按劳分配和按生产要素分配造就的收入差距是"有利于经济效益的提高"②，"被人们理解、认同"③；但是，灰色收入和黑色收入这些"非正常收入方面"④是我国当前收入差距扩大的不容忽视的一个因素，国家要重视对收入差距的调节。

　　对采用基尼系数⑤来分析中国收入差距的方式，刘国光本着历史、逻辑辩证法思维，提出要"结合具体的国情"⑥进行分析参照。他指出，单纯地运用基尼系数做比对，不能正确地反映情况。计算基尼系数时，价格因素对城乡居民实际收入水平的影响往往没有考虑在内——农村居民收入和消费中实物所占的比重高于城镇居民，而城镇居民的收入主要由货币收入构成，受价格影响较大。在过去较长一段时间，城乡二元经济结构限制了城乡生产要素的合理流动和优化组合，使得城镇居民的收入长期高于农村居民。因此，刘国光指出，"历史形成的我国城乡收入差距巨大差距的客观事实，使农村居民一时难以攀比城市生活，农民的承受能力有一定弹性，所以我国的收入差距的警戒线不能盲目地套用国际上的作法，可以不妨比国际的警戒线更高一点"⑦，对基尼系数值可以作为参考，引起注意，但不可盲从。

　　刘国光对收入分配差距扩大化的思考，既有对历史原因的纵向思考，也有对不合理收入现状的横向分析。多维度的思考使刘国光能够提出更为切实解决问题的建议。

二、个人收入分配差距扩大化原因

　　学术界对造成个人收入分配差距扩大化趋势的原因展开了热烈的探讨。

（一）四种论说

　　（1）体制改革不到位论。有的学者认为，经济社会体制存在的弊端，强化了收入分配的不公平。没有健全并实施国有企业的利润上缴、资源占有税等制度，

---

① 刘国光. 对十七大报告论述中一些经济问题的理解 [J]. 经济学动态，2008（1）：31.

②③④⑥⑦ 郭连强，刘国光. 对我国当前宏观经济形势及收入分配差距问题的探讨 [J]. 经济纵横，2004（1）：4.

⑤ 基尼系数是意大利经济学家基尼根据劳伦茨曲线所定义的判断收入分配公平程度的指标，它的推算涉及住户抽样调查的代表性数据、明确的收入概念界定等因素。基尼系数最大为"1"，最小等于"0"。基尼系数越接近0表明收入分配越是趋向平等。

对劳动密集型企业的税收减免优惠制度尚未健全并且全部落实，中小企业的税赋结构有待调整；财政支出对社会保障和农村以及中西部地区的转移支付制度有待进一步健全，投入的比例有待提高；个人所得税等再分配制度不够健全、不够公平；收入分配调控体系不健全；收入分配基础工作薄弱。[①] 有的学者认为，财产申报制度缺失，尤其是中高层公务员财产公开与申报制度迟迟没有建立；个人收入记录体系不健全，税务部门难以掌握居民个人收入情况等基础性体制缺失造成机制体制性腐败，拉大收入分配差距。[②] 有的研究机构将收入分配结构分解为地区、城乡、部门、教育情况等构成部分，通过研究发现这些结构因素的差距产生总体扩散性差距；因此，认为在中国居民收入差距扩大的过程中，政策因素和制度障碍所产生的作用是主要和主导的，从而导致城乡、地区间收入的差距。[③] 有的学者认为，税制结构不合理，增收功能强，收入调节作用弱，尚未建立起有利于社会捐赠的制度环境和政策体系也是造成收入差距扩大化的原因。[④] 有的学者认为，特权、垄断、寻租、腐败等官商勾结、权力与资本合谋的行为是导致贫富悬殊的根本原因。[⑤] 有的学者指出，除了劳动力市场存在着种种的制度性限制和歧视之外，资本、土地和自然资源的使用和配置基本上受控于政府部门，其市场价格难以形成，其交易价格往往是扭曲的，非公经济和中小企业发展不足，使社会就业不充分；国有经济占用大量社会剩余，但收益并不为广大居民分享；行业垄断和行政性垄断突出，行业间收入分配差距并非竞争力和人力资本差异的体现，劳动力市场不健全，劳资关系尚未根本理顺。[⑥] 有的学者认为，非市场因素的行政垄断是收入分配不断恶化的最主要原因，在资源价格税费非常低的状况下，国家财富逐渐转移到少数能拿到资源开发权的企业手中；金融、交通、通信等服务业的垄断也创造了垄断意义。[⑦] 有的学者指出，行政垄断的歧视、权力垄断的自利、资源垄断的暴发和市场垄断的马太效应是造成财富加速从多数人向少

① 苏海南. 当前我国收入分配改革思路和措施 [EB/OL]. (2010 – 07 – 20) [2020 – 08 – 10]. http://www. 71. cn/2011/1019/639630. shtml.

② 迟福林. 收入分配改革：关键时期的关键改革 [J]. 理论参考，2010 (7)：6.

③ 中国发展基金会. 中国收入差距的现状、趋势以及影响 [M]. 北京：中国发展出版社，2012：31

④ 余斌，陈昌盛. 我国收入分配改革的思路和政策建议 [EB/OL]. (2011 – 03 – 22) [2020 – 08 – 10]. http://finance. qq. com/a/20110322/004932. htm.

⑤ 刘艳艳，吴斌斌. 何谓效率优先兼顾公平？ [EB/OL]. (2007 – 03 – 23) [2020 – 08 – 10]. http://news. sohu. com/20070323/n248933834. shtml.

⑥ 余斌，陈昌盛，邓郁松. 当前我国收入分配制度的现状、问题及改革建议 [J]. 经济界，2011 (3)：18 – 25.

⑦ 林毅夫. 改革收入分配，挖掘经济潜力 [EB/OL]. (2012 – 11 – 22) [2020 – 08 – 10]. http://www. chinadaily. com. cn/hqcj/fxpl/2012 – 11 –22/content_7568376. html.

数人转移的第一推动力。①

（2）经济发展方式影响论。有的学者指出，经济发展方式、经济结构不合理，放大了由生产力不平衡等客观条件形成的收入差距。② 有的学者认为，我国收入分配结构扭曲的基础在于目前政府主导、投资驱动的经济增长模式；在这种增长模式下，经济增长主要靠追加的土地投入和资本投入驱动，导致资本所有者和土地所有者的收入必然增长最快，而劳动者的收入占比则相对下降。③

（3）政府干预论。有的学者认为，政府在治理市场经济方面缺少经验，一些政府管理部门出于部门利益的考虑，利用市场的扭曲去谋求部门利益和个人私利，由此产生的收入差距扩大是收入分配不公的一个重要来源。④ 有学者认为，收入分配扭曲的主要原因是围绕权力对公共资金和公共资源的分配而产生的腐败、寻租、侵占公共资金和他人收入、聚敛财富等行为，以及垄断性收入的不适当分配。⑤

（4）所有制论。有的学者认为，改革开放以来对私人资本主义经济发展引导和监管不力，造成资本过度剥削、资本积累过快，而导致劳动大众相对贫困，造成收入差距严重扩大。⑥ 还有的学者通过向量误差修正模型进行实证分析，认为我国行业之间所有制结构变迁的差异是行业间工资变化差异的重要原因，行业公有制比重与行业工资水平之间存在正向的相关关系。⑦

（二）收入分配差距拉大的根本原因是私有制比重扩大

刘国光认为，上述"各项原因之间，有互相交叉的关系"⑧，但造成收入分配差距拉大的根本原因是所有制结构中私有制比重扩大，"由于国民收入初次分配中不同经济主体的收入获得是与生产要素的占有状况相联系的，尤其是非劳动生产要素（主要是资本）参与分配，在个人拥有非劳动生产要素的差异逐渐扩

---

① 华生. 行政垄断是贫富差距扩大最大推手［EB/OL］.（2011 – 03 – 01）［2020 – 08 – 10］. http：// finance. sina. com. cn/review/sbzt/20110301/01509446770. shtml.

② 苏海南. 当前我国收入分配改革思路和措施［EB/OL］.（2010 – 07 – 20）［2020 – 08 – 10］. http：// www. 71. cn/2010/0720/591035_2. shtml.

③ 吴敬琏. 吴敬琏文集（下）［M］. 北京：中央编译出版社，2013：1177.

④ 中国发展基金会. 中国收入差距的现状、趋势以及影响［M］. 北京：中国发展出版社，2012：33.

⑤ 王小鲁. 灰色收入系收入差距拉大最直接原因［EB/OL］.（2012 – 12 – 12）［2018 – 04 – 15］. http：//finance. sina. com. cn/review/hgds/20121212/233213983832. shtml.

⑥ 吴宣恭. 我国分配不公的主要矛盾和根源［EB/OL］.（2011 – 12 – 14）［2020 – 08 – 10］. http：// www. chinareform. org. cn/society/income/Forward/201112/t20111214_129910. htm.

⑦ 曹永栋. 我国行业工资性收入差距拉大的原因［J］. 经济纵横，2012（1）：40 – 45.

⑧ 刘国光. 关于分配和所有制关系若干问题的思考［J］. 红旗文稿，2007（24）：12.

大，少数人财产性收入不断叠加累积的情况下，初次分配的结果必然产生越来越大的收入差距，出现分配的不公平现象①；因此，"初次分配中影响收入分配最大最核心的问题，是劳动与资本的关系"②，"随着私人产权的相对扩大，资本的收入份额也会相对扩大，劳动的收入份额则相对缩小，从而拉大贫富收入差距。"③刘国光指出，"收入差距问题必须要从源头、初次分配环节着手解决，光靠财税等再分配杠杆来调节，这在中国是远远不够的，是解决不了分配不公问题的。"④

所有制因素是决定初次分配的重要因素。马克思指出，"消费资料的任何一种分配，都不过是生产条件本身分配的结果。而生产条件的分配，则表现了生产方式本身的性质"⑤；"劳动力的、资本的和土地的所有权，就是商品这些不同的价值组成部分所以会分别属于各自的所有者，并把这些价值组成部分转化为他们的收入的原因"⑥，"由每年新追加的劳动新加进的价值……一部分属于或归于劳动力的所有者，另一部分属于或归于资本的所有者，第三部分属于或归于土地所有权的占有者。因此，这就是分配的关系或形式，因为它们表示出新生产的总价值在不同生产要素的所有者中间进行分配的关系。"⑦ 商品价值 $w = c + v + m$，其中，c 为生产消耗的价值；v 为支付给工人的工资，用于满足劳动者及其家人的生存和发展需要；m 为利润，即剩余价值的转化形式。所以，$m = w - v - c$。支付工人的工资越少，资本家获得利润就越多。私有制企业收入分配主要是按资本分配，资本所有者获得剩余价值，工人只能得到劳动力的报酬即工资。在马克思看来，私有制条件下，要素所有权是取得按要素分配权的关键所在。私有制条件下，劳动者不占有物的资本条件优势，只能根据劳动付出分得小份额的价值。由于资本的逐利性，在私营经济中，特别对于一线劳动者来说，更多情况下体现的是"强资本，弱劳动"的分配情况。

1989~2002 年，我国私有企业的总产值从 97 亿元增长到 15338 亿元，增长了 157 倍，年平均增长 47.6%；而工人的工资总额从 11.4 亿元增长到 204.5 亿元，增长了 19.8 倍，年平均增长 3%，增长差上百倍。⑧ 我国劳动报酬比重逐年

① 刘国光. 关于中国社会主义政治经济学的若干问题 [J]. 政治经济学评论, 2010 (10): 10.
② 刘国光. 关于分配和所有制关系若干问题的思考 [J]. 红旗文稿, 2007 (24): 10.
③ 刘国光. 关于分配和所有制关系若干问题的思考 [J]. 红旗文稿, 2007 (24): 13.
④ 刘国光. 改革开放新时期收入分配问题 [J]. 百年潮, 2010 (4): 17.
⑤ 马克思恩格斯全集（第十九卷）[M]. 北京: 人民出版社, 1963: 23.
⑥ 马克思恩格斯文集（第七卷）[M]. 北京: 人民出版社, 2009: 983.
⑦ 马克思恩格斯文集（第七卷）[M]. 北京: 人民出版社, 2009: 993.
⑧ 朱妙宽，朱海平. 从完善分配制度入手完善基本经济制度 [J]. 经济前沿, 2008 (12): 11.

下降——2003 年以前一直在 50% 以上，到 2006 年降至 40.6%，与之对应的企业利润在上升，资本回报占国民收入的比重，由以前的 20% 左右上涨到 30.6%[1]。现阶段，在我国，工资收入是个人收入的主要来源，工资收入来自初次分配。2003 年，我国农民人均年工资收入约占年收入总额的 35%，再次分配约占 6%；城镇居民人均年工资收入约占年收入总额的 70.74%，再次分配约占 4%。2006 年，我国农民人均年工资收入约占年收入总额的 38.33%，再次分配约占 5.04%；城市居民人均年工资收入约占年收入总额的 68.93%，再次分配约占 22.79%。2010 年，我国农民人均年工资收入约占年收入总额的 40.07%，再次分配约占 7.65%；城镇居民人均年工资收入约占年收入总额的 65.17%，再次分配约占 24.21%。[2]

综上所述，刘国光认为，造成收入分配差异扩大化的环节在初次分配，"从分配、再分配领域着手，还远远不够，难以从根本上扭转贫富差距扩大的问题，还必须从所有制结构上下功夫"[3]。

三、关于公平和效率关系的讨论

对于公平和效率关系的认识，影响个人收入分配政策的制定。改革开放以来，针对原有分配制度存在严重的平均主义弊端，党提出按劳分配原则和使一部分人通过勤劳致富先富起来的一系列方针政策。党的十三大提出，"让善于经营的企业和诚实劳动的个人先富起来，合理拉开收入差距；又要防止贫富悬殊，坚持共同富裕的方向，在促进效率提高的前提下体现社会公平。"[4] 党的十四届三中全会提出，"建立以按劳分配为主体、效率优先、兼顾公平的收入分配制度"[5]。党的十六大在强调效率优先、兼顾公平同时，提出"初次分配注重效率，发挥市场的作用，鼓励一部分人通过诚实劳动、合法经营先富起来。再分配注重公平，加强政府对收入分配的调节职能，调节差距过大的收入"[6]。随着我国收

---

① 国家发改委社会发展研究所课题组. 我国国民收入分配格局研究 [J]. 经济参考, 2012 (11): 62.

② 数据综合《中国统计年鉴（2004 - 2010）》统计。

③ 刘国光. 关于中国社会主义政治经济学的若干问题 [J]. 政治经济学评论, 2010 (10): 11.

④ 洪银兴. 兼顾公平与效率的收入分配制度改革 40 年. [EB/OL]. http://www.jjxdt.org/home/show?channelID=11909&itemID=85396。

⑤ 新华网. 中共中央关于建立社会主义市场经济体制若干问题的决定 [EB/OL]. (2008 - 08 - 13) [2019 - 07 - 07]. http://www.gov.cn/test/2008 - 08/13/content_1071062.htm.

⑥ 新华网. 江泽民在中国共产党第十六次全国代表大会上的报告 [EB/OL]. (2008 - 08 - 01) [2019 - 07 - 07]. http://www.gov.cn/test/2008 - 08/01/content_1061490.htm.

入分配差距出现扩大的趋势，学术界对"效率优先，兼顾公平"的提法展开热烈的讨论。

（一）效率优先论、公平优先论及公平效率互促论

学术界对如何处理公平与效率形成了三种观点：效率优先论、公平优先论及公平与效率相互促进论。

（1）效率优先论。持效率优先论的理由有：一是认为效率属于生产力范畴，发展生产力是第一选择；二是认为效率优先才能发展生产，才能让生产要素提供者的积极性、主动性发挥出来，让生产要素的供给者有更高的投入产出之比，公平才有实现的可能；三是认为效率隶属生产领域，公平隶属分配领域，生产决定分配，效率要优先于公平；四是认为讲效率优先，更重要的是指资源配置的效率，而讲公平应强调机会均等，只要赞同机会均等，就自然地赞同效率优先[①]；五是效率优先是市场竞争规律所要求的，为了缩小差距，要靠提高效率创造更多社会财富以增进社会公平和促进社会和谐。[②]

（2）公平优先论。有观点认为，长期以来只追求效率，把公平放在了"兼顾"的位置上导致在实践中忽视了公平，使收入差距逐渐扩大。因此，当前应该实行"公平优先，兼顾效率"的收入分配政策。[③]有学者从公平关涉中国社会健康发展的方向、百姓对中国未来发展的信心、关涉社会生态环境的多样性与丰富性等方面，提出把公平正义放在首要的突出的位置，"公平优先，兼顾效率"。[④]

（3）公平和效率相互促进论。有的学者认为，效率与公平是相统一的。理由主要有如下三点：其一，从社会再生产运转角度出发，分配是构成了生产效率的基础；公平与效率互为前提，公平出效率[⑤⑥]；其二，通过构建经济学模型和对资本主义社会分配模式演变分析、社会主义建设实践论证了公平与效率之间具有"互促同向变动"的内在关联性，即公平促进效率，在一定条件下也会形成恶性

---

① 晓亮. "效率优先，兼顾公平"的原则过时了吗？［J］. 中共长春市委党校学报, 2006（10）: 14 - 16.

② 黄焕章. 为"效率优先"辩［J］. 经济导刊, 2006（7）: 78 - 81.

③ 光明网. 回顾 2005 年经济学界争鸣［EB/OL］.（2006 - 01 - 13）［2019 - 07 - 07］. https: //news. sina. com. cn/c/2006 - 01 - 13/06007969009s. shtml.

④ 邹广文. 不妨"公平优先，兼顾效率"［EB/OL］.（2013 - 01 - 01）［2017 - 01 - 15］. http: //paper. people. com. cn/rmlt/html/2013 - 01/01/content_1185814. htm? div = - 1.

⑤ 纪宝成. 单纯"效率导向"导致冲突加剧［J］. 人民论坛, 2011（8）: 22 - 24.

⑥ 马宏伟. 以更大视野看待效率与公平［N］. 人民日报, 2009 - 04 - 21（7）.

互促同向关系①；其三，公平和效率辩证统一是生产力与生产关系、经济基础与上层建筑之间辩证统一关系的体现；在特定经济制度上形成的公平观，既适应经济制度的需要，也符合生产力发展的要求，促进效率的提高；没有效率的提高，生产力就没有发展，特定的经济制度就不可能产生，就没有与其相适应的上层建筑和公平观念。② 有学者认为，在不同时期面临的主要问题会有不同，不同时期把公平或者效率作为优先政策是合理且应当的；但如果以牺牲另一方作为条件，那就不是正确的政策选择；效率优先或者公平优先都不应该被认为以牺牲另一方作为代价，应该将公平与效率置于同等重要的地位。③

（二）刘国光的效率与公平并重论

刘国光认为，公平和效率是相互促进的。他指出，"收入分配越平均，人们的积极性越削弱，效率自然会低；适当拉开收入差距，只要分配程序、规则公正，就会有助于提高效率。从另一角度说，不提高效率，'蛋糕'做不大，难以实现更多的公平措施，解决社会增多的矛盾；但是，如果不讲公平，收入差距拉得过大，特别是分配程序、规则不公，也会导致效率的下降，甚至影响社会稳定。"④

刘国光认为，不同阶段对公平和效率认识不同，折射在收入分配政策上会有阶段性特点。他指出，"我国改革开放前，是一个绝对平均主义的国家，'大锅饭'的分配体制，使效率大受影响。二十多年前实行市场取向的改革后，逐渐讲求效率，拉开收入差距，'让一部分人先富起来'，从农村到城市，经济活跃起来，非常见效"⑤。随着社会收入差距拉大，刘国光不赞成"效率优先、兼顾公平"的提法，指出"不能视其为市场经济分配的惟一准则"⑥，提出"如不采取措施，则有迅速向两极分化和向承受极限接近的危险"⑦。在对民生问题深刻思考的基础上，刘国光认为，收入分配问题不能强调"效率优先"，主张要"'逐步淡出效率优先、兼顾公平的口号，向实行效率与公平并重的原则过渡'。"⑧

在处理效率与公平关系中要进一步重视公平的提法引起一些人的忧虑，担心

---

① 程恩富. 马克思主义经济学的五大理论假设 [M]. 北京：人民出版社，2012：191-235.
② 吴宣恭. 实现公平与效率互相促进 [J]. 经济纵横，2007（1）：2-5.
③ 曾国安，李少伟，胡晶晶. 国民收入分配应坚持公平与效率并重 [EB/OL].（2009-02-13）[2017-01-15]. http://news.xinhuanet.com/theory/2009-02/13/content_10811237.htm.
④ 刘国光. 改革开放新时期收入分配问题 [J]. 百年潮，2010（4）：14.
⑤ 刘国光. 改革开放新时期收入分配问题 [J]. 百年潮，2010（4）：14-15.
⑥ 刘国光. 向实行"效率与公平并重"的分配原则过渡 [J]. 城市，2003（6）：4.
⑦ 刘国光. 进一步重视社会公平问题 [J]. 中国经贸导刊，2005（8）：7.
⑧ 刘国光. 改革开放新时期收入分配问题 [J]. 百年潮，2010（4）：16.

强调社会公平会回到平均主义。刘国光认为这种忧虑是没有必要的。他指出，"人们希望的无非是调整和纠正这些不公平现象，并改进运用再分配杠杆适当调剂贫富差距，而绝不是想触动那些合理合法的高收入。"①

公平和效率是社会主义社会发展的两大重要目标。提高社会生产的效率是要提高社会创造财富的效率，让社会生产各个环节、部门相互协调促进社会生产发展，充分发挥劳动者的积极性和创造性。社会主义国家发展经济，注重效率，发展生产力是为了实现人民的利益。收入分配中公平指向主要是指不同个体具有平等的分配权力和分配机会，分配规则一视同仁。改革开放初期，生产力水平发展不高，对经济效率提高尤为重视。在收入分配方式导向上更多关注效率优先，对于调动各生产要素积极性推动生产力的发展确实产生过巨大作用。但是，当个人收入分配差距出现扩大化趋势时，还过分强调效率则不利于创造条件逐步减缓收入增长差距。因而，效率优先论在新的社会发展阶段是不可取的。公平优先论虽然可缓和由收入分配差距过大问题引起的社会矛盾，但是如果过分追求收入分配的均等，则不利于实现资源配置优化，抑制社会经济效率提高，同样也是不可取的。把公平和效率对立起来，断言为了效率就要牺牲某些平等，或者为了平等就要牺牲某些效率都是不可取的。公平与效率兼顾论试图从二者的有机协调中寻找最佳的模式。刘国光反复强调的就属于这样的观点。刘国光认为，以社会主义本质为导向，将效率和公平结合起来，才能在收入分配方式和推动国民经济持续健康发展问题上取得突破。

第二节　解决新时期个人收入分配差距的基本思路

扭转收入分配差距扩大化问题涉及到多方面关系的调整，是复杂的改革过程。刘国光关于深化新时期收入分配改革的思路要点如下。

一、强化公有制为主体的所有制结构

刘国光指出，"初次分配中影响收入分配最大最核心的问题，是劳动与资本的关系"②；资本嗜利逐利的本性"迫使他们不断为占有更多的剩余价值而奋斗，

---

① 刘国光. 历史全面地看待公平与效率 [N]. 中国经济导报, 2005 – 06 – 21 (C01).
② 刘国光. 关于分配和所有制关系若干问题的思考 [J]. 红旗文稿, 2007 (24)：10.

推动社会走向两极分化"①；因此，他主张解决收入分配差距过大问题要从所有制结构入手，"从强化公有制为主体地位来解决这个问题，才能最终地阻止贫富差距扩大，向两极分化推进的趋势，实现共同富裕"②。

实现个人收入分配方式合理化，必须坚持和完善公有制为主体的所有制结构。马克思指出，"所谓的分配关系，是同生产过程的历史地规定的特殊社会形式，以及人民在他们的人类生活的再生产过程中相互所处的关系相适应的，并且是由这些形式和关系产生的。这些分配关系的历史性质就是生产关系的历史性质，分配关系不过表现生产关系的一个方向。"③ 所有制决定分配方式。要发挥按劳分配在分配方式中的主体作用，必须坚持以公有制为主体的所有制结构。公有制企业的利润不是被私人占有，上缴的利润为国家所有，这使国家有能力提供更多的公共产品和服务、通过转移支付等收入再次分配方式来帮助低收入群体，使集体或全体社会成员来分享经济发展的成果，避免收入分配差距扩大化。一定数量的公有制企业可以限制私有经济哄抬物价，限制私人资本在分配中的高比例，防止财富和收入的过度集中，避免暴利行业的长期存在，阻止收入差距扩大化。因此，刘国光高度重视维护公有制在所有制结构中的主体地位。

二、重视初次分配的公平性

初次分配是个人获得收入的主要渠道，是提高低收入群体收入、扩大中等收入群体的主要途径。针对"初次分配中有许多不合理因素，致使差距扩大"④，刘国光提出相应的建议。（1）从劳动交易的公平角度，要"提高劳动报酬在初次分配中的比重"⑤；"加强对劳动法、劳动合同法等相关法规的执行力度，严禁低工资和残酷剥削为手段的暴利行业和血汗工厂，让职工的工资福利能够得到切实的提高。还要进一步完善社会保障制度，逐步提高最低工资标准，着力形成职工工资增长的长效机制"⑥。劳动报酬是个人收入的主要来源，提高劳动报酬在初次分配中的比重，有助于缩小收入差距。但是，由于劳动力市场还不够健全，使得劳动力市场工资整体处于较低水平，甚至低于劳动力价值现象时有发生。此外，还存在强制超时加班、拖欠工资等事件，严重侵犯了劳动者获得劳动报酬权

---

① 刘国光. 壮大国有经济，制止两极分化 [J]. 海派经济学，2011（4）：20.
② 刘国光. 分好蛋糕比做大蛋糕更困难 [J]. 江淮论坛，2010（6）：6.
③ 马克思. 资本论（第三卷）[M]. 北京：人民出版社，2004：999 - 1000.
④ 刘国光. 向实行"效率与公平并重"的分配原则过渡 [J]. 城市，2003（6）：5.
⑤⑥ 刘国光. 十七大关于分配制度改革的新亮点 [N]. 社会科学报，2007 - 12 - 13（1）.

益。制定最低工资标准，完善劳动仲裁和法律援助机制，强化劳动监察执法职能，严厉查处拖欠工资和不按最低工资规定支付工资的行为，为劳动者获得合法收入提供有力的保障；促进劳动交易的公平，落实效率和公平相互促进的原则，保证劳动生产率提高的同时实现劳动报酬同步提高。（2）从竞业规则公平角度，"某些行业应尽快消除市场准入的障碍，最大限度地引入市场竞争机制，使利润率平均化"①，惩治"体制外的灰色收入和法制外的黑色收入"②。非规范和非法收入破坏了收入分配原则，严重地破坏了正常的收入分配秩序。规范收入分配秩序是实现个人收入分配公平公正问题、理顺收入分配关系的症结和难点。一些垄断性行业凭借垄断地位获取超额利润，并将其相当大的一部分转化为经营者和职工不合理的高收入。学术界认为，垄断行业收入水平过高的主要原因为行政垄断③④、所有者缺位⑤、政府监管不力⑥⑦。因此，深化垄断行业收入改革，整顿收入分配秩序，使垄断行业职工工资水平逐步与劳动力市场价格接轨。加强垄断行业在市场竞争中的经营行为政府监管力度，要防止通过各种手段将国有利润转移为职工收入特别是管理者收入发放；加强对垄断行业部门的产品价格、收入分配方案、薪酬标准的监管；完善反垄断法，缩减负面清单，放开一些垄断经营的区域给市场，缩小垄断行业的超额利润空间，从根本上解决初次分配中垄断行业收入偏高的问题。权钱交易、非法经营、偷漏骗税等违法行为和经济体制转轨中的漏洞也是拉大收入差距的因素。因此，刘国光提出，"加大制度建设，尤其是民主法制建设，加大对权力的监督制约"⑧，"以解决损害群众利益的突出问题为重点，深入开展廉政建设和反腐败斗争"⑨；以规则公平、监督公平督促分配的公平落实。（3）从劳动者增收机会公平角度，要"彻底改革义务教育制度、解决义务教育经费"⑩，对农村剩余劳动和城市下岗工人进行"提高其基础教育水

---

① 刘国光. 向实行"效率与公平并重"的分配原则过渡 [J]. 城市，2003 (6)：5.
② 刘国光. 研究宏观经济形势要关注收入分配问题 [J]. 经济学动态，2003 (5)：6.
③ 傅娟. 中国垄断行业的高收入及其原因：基于整个收入分布的经验研究 [J]. 世界经济，2008 (7)：67 - 77.
④ 潘胜文. 我国典型垄断行业高收入状况的分析 [J]. 中州学刊，2008 (1)：68 - 72.
⑤ 李晓宁. 国有垄断与所有者缺位：垄断行业高收入的成因与改革思路 [J]. 经济体制改革，2008 (1)：54 - 57.
⑥ 宋晶等. 垄断行业收入畸高的形成机理与规制对策 [J]. 东北财经大学学报，2007 (5)：33 - 38.
⑦ 纪衍茜. 垄断行业收入分配问题研究——基于合理分配国民收入的视角 [J]. 黑龙江对外经贸刊，2010 (5)：89 - 90.
⑧⑨ 刘国光. 历史全面地看待公平与效率 [N]. 中国经济导报. 2005 - 06 - 21 (C01).
⑩ 刘国光. 向实行"效率与公平并重"的分配原则过渡 [J]. 城市，2003 (6)：6.

平并实行职业培训"①，为弱势群体提高个人收入创造公平的机会起点。近年来，我国不少学者通过实证研究，发现教育回报情况对收入分配差距具有影响作用。有的学者指出，劳动力的受教育程度与工作经验构成的人力资本变量同个体收入呈正相关，个体受教育程度越高则收入报偿越高②；劳动者平均受教育程度的提高降低了收入不平等③；劳动者素质的提高是预防因病致贫和返贫、阻断贫困代际传递、缓解相对贫困的内生动力④；要缩小收入差距，人力资本投资必须更多地向穷人倾斜⑤。在劳动收入在个人收入比例偏高的中国，发展教育事业，提高劳动者的受教育水平，对解决我国高端技术技能人才和高级技工供不应求、传统行业中低端岗位劳动力供给过剩的就业结构性矛盾，对个人增收创收提供更大的选择空间，对维护个人的合法劳动权益具有重要的意义。因此，刘国光指出，"重视收入分配公平问题……重要的是各阶层居民能享受机会平等。"⑥

三、发挥政府的宏观调控功能和履行公共服务的职责

（一）制定稳就业的产业发展政策

增加劳动报酬的前提是稳就业。刘国光主张，"对于高就业低利润或一时亏损的劳动密集型行业以及对于各种灵活就业劳动组织，实行多种形式的优惠政策"⑦，以安置就业，提高个人收入。

有学者调研发现，1980 年行业职工工资的标准差系数仅为 20.44%，2000 年升至 26.11%，2008 年达到创纪录的 38.80%，2012 年为 35.45%，仍在高位运行。⑧ 有学者通过对 2005~2017 年全国 31 个省市自治区（除港澳台）行业面板数据的分析，发现我国行业收入差距伴随经济发展加速扩大。⑨ 行业收入分配存

---

① 刘国光．向实行"效率与公平并重"的分配原则过渡 [J]．城市，2003 (6)：6.
② 方超，黄斌．工资收入视角下的城镇居民的教育回报 [J]．城市问题，2018 (6)：93 – 103.
③ 徐舒．技术进步、教育收益与收入不平等 [J]．经济研究，2010 (9)：79 – 92 + 108.
④ 蔡昉．如何开启第二次人口红利? [J]．国际经济评论，2020 (2)：9 – 24 + 4.
⑤ 张车伟．人力资本回报率变化与收入差距："马太效应"及其政策含义 [J]．经济研究，2006 (12)：57 – 70.
⑥ 刘国光．研究宏观经济形势要关注收入分配问题 [J]．经济学动态，2003 (5)：7.
⑦ 刘国光．向实行"效率与公平并重"的分配原则过渡 [J]．中国经贸导刊，2003 (11)：5.
⑧ 崔友平．缩小行业收入差距须破除行政垄断 [J]．红旗文稿，2015 (15)：18.
⑨ 李子奈，吴昊．我国行业收入差距与经济发展关系——基于 2005 – 2017 年行业面板数据的分析 [J]．企业经济，2018 (12)：178 – 186.

在差距的原因有多方面。其中，不同行业资本有机构成不同（如劳动密集型行业和资本、技术密集型行业的差异）、市场机遇不同（如新兴产业与传统产业的区别）等原因导致各行业的发展境遇不同，各行业的从业者收入也存在差距。这种市场调节行业收入分配方式不利于行业发展和社会经济结构合理化，不利于相应行业从业者的生活水平提高。

因此，刘国光主张政府必须通过产业政策倾斜，协调行业间工资合理比例关系，实现行业收入分配的公平。

（二）完善再分配制度

再分配是调节初次分配、缩小收入差距、促进社会公平的重要分配方式。强化促进社会公平的再分配制度，集中体现在税收、社保、转移支付三个方面。

刘国光建议，"要彻底改革税制，完善个人所得税，积极创造条件，开征不动产税、遗产税等财产税，逐步扩大对高收入群体的税收调节力度，缩小不合理的收入差距"①。个人所得税制度，是对个人取得的各项应税所得征收的税制，是调节收入分配、促进公平的重要方式。长时间以来，我国个人所得税以单一劳动者个人为纳税人，以不同收入来源为税基分类计征，分类扣除，并且不同类别的费用扣除不得相互结转，夫妻之间、家庭成员之间不同类别的费用扣除也不得相互结转，税率税目结构复杂、边际税率高、累进性不强，由此造成收入单一化的个人多缴税，收入多元化的人少缴税，不能有效体现税收的横向公平。较长时间里，我国中低收入阶层特别是工薪阶层，是个人所得税的主要来源。2004 年，全国个人所得税收入 1737 亿元，其中 65% 来自工薪阶层；而占总收入一半以上的高收入者，缴纳的个人所得税仅占 20%。② 近年来，通过深化个人所得税改革，非劳动所得已成为个人所得税收入的重要组成部分，已经日益成为个人所得税收入增长的主要推动力。2019 年 1 月 1 日，开始实施新个人所得税法。子女教育、继续教育等 6 项专项附加扣除充分发挥红利。2019 年前 10 个月人均减税 1786 元，惠及 2.5 亿纳税人的"钱袋子"。中低收入群体受益明显。③ 建立健全合理的个人所得税制度，不仅有利于提高广大人民的收入水平，增强幸福感、获

---

① 刘国光. 向实行"效率与公平并重"的分配原则过渡 [J]. 城市，2003（6）：6.

② 张晓松. 个税法修正能缩小贫富差距吗 [EB/OL].（2005 - 08 - 30）[2020 - 01 - 23]. http: // news. sohu. com/20050830/n226824672. shtml.

③ 经济日报. 更大规模减税降费成为应对经济下行压力的关键举措——去年效果超预期，今年力度再加码 [EB/OL].（2020 - 05 - 19）[2020 - 07 - 30]. http://www.chinatax. gov. cn/chinatax/n810219/n810780/c5150069/content. html.

得感和安全感，而且有利于刺激消费，促进经济持续稳定增长，走向共同富裕。刘国光从我国的国情出发，针对深化个人所得税制度改革提出方向性建议，对促进个人所得税的结构合理化，完善税收征管体制具有重要启迪意义。

刘国光建议，"要加大财政转移支付的力度，解决城乡之间、地区之间收入差距过大的问题……要以稳定的财政拨款支持社会保障基金的运转。经常性财政支出要向人民生活与公共福利倾斜，建设性财政支出限于非盈利性公共建设项目，盈利性项目转由民间投资。今后如有必要继续实施积极财政政策，发行赤字国债。"[①] 转移支付是政府给个人、部门、地区的无偿财产所有权转移性支出，其中包括各种财政补贴、社会福利保障等。一些地区，如中西部地区、贫困地区、革命老区和少数民族地区，在基础设施建设、生产经营规模、公共服务提高、社会保障事业发展方面存在资金短缺，影响当地群众收入提高。转移支付制度有助于纠正市场失灵，为实现初次分配中就业公平创造机会，实现兼具公平和效率的目标，是政府通过再分配缩小收入差距的一条途径。国内外学者在实证性研究中发现，社会保障的转移性支出在缩小收入差距方面具有重要作用。部分发展中国家的社会保障支出具有明显缩小收入差距的作用（Milanovic，1999）[②]。英国等欧盟16国，社会保障的转移支出的贡献度为80.83%，远高于来自居民的个人所得税（Kristjánsson，2011）[③]。转移支付的积极作用体现需要一定规模带动效应。在一些规模经济不成熟地方发挥的作用有限。因此，为促进区域发展、城乡发展的平衡提供资金支持，刘国光还主张发行赤字国债，实行积极的财政政策。

刘国光还建议，"完善社会保障公共福利，改善低收入者的民生状况。"[④] 社会保障通过合理的制度设计对社会成员提供可靠的基本风险保障，缩小收入差距，给人民特别是弱势群体更多安全感。提高城镇企业基本保险在进城农民工中的覆盖率，建构覆盖城乡居民的社会救助体系、医疗保障体系和老年保障体系，完善基础性、普惠性、兜底性社会保障体系建设，缩小职工基本养老保险和基本医疗保险与城乡居民基本养老保险和基本医疗保险待遇差距；协调中央政府与地方政府的职责分工与财力配置，循序渐进地满足国民的经济保障、服务保障和精神保障需求，使社会保障与经济增长同步，不断增进国民福利，发挥调节收入分

① 刘国光. 向实行"效率与公平并重"的分配原则过渡 [J]. 城市，2003（6）：6.

② Milanovic. B. Do More Unequal Countries Redistribute More? Does the Median Voter Hypothesis Hold? [R]. World Bank Policy Research Working Paper. 1999，No. 2264.

③ Kristjánsson. A. S. Income Redistribution in Iceland：Development and European Comparisons [J]. European Journal of Social Security. 2011，4：392－423.

④ 刘国光. 改革开放时期的收入分配问题 [J]. 百年潮，2010（4）：18.

配和保证国民合理分享国家发展成果的作用。刘国光的建议从保障制度的收入再分配功能出发,对于完善社会保障制度及相关政策具有积极的意义。

(三) 加强民主法制建设

刘国光提出,要加强"民主法制建设"①,加大对权力的监督制约。促进个人收入分配合理,不仅是经济领域问题还是民主法制领域问题。以按劳分配为主体多种分配方式并存的分配制度鼓励个人通过诚实劳动、合法经营实现增收和创收。因此,对于造成分配不均、分配不公、分配失序、分配失衡等事件,必须通过健全法律制度,严肃查处并严厉打击,遏制不劳而获、偏门致富、违法违规致富等不良倾向,防止两极分化、消除分配不公。特别对于群众反映强烈的腐败问题、垄断行业职工收入增长过快的突出矛盾以及灰色收入、黑色收入问题,要加大惩处力度。个人收入分配制度是社会财富在全体国民中进行的分配和再分配。健全社会主义民主法制,鼓励让广大人民群众积极参与个人收入分配立法,凝聚民智、凝聚共识,推进全过程民主,有助于进一步完善个人收入分配制度,推进共同富裕的实现。

综上所述,刘国光关于个人收入分配的建议,渗透社会公平原则,力图减少资本利润对劳动所创造价值的过分侵蚀,力图实现起点的公平和结果的公平相结合、监督的公平和规则的公平相结合,统筹初次分配和再次分配,重视对弱势群体的关注和倾斜,重视发挥政府职能,对于深化个人收入分配改革具有重要的启迪意义。

第三节 本章简评

2003年,党的十六届三中全会召开前夕,在个人收入分配问题上,刘国光多次提出"效率优先"应该淡化,要更加重视公平问题。此后,他又撰写了《向实行"效率与公平并重"的分配原则过渡》(2003)、《对我国当前宏观经济形势及收入分配差距问题探讨》(2004)、《历史地全面看待公平与效率》(2005)、《把"效率优先"放在该讲的地方去》(2005)、《关于分配与所有制若干问题的思考》(2007)、《改革开放新时期的收入分配问题》(2010)等十余篇文章,阐述其关于个人收入分配问题的想法和主张。

---

① 刘国光. 历史全面地看待公平与效率 [N]. 中国经济导报, 2005 – 06 – 21 (C01).

一、对公平和效率的认识是历史、具体的

公平是一个历史的、具体的范畴，不同的历史发展时期公平的含义是不一样的。恩格斯指出，"关于永恒公平的观念不仅因时因地而变，甚至也因人而异"①，公平的观念"是一种历史的产物，这一观念的形成，需要一定的历史条件，而这种历史条件本身又以长期的以往的历史为前提。所以，这样的平等观念说它是什么都行，就不能说是永恒的真理。"② 即任何社会的公平都不是抽象的、绝对的和永恒不变的，而是具体的、相对的和历史的。每一种理论的产生和发展都有它特定的背景制度，脱离了特定的背景也就脱离了相应的合理性。刘国光对效率和公平的政策认识并不是一成不变的，而是建立在对国情变化发展的认识基础上。在改革开放初期，针对以往经济体制分配制度的弊端，刘国光倡导"效率优先，兼顾公平"；当收入分配拉开差距，刘国光提出"效率和公平"是并重的，把对公平与效率内在关联性的认识提高到一个新的层次，体现在经济政策思考中对社会主义制度的本质的落实和贯彻。

进一步完善社会主义市场经济体制，要在生产力与生产关系的统一性中认识效率与公平，通过发挥市场对资源的优化配置，提高效率、发展生产力；又要防止两极分化，在发展生产力与完善社会主义分配制度中探索效率和公平的协调，是在平衡市场和政府的关系中实现效率和公平的统一。建设中国特色社会主义的主要任务，就是要在大力发展生产力和不断完善社会主义分配制度的基础上，实现社会的公平与正义，建立各尽其能、各得其所而又和谐相处的社会主义和谐社会。刘国光关于效率和公平的思考，在理论上是科学的，在实践上是符合实际的。

二、对马克思主义理论的认识是深刻的

马克思曾指出："消费资料的任何一种分配，都不过是生产条件本身分配的结果；而生产条件的分配，则表现生产方式本身的性质"③。马克思通过研究资本主义的积累得出："社会的财富即执行职能的资本越大，它的增长的规模和能

---

① 马克思恩格斯选集（第三卷）[M]．北京：人民出版社，1995：212．
② 马克思恩格斯文集（第九卷）[M]．北京：人民出版社，2009：113．
③ 马克思恩格斯文集（第三卷）[M]．北京：人民出版社，2009：436．

力越大，从而无产阶级的绝对数量和他们的劳动生产力越大，产业后备军也就越大……这种后备军越大，常备的过剩人口也就越多，他们的贫困同他们所受的劳动折磨成反比。"① 这表明，资本主义社会中资本占有是收入分配差距扩大化的根源。因此，刘国光深刻地指出，"初次分配中影响收入分配最大最核心的问题，是劳动与资本的关系"②；提出要从根本上解决收入分配差距扩大化的问题，必须坚持所有制结构中公有制为主体。刘国光对收入分配根源的分析，坚持马克思主义立场观点，透过重重表象，抓住现象背后的本质，深刻地揭示出居民收入存在差异扩大化根源，对于解决收入分配差距扩大化的问题具有重要的指导意义。

三、对深化个人收入分配理论有重要的启迪作用

面对新世纪以来个人收入分配存在的问题，刘国光坚持以人民为中心的立场，立足当前个人收入差距存在扩大化趋势的现实，运用马克思主义原理，主张更加重视收入分配的公平，坚持公有制为主体的基本制度，统筹初次分配和再次分配的公平性，重视发挥政府必要的宏观调控和公共服务职能，力图扭转收入分配差距扩大化的趋势，让最广大人民群众公平分享改革和经济发展的成果，为实现国富民强做出积极的理论贡献。

刘国光是党的十六届三中全会文件起草组成员。针对个人收入分配领域存在的问题，他撰写《研究宏观经济形势要关注收入分配问题》提交全会文件起草组。在党的十六届五中全会文件起草期间，虽然刘国光没有参与，但他依旧关注收入分配的社会公平。他向中央递交的《进一步重视社会公平问题》引起中央主要负责同志的重视，批给了十六届五中全会文件起草小组。党的十六届五中全会提出要"更加重视社会公平"的鲜明主张，这是中央文件中第一次明确提"更加重视社会公平"的观点③。这种提法是符合改革的大趋势和人心所向，是收入分配理论和政策领域的重大进步。党的十六届六中全会提出要构建社会主义和谐社会，要实现公平正义；党的十八大报告中明确提出，初次分配和再分配都要兼顾效率和公平，再分配更加注重公平，提高劳动报酬在初次分配中的比重，要逐步建立以权利公平、机会公平、规则公平为主要内容的社会公平保障体系，努力营造公平的社会环境，使发展成果更多更公平惠及全体人民，朝着共同富裕方向

① 马克思．资本论（第一卷）［M］．北京：人民出版社，2004：742.
② 刘国光．关于分配和所有制关系若干问题的思考［J］．红旗文稿，2007（24）：10.
③ 刘国光．刘国光［M］．北京：社会科学文献出版社，2017：194.

稳步前进。在十八届三中全会文件中，关于收入分配的问题有多处的表述，提出了要解决好的关系问题，这些探讨应该说是凝聚了包括刘国光教授在内的中国经济学家的集体智慧①。近年来，发改委、财政部、社会保障部等部门通过提高个人所得税费用扣除标准、引入专项附加扣除政策、扩大了较低档税率级距，对高遗产税征收、群众医疗保险等方面都有明确的方向性规定。党的十八大以后形成的新的发展理念中，把"共享"作为新的发展理念中的重要组成，注重的是解决社会公平正义问题。党的十九大报告提出，"扩大中等收入群体，增加低收入者收入，调节过高收入，取缔非法收入""履行好政府再分配调节职能，加快推进基本公共服务均等化，缩小收入分配差距"②。可见，党和政府在处理解决城乡收入差距大、居民收入差距大、政府不当干预市场运行以及市场失灵等方面，更加倾向个人收入分配注重公平原则。

实现共同富裕，是社会主义生产目的，是社会主义本质的体现。收入水平是人民群众最关注的指标，也是衡量共同富裕的最重要指标。党的十九届五中全会提出，要提高人民收入水平，要扩大中等收入群体，要实现居民收入增长和经济增长基本同步，分配结构明显改善。党中央对收入分配问题的高度重视，体现党的执政理念是以人民为中心的立场，体现正确解决收入分配问题对于应对外部市场萎缩、打造内需主导型的自主增长、形成强大国内市场、拉动我国经济结构持续升级具有重要作用。

刘国光在新时期对个人收入分配问题的思考对深化新时代中国特色社会主义个人收入分配理论具有重要的启迪作用。

---

①　程恩富主编. 完善社会主义市场经济体制暨刘国光经济思想研讨会文集［C］. 北京：中国社会科学出版社，2014：4.

②　习近平. 决胜全面建成小康社会，夺取新时代中国特色社会主义伟大胜利［M］. 北京：人民出版社，2017：46 – 47.

第五章

深化改革的反思

　　2008 年，改革开放迎来第 30 个春秋。国家的综合国力、国际地位较之以往有了翻天覆地的改变。国内生产总值由 1978 年的 3645 亿元增加到 2008 年的 300670 亿元；1978 年，人均国内生产总值仅有 381 元，2008 年，城镇居民人均可支配收入由 343 元增长到 15781 元；农民人均纯收入则增长到 4761 元；2008 年，我国经济总量居世界第三位①②。在庆祝改革开放三十周年之际，刘国光回顾改革开放以来的光辉历程，总结改革开放的伟大成就和宝贵经验，更深入地思考如何推进改革开放事业实现新发展。

第一节　坚定改革的社会主义方向

　　方向决定前途，道路决定命运。推进改革首先要明确"朝哪里改""举什么旗""走什么路"等前提性问题。

一、学术界关于改革方向讨论的主要观点

　　在庆祝改革开放三十周年之际，学术界对改革方向的探讨主要有两种观点。

　　一种观点认为，改革出现的问题是由于市场化不够导致的。有的学者认为，

---

① 人民日报．统计局：1978 年以来我国经济社会发展的巨大变化 [EB/OL]．（2013 – 11 – 06）[2020 – 02 – 02]．http：//www.gov.cn/jrzg/2013 – 11/06/content_2522445.htm.

② 新华社．2009 年国务院政府工作报告 [EB/OL]．（2009 – 03 – 16）[2020 – 02 – 02]．http：//www.gov.cn/test/2009 – 03/16/content_1260221.htm.

医疗卫生、教育、基本住宅、养老保险等方面改革在应该市场化领域中的改革不足，政府功能界定的失误，把政府权力限制在公共领域中，使其成为服务型政府。①②③ 有的学者认为，对市场化的质疑，就是否定改革；千万不能因为批判新自由主义而否定改革，千万不要上当，否则会有灾难性的后果④。

另一种观点认为，在改革中不坚持社会主义经济制度方向，很可能会步入苏东国家的后尘。要发挥国家管理经济的作用，采取措施纠正市场的扭曲，弥补市场缺陷，激烈批判新自由主义对中国改革的误导。其中的代表有程恩富⑤、项启源⑥、周新城⑦、李炳炎⑧、张宇⑨等。刘国光也是这种观点的代表者之一。

二、改革的方向是社会主义

（一）新自由主义不是改革的方向

改革开放以来，我国经济持续平稳快速发展，综合国力大大增强，人民生活水平有了普遍的改善。有人认为，我国的改革是沿着新自由主义的方向前进并取得成绩的；推进改革要朝着这个方向前进。新自由主义主张，市场非调控化，推进国有企业的私有化，贸易和资本的无限制开放、自由化；其实质是走资本主义道路。刘国光以事实为依据，批驳这种错误观点。

刘国光认为，新自由主义虽然有反映现代市场经济的一般规律成分，但其核心理论——经济人假设、私有制是最有效永恒、迷信市场自由化、市场原教旨主义，"是我们所不能接受的"⑩，"同马克思主义、同社会主义、同中国的国情都

---

①　吴敬琏. 改革尚在版图，中国的两种命运［EB/OL］.（2013－09－10）［2015－07－06］. http：// finance. ifeng. com/a/20130910/10646989_1. shtml.

②　周瑞金. 改革不可动摇［J］. 经济体制改革，2006（1）：6－8.

③　刘江彪. 中国新一轮经济改革方向与中心环节［J］. 学习与探索，2012（3）：80－84＋2.

④　高尚全. 用历史唯物主义评价中国改革［EB/OL］.（2010－10－29）［2015－07－06］. http：// yingyu. 100xuexi. com/view/specdata/20101029/C989FFBD－5E8C－4E27－A9DF－B9096647E494. html.

⑤　程恩富. 用什么经济理论驾驭社会主义市场经济［J］. 学习与探索，2005（4）：170－173.

⑥　项启源. 经济领域两种改革观仍在继续［J］. 中华魂，2013（9上）：11－14.

⑦　周新城. 反思改革的几点思考［J］. 经济经纬，2006（5）：1－5.

⑧　李炳炎，王小刚. 社会主义经济改革和新自由主义经济改革的本质区别［J］. 马克思主义研究，2007（8）：23－28.

⑨　张宇. 关于坚持社会主义市场经济改革方向的理论思考［J］. 经济理论和经济管理，2006（7）：13－18.

⑩　刘国光. 对经济学教学和研究中一些问题的看法［J］. 高校理论战线，2005（9）：26.

格格不入。"① 刘国光指出，改革是社会主义制度的自我完善和发展，经济体制的改革目标是建立社会主义市场经济体制。社会主义市场经济是建立在公有制基础上，既坚持市场调节又坚持政府必要的宏观调控，显然与新自由主义的主张是不同的。因此，新自由主义"不能成为中国经济学的主流、主导"②。

改革开放以来，新自由主义学说大规模涌入我国。这些学说中反映市场经济规律的认识对于我国建立社会主义市场经济体制、建立现代企业制度、推进经济增长等方面经济建设具有一定的借鉴意义。但是，新自由主义一些理论背离了人民的利益诉求。这些观点的传播及对我国改革造成的影响，引发了群众的迷惑、质疑和不满。一些公有制企业存在效率不高、政企不分、职工缺乏劳动积极性等问题可以通过政企分离、建立现代企业制度、完善利益分配机制等方面找到解决问题的正确对策，况且并不是所有的公有制企业连年存在上述问题。新自由主义宣扬者却从"自私人"的经济假设中炮制出所谓"明晰产权"理论，认为公有制企业只有卖给私人或外资，产权才算"明晰"，运行效率才高。一些地方政府因此将公有制企业视作包袱，轻易贱卖，造成大量国有资产流失，大量职工下岗。在社会保障体系还不完善情况下，下岗工人的基本生活、再就业、医疗、养老等问题没有得到妥善解决，造成大量的社会问题。住房制度、教育、医疗体制等领域的改革受到私有化和最小权限政府理论的误导，导致住房、教育和医疗的准公共产品性质被忽视。一些地方政府甚至认为，为公民提供最基本保障的产品由私人资本接手或按照资本赢利模式运作才能实现"高效产出"，政府管得越少越好。住房改革方面，把城镇居民的住房需求几乎完全推给房地产市场来解决，出现了城市房价的暴涨和房地产投资泡沫，造成大量家庭背负沉重的还贷压力，直接影响了广大人民群众生活质量的提高和改善。教育改革方面，有的地方将教育资源公平配置的不作为和优质教育资源视为竞价商品，持着谁出价高谁就有权享受的"市场调节"心态，引发"择校费"和"学区房"水涨船高，严重影响教育公平。医疗改革方面，一些地方出现商业化、市场化的倾向，造成公共医疗服务质量下降，激化老百姓"看病难""吃药难"等问题。刘国光明确指出，"中国人民要反对的正是这种导向资本主义方向的'改革'，要坚持的正是邓小平的以社会主义自我完善为方向的改革。"③

①② 刘国光. 对经济学教学和研究中一些问题的看法 [J]. 高校理论战线，2005（9）：26.
③ 刘国光. 坚持正确的改革方向 [J]. 探索，2006（3）：186.

（二）民主社会主义不是改革方向

对于学术界存在"只有民主社会主义才能救中国"① 的观点，刘国光指出，"社会民主主义的历史作用，在于它帮助资产阶级缓和了资本主义社会的矛盾（并没有取消矛盾），在于很好地保证了垄断资本的所有制和金融寡头的统治，即资本对劳动的专政"②。刘国光明确地指出，我们的改革不是所谓的民主社会主义做法。民主社会主义本质上是改良的资本主义。

民主社会主义是社会党国际和各国社会党（社会民主党、工党）所奉行的思想体系。民主社会主义的代表人物是斐迪南·拉萨尔（Ferdinand Lassalle）、比埃尔·约瑟夫·蒲鲁东（Pierre Joseph Proudhon）和爱德华·伯恩施坦（Eduard Bernstein）。从民主社会主义的理论与实践历程看，尽管它的名称有"社会""主义"字眼，但是在指导思想层面已经放弃马克思主义。1959 年，德国社会民主党通过的《哥德斯堡纲领》宣布"植根于基督教伦理学、人道主义和古典哲学"，体现的最大原则是"信仰马克思主义已经不是社会主义的特点了""马克思主义已经过时了"。民主社会主义代表人安东尼·吉登斯（Anthony Giddens）提出的"第三条道路"更是放弃了"消灭私有制"的主张。在苏联的改革中，戈尔巴乔夫等人竭力推行民主社会主义，把现实社会主义污蔑为"专制的""暴力的"社会主义，提出要"根本改造整个社会：从经济基础到上层建筑"，结果导致苏共亡党亡国。民主社会主义打着社会主义旗号，是西方反共势力用以推行和平演变战略的桥梁和工具。马克思就指出，"社会民主派的特殊性质表现在，它要求把民主共和制度作为手段并不是为了消灭两极——资本和雇佣劳动，而是为了缓和资本和雇佣劳动之间的对抗并使之变得协调起来。无论它提出什么办法来达到这个目标，无论目标本身涂上的革命颜色是淡是浓，其内容始终是一样的：以民主主义的方法来改造社会，但是这种改造始终不超出小资产阶级的范围。"③ 可见，无论是理论还是实践，民主社会主义是科学社会主义的对立面。

刘国光揭露民主社会主义的本质，对于坚定改革的社会主义方向具有重要的指导意义。

（三）社会主义是改革的方向

刘国光指出，改革参与者和决策者都是坚定的马克思主义者，理论出发点都

---

① 谢韬. 民主社会主义模式与中国前途 [J]. 炎黄春秋，2007（2）：8.
② 刘国光，杨承训. 关于当前思想理论领域一些问题的对话 [J]. 高校理论战线，2007（6）：9.
③ 马克思恩格斯文集（第二卷）[M]. 北京：人民出版社，2009：501.

是马克思主义。其中，邓小平在改革中提出许多重要理论，发挥重要作用，"这些重要的创见都不是西方经济理论，怎么可以说中国改革是在西方理论的指导下进行的？"① "参与、形成中国经济改革理论的老一辈经济学家来说，薛暮桥、孙冶方、顾准、卓炯等一大批探索社会主义条件下商品经济、市场经济有功劳的开拓者，都是坚定的马克思主义者，他们不是受西方理论左右的人。后来的经济学理论工作者虽然有些人受了西方经济理论的影响，但是大多数人是坚持马克思主义的。受西方影响比较大的中青年的经济学工作者的大多数也能够以市场经济的一般理论为社会主义服务。"②

刘国光指出，"不坚持社会主义的改革就是死路一条；坚持了资本主义的改革，也是死路一条。"③ 刘国光以苏联剧变为例，指出我们的改革要以苏联经验为戒，以避免重蹈历史覆辙的悲剧，并提出改革的正确方向"是社会主义的自我完善，必须坚持四项基本原则"④。

20世纪90年代初，针对改革姓"资"姓"社"的困扰，邓小平提出了检验中国改革甚至判断我们各方面工作是非得失的标准——"三个有利于"（是否有利于发展社会主义社会的生产力，是否有利于增强社会主义国家的综合国力，是否有利于提高人民的生活水平）。"三个有利于"反复呈现"社会主义社会"和"社会主义国家"重要定语，体现了改革要从整体上、从生产方式的上把握"社会主义方向"，不能使之片面化、孤立化、绝对化。随着改革开放深入推进，我国在取得巨大成就的同时，出现过度追求经济高速增长导致的生态环境严重破坏、贫富差距日益扩大、利益固化等现象。一些人把改革中出现的新问题和新矛盾上升为改革方向的抉择。对此，刘国光很"忧虑"⑤。

刘国光对改革方向的反思，是反对那些打着深化改革旗号但却偏离社会主义根本目的的"市场化"改革。刘国光呼吁重视改革方向问题，并不是否定社会主义市场经济，而是强调改革要沿着社会主义方向前进。强调改革的社会主义方向，在政策导向和制度保障上要以人民为中心的出发点和落脚点，通过巩固和发展社会主义经济基础破除不合理的利益格局，不断推进全体人民共同富裕，实现社会主义生产的根本目的。

---

①② 刘国光. 对经济学教学和研究中一些问题的看法 [J]. 高校理论战线，2005（9）：29.

③ 刘国光. 不坚持社会主义方向的改革同样死路一条 [J]. 人民论坛，2012（3下）：32.

④ 刘国光. 坚持正确的改革方向 [J]. 马克思主义研究，2006（6）：13.

⑤ 刘国光. 对经济学教学和研究中一些问题的看法 [J]. 高校理论战线，2005（9）：23.

第二节 改革要在马克思主义方法论指导下推进

马克思主义哲学既是科学的世界观又是科学的方法论，是无产阶级认识世界和改造世界的思想武器。在庆祝改革开放 30 周年之际，刘国光发表《试用马克思主义哲学方法总结改革开放三十年》一文，从方法论角度，对改革开放 30 年的经验进行分析和总结。

一、唯物论对改革的指导作用

围绕深刻认识全面深化改革规律，更好地推进改革，刘国光强调了以下要点。

（一）深刻认识生产力和生产关系的运动规律

马克思主义经典作家认为生产方式是政治经济学的首要研究对象。"一切社会变迁和政治变革的终极原因……而应当在生产方式和交换方式的变更中去寻找。"① 社会生产方式是生产力与生产关系的统一体。深刻认识生产力、生产关系运动规律，对于深化改革，做正确决策和正确部署，推动我国经济发展迈上新台阶具有重要意义。

1. 重视生产力要素因素，推进经济增长方式转变

刘国光认为，优化速度、数量、结构、资源、环境、质量等因素"是促使我们的经济发展由片面追求速度向全面协调持续发展转变的正确途径"②。

改革开放后较长一段时间，我国经济发展主要方式曾经以生产要素大规模投入实现经济高速增长。随着生产资料量的资源禀赋条件变化，人口红利逐渐消退，资源环境对经济发展形成强约束。粗放式发展方式带来供给与需求结构性不匹配、制造业成本偏高、科技创新成果转化率低等问题，使进一步促进经济高质量发展难度大，空间小。对此，党的十五大报告提出，要转变经济发展方式（刘国光提出"双重模式转换"对此有重要的贡献），由粗放式发展方式向集约式发展方式转变。集约式发展方式通过依靠科技进步、劳动者素质提高、管理创新转

---

① 马克思恩格斯选集（第三卷）［M］. 北京：人民出版社，1995：617-618.
② 刘国光. 试用马克思主义哲学方法总结改革开放三十年［J］. 中国社会科学，2008（5）：13.

变，调动和发挥生产力各组成要素的作用，以促进经济的高质量发展。

党的十九大提出把提高供给体系质量作为建设现代化经济体系的主攻方向。现代化经济体系是由社会经济活动各个环节、各个层面、各个领域的相互关系和内在联系构成的一个有机整体①，是生产力、生产关系与生产方式的协同整体。建设现代化经济体系，要重视生产技术创新与生产组织变革，实施创新驱动发展战略，推进产业结构升级，推进经济发展方式由粗放型发展方式向集约型发展方式的根本转变，推动中国经济持续、协调、稳定、健康发展。刘国光对生产力要素的重视跟党中央提高供给体系质量的精神是一致的。

2. 深剖生产关系内涵，追溯收入分配差距根源

进入 21 世纪，个人收入分配差距扩大化引起刘国光深切关注。他提出要从生产关系角度，查找问题的根源，寻找解决问题的方式。"所有制和分配制都是生产关系"②，"改革开放 30 年来我国贫富差距的扩大……跟所有制结构的变化，跟'公'降'私'升和化公为私的过程有紧密的联系。"③

生产关系是人们在生产过程中结成的社会交往关系，包括生产资料所有制、生产过程中人们的地位和关系以及交换、分配、消费关系。马克思指出，"消费资料的任何一种分配，都不过是生产条件本身分配的结果。而生产条件的分配，则表现了生产方式本身的性质"④，"劳动力的、资本的和土地的所有权，就是商品这些不同的价值组成部分所以会分别属于各自的所有者，并把这些价值组成部分转化为他们的收入的原因"⑤。要素所有权是决定要素分配权关键所在。马克思主义经典作家是如此规划未来社会的分配方式："每一个生产者，在作了各项社会扣除以后，从社会领回的，正好是他给予社会的。他给予社会的，就是他个人的劳动量。……他从社会领得一张凭证，证明他提供了多少劳动（扣除他为公共基金而进行的劳动），他根据这张凭证从社会储存中领得一份耗费同等劳动量的消费资料。他以一种形式给予社会的劳动量，又以另一种形式领回来。"⑥ 这种建立在生产资料公有制基础上的分配方式能够避免收入的两极分化。

---

① 新华社. 习近平在中共中央政治局第三次集体学习时强调深刻认识建设现代化经济体系重要性推动我国经济发展焕发新活力迈上新台阶 [EB/OL]. (2018 - 01 - 30) [2020 - 01 - 02]. http：//politics. people. com. cn/n1/2018/0131/c1024 - 29798638. html.

②③ 刘国光. 试用马克思主义哲学方法总结改革开放三十年 [J]. 中国社会科学, 2008 (6)：14.

④ 马克思恩格斯全集（第十九卷）[M]. 北京：人民出版社, 1963：23.

⑤ 马克思恩格斯文集（第七卷）[M]. 北京：人民出版社, 2009：983.

⑥ 马克思恩格斯选集（第三卷）[M]. 北京：人民出版社, 1995：305.

　　在社会主义初级阶段，由于生产力水平不高，为了调动社会各方面的积极性、主动性和创造性，解放和发展生产力，我国所有制结构是以公有制为主体多种所有制并存。与之相对应的分配方式为按劳分配为主体多种分配方式并存。由于各经济主体拥有不同的要素禀赋，资本量大小不等、生产技术不同、经营管理水平有别，导致收入有差别。近年来，随着所有制结构的调整，私有制在所有制中占比提高。一部分人通过占有的资本要素优势成为收入分配制度的受益者。刘国光指出，"随着私人产权的相对扩大，资本的收入份额也会相对扩大，劳动的收入份额则相对缩小，从而拉大贫富收入差距。"① 因此，要通过深化收入分配制度改革等措施使收入分配更合理、更有序。党的十九届四中全会将按劳分配为主体、多种分配方式并存纳入我国基本经济制度范畴，体现了收入分配制度和基本经济制度的统一性，是生产关系决定分配关系历史唯物主义方法论在处理民生问题上的运用。

（二）重视经济改革与政治改革的关系

　　刘国光指出，"经济基础与上层建筑的矛盾主要表现为经济改革与政治改革的矛盾"②。促进地方经济的持续健康发展与上层建筑的变革是分离不开的。刘国光指出，"地方上片面追求 GDP，与财政体制、考核制度等有关"③，从而导致"发展方式转变会受到生产关系和上层建筑中一系列关系的制约"④；对此，刘国光提出，"这些都需要从体制上解决"⑤。此外，刘国光还指出，在意识形态里资产阶级自由化渗透从来未消停过，"对我国经济发展与改革的实践施加影响"⑥，"防止经济领域资产阶级自由化，就是防止经济领域变质，经济领域如果变质，政治领域会跟着变质。这是马克思主义的基本常识"⑦。

　　马克思主义认为，经济基础决定上层建筑。当经济基础发生变革，上层建筑也会随之发生变革，与经济基础相适应，就会巩固经济基础；当上层建筑与经济基础不相适应时，会削弱经济基础。关于上层建筑对经济基础的作用，恩格斯曾指出，"它可以沿着同一方向起作用，在这种情况下就会发展得比较快；它可以沿着相反方向起作用，在这种情况下它现在在每个大民族中经过一定的时期就要

---

① 刘国光．关于分配和所有制关系若干问题的思考［J］．红旗文稿，2007（24）：13.

② 刘国光．试用马克思主义哲学方法总结改革开放三十年［J］．中国社会科学，2008（6）：11.

③④⑤ 刘国光．试用马克思主义哲学方法总结改革开放三十年［J］．中国社会科学，2008（6）：13.

⑥ 刘国光．坚持正确的改革方向［J］．马克思主义研究，2006（6）：15.

⑦ 刘国光．试用马克思主义哲学方法总结改革开放三十年［J］．中国社会科学，2008（6）：12.

遭到崩溃。"① 经济基础和上层建筑之间的矛盾运动是推动人类社会发展的基本动力,揭示了社会主义社会发展的一般规律,为社会主义社会的改革开放提供了理论依据。毛泽东在《矛盾论》中指出,"我们要以生产力和生产关系的平衡和不平衡,生产关系和上层建筑的平衡和不平衡,作为纲,来研究社会主义社会的经济问题。"② 改革开放中,经济基础与上层建筑之间的矛盾主要表现为经济改革与政治改革的矛盾。政治改革属于上层建筑范畴,经济改革则属于经济基础范畴。二者之间关系相互影响,相互制约。处理好二者关系对于深化改革,推进社会主义现代化强国的建设,实现中华民族伟大复兴具有重要作用。单一方面的变革是不足以推动社会的进步和发展,以经济体制改革促进政治体制改革,以政治体制改革维护经济体制改革成果,促进社会经济的进步和发展。巩固和发展社会主义经济基础是多因素共同作用的结果。其中,相关部门的正确领导和支持对解放和发展社会主义生产力起积极作用。在过去较长时间里,政治体制中的"唯GDP 考核论"对依赖生产要素量的扩张、重复建设等经济发展方式起重要的导向作用。要促进经济持续健康发展,转换经济发展方式务必需要深化政治体制改革,通过建立公平、合理、科学的政绩考核指标,加快推进行政治体制改革。邓小平曾经指出,"我们提出改革时,就包括政治体制改革。现在经济体制改革每前进一步,都深深感到政治体制改革的必要性。不改革政治体制,就不能保障经济体制改革的成果,不能使经济体制改革继续前进,就会阻碍生产力的发展,阻碍四个现代化的实现。"③

(三) 重视社会意识的先导作用

刘国光指出:"每次改革开放的突破都是以解放思想为先导的。"④

马克思主义认为,社会存在决定社会意识,社会意识又反作用于社会存在。先进的社会意识推动社会进步,落后腐朽的社会意识阻碍社会进步。改革开放以来,在马克思主义指导下,思想解放带动理论创新,理论创新指引着经济和社会大发展。在所有制结构上,破除"一大二公"的教条,建立以公有制为主体多种所有制共同发展的所有制;在分配方式上,破除"大锅饭"平均主义作风,建立以按劳分配为主体多种分配方式并存的分配制度等;在经济运行方式上,打破社

---

① 马克思恩格斯选集(第四卷)[M]. 北京:人民出版社,1995,701.
② 毛泽东文集(第八卷)[M]. 北京:人民出版社,1999:130 – 131.
③ 邓小平文选(第三卷)[M]. 北京:人民出版社,1993:176.
④ 刘国光. 试用马克思主义哲学方法总结改革开放三十年 [J]. 中国社会科学,2008(6):15.

会主义与商品市场经济不相容的传统观念，建立社会主义市场经济体制；推动了中国的经济巨大发展。可见，思想解放和理论创新，代表着先进的社会意识，解放和发展生产力，推动社会进步和发展。因此，刘国光提出，"今后还要进一步扫除妨碍社会主义制度自我完善的意识形态，树立促进社会进步的新思想新观念。"①　在庆祝改革开放四十周年大会上的讲话中，习近平指出，"40年来，我们解放思想、实事求是，大胆地试、勇敢地改，干出了一片新天地……各项便民、惠民、利民举措持续实施，使改革开放成为当代中国最显著的特征、最壮丽的气象。"②　进一步深化改革，推进社会主义制度的自我完善和发展，习近平号召"解放思想永无止境"③。刘国光的倡导及主张和中央的决策精神是一致的，对于今后抓住改革中出现的新问题、新情况，有的放矢制定出正确路线、方针、政策，促使改革决策科学化具有重要的指导作用。

二、辩证法对改革的指导作用

（一）辩证看待改革的成绩和不足，推进改革

唯物辩证法认为，任何事物、现象、过程都存在矛盾，是对立和统一的综合体。毛泽东曾明确指出，"一分为二，这是个普遍的现象，这就是辩证法"④。辩证地分析改革的成果，体现马克思主义工作者的思维方式。

刘国光指出，"改革总体上是成功的，有问题并不能掩盖已经取得的伟大成就，不能说社会主义改革已经失败，不能倒退，改革不容否定"⑤。他列举说，"经济保持平稳快速发展，经济总量迅速扩大，财政收入连年显著增长，国家经济实力大幅提升"⑥。同时，也要看到让人担忧的地方："贫富差距扩大……腐败盛行，经济案件愈来愈多，愈来愈重；社会道德沦丧，重利轻义，世风渐衰；环境破坏严重，资源越来越紧张"⑦。刘国光对改革的认识体现了矛盾分析的思维方式。成绩和不足之处是矛盾的两面，统一于社会主义改革伟大实践中。仅看到改革取得的成绩、忽略改革中不足之处，不利于下一阶段深化改革，不利于让人民有更多的安全感、幸福感和获得感。仅看到改革尚存不足之处、忽略改革所取

①　刘国光. 试用马克思主义哲学方法总结改革开放三十年 [J]. 中国社会科学，2008（6）：15.
②③　习近平. 在庆祝改革开放四十周年大会上的讲话 [EB/OL].（2018 - 12 - 18）[2020 - 02 - 02]. http：//cpc. people. com. cn/n1/2018/1218/c64094 - 30474794. html.
④　毛泽东选集（第五卷）[M]. 北京：人民出版社，1977：498.
⑤⑥⑦　刘国光. 试用马克思主义哲学方法总结改革开放三十年 [J]. 中国社会科学，2008（6）：5.

得成绩，不利于凝心聚力将改革进行下去。根据矛盾同一性原理，矛盾着的双方存在着由此达彼的桥梁，存在着向对立面转化的趋势。刘国光提出要辩证地看待改革，更好地推进改革，实现社会主义制度的自我完善和发展。

（二）把握否定之否定规律，深化改革

否定之否定规律，是唯物辩证法的重要规律，指的是事物的发展要经过否定－肯定－否定三个阶段的螺旋上升，通过两次的否定实现对自身的扬弃。刘国光从所有制结构、分配制度和经济运行机制三个方面阐述否定之否定规律对深化改革的指导作用。

所有制结构的改革体现了否定之否定规律的方法论运用。刘国光指出，"所有制结构，过去是单一的公有制，越大越公越纯越好，脱离了生产力而不断改变生产关系。改革后，是多种所有制形式共同发展。"① 由于我国处于社会主义初级阶段，生产力水平还不发达，单一的公有制结构不利于解放和发展生产力。允许多种所有制经济成分的存在对于解放和发展生产力具有积极的作用。多种所有制的共同发展是对原有单一公有制结构的否定。随着收入差距的拉大，社会公平性问题凸显，刘国光认为强调公有制的主体地位有利于解决收入分配扩大化趋势。因此，"不能只强调发展非公有制经济，不能只强调一个毫不动摇。首先要毫不动摇地坚持公有制的主体地位"②，并按社会主义市场经济原则深化国有经济改革。这是所有制经历了正反两个阶段之后在更高阶段的综合，既坚持社会主义公有制的主体地位，捍卫我国社会主义社会的经济基础；又从现阶段生产力水平的多层次性出发坚持发展非公有制经济，使两种所有制共同在推动国民经济发展各自发挥作用。

否定之否定规律还体现在完善我国个人收入分配制度的改革中。刘国光指出，"从分配上的平均主义到拉开收入差距，允许一部分人通过诚实劳动先富起来，是完全正确的，是改革后一次最成功的否定。但是，如果收入差距拉得太大，以至于贫富分化造成难以逾越的鸿沟，出现两极分化，就不对了，那就需要来一个新的否定，让先富带后富，缩小贫富差距，走向共同富裕的道路，实现分配领域的更高的综合"③。社会主义建设史雄辩地证明平均主义不利于调动人民生产的积极性和创造性，影响解放和发展生产力，影响人们生活水平的提高。倡

---

① 刘国光. 试用马克思主义哲学方法总结改革开放三十年 [J]. 中国社会科学，2008 (6)：5.
② 刘国光. 试用马克思主义哲学方法总结改革开放三十年 [J]. 中国社会科学，2008 (6)：8.
③ 刘国光. 试用马克思主义哲学方法总结改革开放三十年 [J]. 中国社会科学，2008 (6)：9.

导效率优先是对平均主义分配原则的否定。通过两次否定逐步完善收入分配制度，激发劳动人民的积极性和创造性，解放和发展生产力，防止两极分化，实现共同富裕。

我国在新中国成立初期建立起来的计划经济体制存在种种弊端，不利于解放和发展生产力。因此，要对它进行改革。通过改革逐步建立起社会主义市场经济体制，逐步实现经济运行方式"由计划为主转向市场为主，市场起基础性调节作用"①。这体现市场配置资源的方式对行政性指令配置方式的否定。随着实践的推进，市场配置方式的缺陷"逐步显露出来"②；因此，"重新强调社会主义市场经济要加强国家计划在宏观调控中的作用"③。这是对经济建设中忽视国家计划做法的矫正，有利于推动社会主义市场经济向更高层面的发展。刘国光指出，"重新强调国家计划在宏观调控中的导向作用，不同于过去的'传统计划经济'，而是计划与市场在更高层次上的新的结合"④。

事物内部都包含着肯定因素和否定因素两个方面。恩格斯指出，辩证法"按本性说是对抗的、包含着矛盾的过程，一个极端向它的反面的转化，最后，作为整个过程的核心的否定的否定"⑤。事物的发展经过对立面的两次否定以后，内部矛盾双方分别发挥了各自的积极作用，实现彼此的扬弃，以此推动事物发展到新的高阶段。刘国光总结指出，"我们的改革由正到反，进一步从反到合，走向更高阶段的过程，向着中国特色社会主义前进，这样的综合，决不是倒退。倒退没有出路，也不会有回头路。"⑥ 深化社会主义经济体制改革，是在实践中不断发现问题，不断自我否定，不断自我扬弃的过程；是推进社会主义经济制度更加完善的过程；是更好地彰显社会主义制度优越性的过程。

在庆祝改革开放三十周年之际，刘国光撰写专文谈马克思主义方法论，体现对马克思主义方法论的深刻把握和对国家经济建设深沉的思考。

第三节　本章简评

从 2006 年起，针对改革的各种争论，已过耄耋之年的刘国光陆续发表了

---

①② 刘国光. 试用马克思主义哲学方法总结改革开放三十年［J］. 中国社会科学，2008（6）：6.

③④ 刘国光. 试用马克思主义哲学方法总结改革开放三十年［J］. 中国社会科学，2008（6）：7.

⑤ 马克思恩格斯选集（第三卷）［M］. 北京：人民出版社，1995：483.

⑥ 刘国光. 试用马克思主义哲学方法总结改革开放三十年［J］. 中国社会科学，2008（6）：10.

《坚持正确的改革方向》《我国的改革方向是什么，不是什么》《试用马克思主义哲学方法总结改革开放三十年》《不坚持社会主义方向的改革同样死路一条》《十八大后再谈中国经济体制改革方向》等一系列将近 30 篇文章，阐述对改革重大问题的深层次思考。

一、对改革的反思具有战略意义

改革，铸就中国发展的辉煌成就，是党和人民事业发展的重要法宝。在新的历史起点，改革道路上仍面临着很多复杂的矛盾和问题。刘国光认为坚定改革的社会主义方向，掌握马克思主义哲学方法论，才能直击沉疴顽疾，有力有序解决各领域各方面体制性障碍、机制性梗阻、政策性创新问题，以更深层次推进改革，开拓经济社会发展新局面。

（一）认清改革的社会主义方向是全局性问题

方向是推动改革的根本性问题。进入 21 世纪，教育、医疗、住房、所有制改革、收入分配、社会保障等领域改革，千头万绪，各种思想观念和利益诉求相互激荡。要从纷繁复杂的事物表象中把准改革脉搏，只有明确改革方向，才能坚定"坚持和巩固什么、完善和发展什么"的改革认识，才能明确解决问题和矛盾中应该坚持的底线和原则；才能排除各种干扰，在众说纷纭中清晰地抓住改革的着力点，破除体制机制障碍。明确改革的社会主义方向，使改革围绕着"把人民高兴不高兴，满意不满意，答应不答应"方向，破除一切不合时宜的思想观念和体制机制弊端，突破利益固化的藩篱，实现社会主义制度的自我完善和发展，彰显社会主义优越性。当前，我国经济已由高速增长阶段转向高质量发展阶段，正处于转变发展方式、优化经济结构、转换增长动力的攻关期，改革的难度和阻力比以往更大。改革决策者和参与者在工作中坚定改革社会主义方向，才能正确处理好市场机制和宏观调控、当前发展和长远发展、效率和公平等关系，解决人民日益增长的美好生活需要和不平衡不充分的发展之间的矛盾。邓小平曾多次强调，"在改革中坚持社会主义方向，这是一个很重要的问题"[①]。习近平也多次强调，"在方向问题上，我们头脑必须十分清醒。我们的方向就是不断推动社会主

---

① 邓小平文选（第三卷）[M]. 北京：人民出版社，1993：138.

义制度自我完善和发展，而不是对社会主义制度改弦易张"①。可见，把握改革的社会主义方向是事关改革全局的关键所在。

（二）马克思主义哲学是推进改革的重要思想武器

社会主义经济建设是庞大、复杂的系统，其中涉及局部与全局、数量与质量、速度与效益、城市与农村、发达地区与欠发达地区、经济、政治、文化、社会和生态相互关系、当前与长远、现在与未来、市场与政府、公平与效率、国内发展与对外开放关系等一系列重大问题。正确把握和圆满解决这些问题，需要有正确的方法论指导。

马克思主义哲学是中国共产党认识世界、把握规律、追求真理、改造世界的强大思想武器。毛泽东在党的六届六中全会中就曾提出，"不但应当了解马克思、恩格斯、列宁、斯大林他们研究广泛的真实生活和革命经验所得出的关于一般规律的结论，而且应当学习他们观察问题和解决问题的立场和方法"②。邓小平也曾指出，"要用马克思主义的立场、观点、方法来分析问题，解决问题"③。习近平指出，"马克思主义理论的科学性和革命性源于辩证唯物主义和历史唯物主义的科学世界观和方法论，为我们认识世界、改造世界提供了强大思想武器，为世界社会主义指明了正确前进方向"④。新中国成立以来，我国经济工作者根据我国的国情，运用马克思主义方法论制定正确路线、方针和政策，逐步推进经济建设取得接连不断的成就。当前，我国改革进入深水区和攻坚期，国内外经济形势更加严峻，各种利益关系错综复杂。领导干部要推动改革的顺利进行，作出科学的、正确的决策，就必须认真学习、理解、掌握马克思主义哲学，在深化改革中灵活运用马克思主义哲学的思维方式，坚持从中国具体实际出发，加强调查研究，尊重人民群众，把人民的利益为工作的出发点和落脚点，提高工作的针对性和实效性，有力地推进社会主义制度的自我完善和发展，实现经济和社会的高质量发展。习近平总书记十分重视改革的方法论。他号召，"党的各级领导干部特别是高级干部要原原本本学习和研读经典著作，努力把马克思主义哲学作为自己

① 全国人大常委会办公厅，中共中央文献研究室编. 人民代表大会制度重要文献选编（四）[G].
北京：中国民主法制出版社、中央文献出版社，2015：1576－1577.
② 毛泽东选集（第二卷）[M]. 北京：人民出版社，1991：533.
③ 邓小平文选（第二卷）[M]. 北京：人民出版社，1994：118.
④ 习近平. 学习马克思主义基本理论是共产党人的必修课 [N]. 光明日报，2019－11－16（01）.

的看家本领"①。可见,刘国光主张用马克思主义方法论指导社会主义经济改革是和中央的倡导相符合的,对于提高政府的科学决策具有重要的指导意义。

二、对深化改革具有重要的现实意义

认真回顾和深入总结改革开放的历程,是为了更加自觉地把握改革开放的规律性,更好地推进改革,推动经济社会的高质量发展。

(一) 鲜明回应干扰,明确指引方向

在改革开放中,中国特色社会主义事业不断遭遇各种干扰和冲击,特别是丑化、否定社会主义的思想暗潮从未停止。一些人打着推进改革的旗号,或是任意歪曲社会主义,或是把改革开放的成就归功于淡化社会主义色彩甚至"去社会主义化",制造、鼓吹走资本主义邪路噪音、杂音,妄图改变改革的社会主义方向。这些错误言论的实质是企图误导有关领导和部门,把改革引向歧路。在国际共产主义运动中不以马克思主义为指导而背离改革的社会主义方向是有过沉痛的教训的。面对改革中的干扰和冲击,我们必须认识清醒、科学应对,真正做到坚持和发展中国特色社会主义,绝不能在旗帜、主义、方向、道路等问题上被迷惑,犯颠覆性错误。21世纪初关于改革方向的这场争论关键不在于要不要坚持改革,而在于坚持什么样的改革;不在于要不要搞市场经济,而在于搞什么样的市场经济,争论的实质是中国特色社会主义要往哪里去。刘国光在这场争论中明确地表示,推进社会主义建设伟大事业要坚持改革,要坚持改革的社会主义方向,要保持清醒头脑,不为各种错误观点左右,不为各种干扰所惑,不生搬硬套西方理论和制度模式。习近平指出,"科学社会主义基本原则不能丢,丢了就不是社会主义"②,"在方向问题上,我们头脑必须十分清醒。我们的方向就是不断推动社会主义制度自我完善和发展"③。

坚定沿着社会主义方向推进改革,刘国光提出建议:"必须坚持四项基本原则"④,坚持"社会主义的本质"⑤,"坚持公有制为主体、多种所有制经济共同

---

① 习近平. 坚持和完善中国特色社会主义制度,推进国家治理体系和治理能力现代化 [EB/OL].
(2020 – 02 – 02) [2021 – 02 – 12]. http://www.qstheory.cn/dukan/qs/2020 – 01/01/c_1125402833.htm.

② 习近平. 毫不动摇坚持和发展中国特色社会主义 [EB/OL]. http://theory.people.com.cn/n/2013/
0219/c352499 – 20529681.html.

③ 习近平谈治国理政 [M]. 北京:外文出版社,2016:67.

④⑤ 刘国光,杨承训. 关于当前思想理论领域一些问题的对话 [J]. 高校理论战线,2007 (6):5.

发展的基本经济制度，坚持按劳分配为主体、多种分配方式并存的分配制度"①，"国家宏观调控下市场在资源配置中起基础性作用"②。党的十三大报告明确指出，坚持四项基本原则才能保证改革开放的社会主义方向，改革是社会主义制度的自我完善和发展。改革目的是要体现社会主义本质——解放和发展生产力，消灭剥削，消除两极分化，实现共同富裕。坚持四项基本原则和坚持社会主义本质体现对改革方向的把握。因此，其余三点，刘国光指出，坚持改革方向的社会主义方向，落实在所有制上就是要坚持以公有制为主体，而不是搞全面的私有化；落实在分配制度上就是要重视公平的原则，而不是过度强调效率；落实在经济运行机制上就是要坚持必要的宏观调控而不是自由放任的。与新自由主义大张旗鼓宣扬私有化、自由化、市场化不同，一些思潮承认但弱化公有制、按劳分配、忽略马克思主义在国家建设中指导地位的言论，对于坚持改革的社会主义方向，对于不走歪路邪路的改革方向具有一定迷惑性和困扰。此外，针对一些领导干部推进改革存在认识偏差问题，刘国光强调要高度重视领导干部组织原著学习，指出"学原著，有助于了解马克思主义最基本的东西是什么，不是什么，有助于我们识别真假马克思主义，不让理论骗子有空可钻。这对于领导干部来说，尤其重要"③。

从党的十二届三中全会通过的《中共中央关于经济体制改革的决定》到中国共产党第十九次全国代表大会上通过的《决胜全面建成小康社会，夺取新时代中国特色社会主义伟大胜利》，党中央在关于深化我国社会主义市场经济体制改革的重要文件中先后明确指出，把社会主义同市场经济结合起来、公有制经济是我国社会主义经济制度的基础、坚持社会主义市场经济的改革方向、科学的宏观调控和有效的政府治理是发挥社会主义市场经济体制优势的内在要求。刘国光关于进一步深化社会主义经济体制改革的主张和党中央精神是相符合的。深入学习刘国光对改革的反思，对于坚定改革的社会主义方向——既不走封闭僵化的老路，也不走改旗易帜的邪路，正确地推进改革，实现社会主义制度的自我完善和发展具有重要的指导作用。

刘国光强调改革方向是对原则的坚持，又具有实践导向的意义；既有反映生产力的解放和发展要求，又有生产关系上社会主义性质的秉持。刘国光的呼吁和强调为中国社会主义经济学界秉承初心、推进沿着社会主义方向全面深化改革做了积极的动员和号召。

---

① ② 刘国光，杨承训. 关于当前思想理论领域一些问题的对话［J］. 高校理论战线，2007（6）：5.
③ 刘国光，杨承训. 关于当前思想理论领域一些问题的对话［J］. 高校理论战线，2007（6）：10.

（二）学好用好发展好马克思主义哲学，推动改革纵深发展

马克思主义哲学的使命"在于改变世界"①。马克思主义哲学深刻揭示了客观世界特别是人类社会发展一般规律，是指导中国革命、建设和改革事业前进的强大思想武器。

学好用好发展好马克思主义哲学，对于新时代深化改革，推动经济高质量发展具有现实的意义。

刘国光阐述集约式发展的哲学依据，对于推动经济高质量发展具有重要的启示。党的十八大以来，以习近平同志为核心的党中央深刻总结国内外发展经验教训，深刻分析国内外发展大势，提出创新、协调、绿色、开放、共享的新发展理念。新发展理念体现党对生产力内部各要素作用的深刻认识和把握，通过提升生产力各要素质量和效益，切实转变发展方式，推动质量变革、效率变革、动力变革，实现高质量发展。新发展理念丰富和发展了马克思主义生产力构成理论、生产力系统理论、生产力发展理论、生产力价值目标理论，标志着党对中国特色社会主义经济发展规律的认识达到了新的高度和境界，是中国特色社会主义政治经济学的重大创新。这一理论成果的取得与学好用好历史唯物主义方法论是分离不开。

刘国光主张深刻理解经济基础和上层建筑的矛盾运动，以深化改革。党的十九大报告指出，"积极稳妥推进政治体制改革，推进社会主义民主政治制度化、规范化、法治化、程序化"②。这些部署凸显了党中央深刻把握马克思主义哲学，推进全面深化改革的总目标。

刘国光从生产力和生产关系辩证关系诠释社会主义市场经济的丰富内涵，对于坚持社会主义市场经济改革方向、进一步激发市场活力和改革创新动力具有重要的意义。2020年，《中共中央、国务院关于新时代加快完善社会主义市场经济体制的意见》提出，构建更加系统完备、更加成熟定型的高水平社会主义市场经济体制要推动生产关系同生产力、上层建筑同经济基础相适应。可见，刘国光的主张和中央的精神是一致的。

刘国光以所有制、分配制度、经济体制改革为例，指出政策变迁经历否定之否定过程。深刻领会所有制变革中的公有制主体地位和多种所有制存在的意义，

---

① 马克思恩格斯选集（第一卷）［M］. 北京：人民出版社，2012：136.
② 习近平. 决胜全面建成小康社会　夺取新时代中国特色社会主义伟大胜利［J］. 理论学习，2017（12）：12.

完善负面清单制度，探索不同所有制的灵活实现形式，更好地释放不同所有制改革红利，提升微观经济活力，优化经济结构和畅通经济循环，协同推进市场化改革，促进经济高质量发展。深刻领会公平和效率原则在分配制度改革中因时而异的现实意义，推进体现效率、促进公平的收入分配体系建设，提高社会整体收入水平，促进实现共同富裕。深刻解读社会主义市场经济的科学内涵，正确认识市场和政府的关系，规范政府管理职能和重点管理领域，解决好政府缺位、越位和不到位对经济效率造成的损失，在破解"有效市场"与"有为政府"协同发力这道举世难题上取得新突破。刘国光对改革历程的方法论反思体现了马克思主义哲学是社会主义制度自我完善和发展的方法论指导。

改革是社会主义制度的自我完善和发展。全面深化改革，既要促进经济持续健康的发展，又要坚持改革的社会主义道路。刘国光明确全面深化改革的两大中心点——方向和方法论，有助于改革决策者、参与者以更大的政治勇气推进改革的进程，以更有力的措施和办法解决改革进程中的难题。

2018年11月，习近平在庆祝改革开放四十周年大会上，总结改革开放成功经验时指出，"必须坚持辩证唯物主义和历史唯物主义世界观和方法论……确保了改革开放行稳致远。"[①] 四十多年的改革开放历史雄辩地证明：要确保改革始终沿着正确的道路前进，必须把握全面深化改革的内在规律，必须坚持正确的改革方法论。在实现现代化的路上，仍有许多重大的理论问题需要讨论，仍存在各种阻力和难点。刘国光以其丰富的经济建设经验，从方向和方法论角度，指出坚持改革的社会主义方向，重视马克思主义哲学对改革的方法论指导作用，对于增强经济工作的科学性、主动性、预见性和创造性，深化经济体制改革，推动中国特色社会主义制度更加成熟更加定型具有重要的指导意义。

---

① 习近平. 坚持和完善中国特色社会主义制度，推进国家治理体系和治理能力现代化 [EB/OL].（2020 – 02 – 02）[2021 – 02 – 12]. http://www.qstheory.cn/dukan/qs/2020 – 01/01/c_1125402833.htm.

坚决批判和抵制新自由主义

　　新自由主义是建立在古典经济学基础上，强调自由放任理论与政策的经济学体系和流派。货币学派、理性预期学派、供给学派等学派是新自由主义经济学的重要流派。20 世纪 30 年代，以路德维希·冯·米塞斯（Ludwig Heinrich Edler von Mises）和弗里德里希·奥古斯特·冯·哈耶克（Friedrich August von Hayek）为代表的奥地利学派与奥斯卡·理沙德·兰格（Oskar Ryszard Lang）展开关于社会主义经济核算大争论，成为新自由主义开始登上了历史舞台的一个里程碑①。到了 20 世纪 70 年代，资本主义世界经济出现滞胀，里根政府和撒切尔政府采纳供给学派和货币主义的主张，实施私有化、放松市场管制、"金融去监管化"等自由化改革，新自由主义再度活跃。20 世纪八九十年代，新自由主义经济学家多次到中国访问，如货币学派的米尔顿·弗里德曼（Milton Friedmann）曾三次来华，"深入影响了一大批中国人，其中不乏能够直接影响甚至决定中国发展道路的人"②。1992 年，"华盛顿共识"出炉，标志着新自由主义理论体系趋于成型，开始由学术理论向政治化、国家意识形态化的政策纲领转变，并成为美英国际垄断资本推行全球一体化的重要组成部分。此后，在一些西方国家和国际组织的推动下，新自由主义迅速向拉美、苏东社会主义国家和亚非发展中国家蔓延。1993 年，美国哈佛大学教授、俄罗斯"休克疗法"改革方案策划者杰弗里·萨克斯（Jeffrey Sachs）到中国访问，鼓动中国推进私有化。进入 21 世纪，互联网的普及促进了新自由主义在中国的传播和影响。受新自由主义影响的学者狂热鼓吹自由化、私有化、全盘西化。一些媒体似乎也成了新自由主义的营盘。在经济学教育领域，受新自由主义经济学者的误导，西方资产阶级经济学逐渐扩张，马

---

　　①　何秉孟. 新自由主义评析 ［M］. 北京：社会科学文献出版社，2004：6.

　　②　李子旸. 市场的力量 ［M］. 北京：华夏出版社，2010：10.

克思主义经济学呈现边缘化趋势。刘国光向来反对新自由主义的错误导向。早在1989年，刘国光就发表批判新自由主义的檄文——《"趋同论"的实质是取消社会主义》。该文指出，"趋同论"是资产阶级自由化的政治主张，是否定社会主义制度的错误观点，应该予以抵制；社会主义国家在向西方学习的过程中不能忘记了社会主义道路和方向。2005年7月，刘国光以经济学教学领域存在马克思主义边缘化现象为切入点，发表《对经济学教学和研究中一些问题的看法》，批判西方主流经济思想特别是新自由主义经济理论。他指出，"一旦中国经济改革和发展由西方新自由主义指导，中国的基本经济制度就要变，就势必走向'坏的资本主义市场经济'的深渊……中国的改革一旦由西方理论特别是新自由主义理论来主导，那么表面上或者还是共产党掌握政权，而实际上逐渐改变了颜色"①。该文犹如一石激起千层浪。此后，刘国光陆续发表多篇讨伐新自由主义的檄文，如《关于分配与所有制关系若干问题的思考》（2007）、《关于新自由主义思潮与金融危机的对话》（2009）、《当前世界经济危机中中国的表现与中国特色社会主义模式的关系》（2009）、《十八大后再谈经济体制改革的方向》（2013）。这些文章驳斥新自由主义核心观点（自由化、私有化、市场化），阐述社会主义市场经济的宏观调控计划存在的合理性和必要性，捍卫马克思主义，坚持改革的社会主义方向。

第一节　对新自由主义的分析

改革开放以来，新自由主义思潮在我国的影响逐渐加强。有新自由主义学者公开宣称"马克思由头错到尾"，吹嘘他"三招两式"就把马克思的剩余价值理论打得"片甲不留"②。

一、新自由主义的干扰

刘国光从经济改革和经济教学两个方面列举了20世纪90年代以来新自由主义的干扰。

在经济改革方面，新自由主义者的主张是与中央政策相对立。新自由主义思

---

① 刘国光. 对经济学教学和研究中一些问题的看法［J］. 高校理论战线，2005（9）：29.
② 程恩富，黄允成. 11位知名教授批评张五常［M］. 北京：中国经济出版社，2003：159.

潮"对我国经济发展与改革的实践施加影响，则是一个不争的事实。"① 刘国光指出，"一些受到新自由主义影响的人士……把中国改革简单化为'市场化改革'，或者说模仿欧美自由市场经济模式，只字不提社会主义"②，"鼓吹公有制与市场经济不相容，要搞市场经济就必须实行私有化"③，"一些官员和经济学人要国资从产业领域退出的观点，仍然在工作层面影响国资改革，不容忽视"④。

20世纪90年代以后，新自由主义者制造了不少针对国有企业的奇谈怪论，恶意攻击、抹黑国有企业。一些人主张市场调节支配一切经济活动，在文化、教育等领域实行"产业化""市场化"改革，导致一些地方群众出现"上学难""看病难，看病贵"等问题。新自由主义者指责政府对金融监管过度、干预过多，主张进一步推动金融国际化和自由化，督促政府放松对国有银行的管制。刘国光指出，新自由主义在中国经济改革中的影响、危害和一些学者的主张是分离不开的。一些学者"要政府从一切经营性领域退出，从全部竞争性乃至垄断部门退出，并且竭力贬低和削弱国家计划在宏观调控中的作用，使之跟不上市场化的进程，这是造成近年来我国社会经济许多失衡的重要原因之一。"⑤

在经济学教学领域，刘国光指出，"西方资产阶级经济学逐渐扩张，马克思主义经济学逐渐边缘化。"⑥ 有学者指出，"不少高校的应用经济学和经济管理类的本科生已取消政治经济学这门专业基础课和核心课，而'马克思主义基本原理'课程中政治经济学只包含一个学期的一节课的简单内容"⑦，"许多高校的经济学专业，不但《资本论》不开设了，有的连马克思主义政治经济学（包括发展了的马克思主义经济学）也不作为专业基础课开设了，西方经济学则占了主体地位"，"有的财经院校完全用西方经济学取代马克思主义政治经济学"⑧。

① 刘国光. 坚持正确的改革方向. 马克思主义研究 [J]. 马克思主义研究，2006 (6)：15.
② 刘国光，杨承训. 关于新自由主义思潮与金融危机的对话 [J]. 红旗文稿，2009 (4)：19.
③ 刘国光. "国退民进" 争论的实质与发展私营经济的正确道路 [J]. 南京理工大学学报（社会科学版），2008 (9)：1.
④ 刘国光. "国退民进" 争论的实质与发展私营经济的正确道路 [J]. 南京理工大学学报（社会科学版），2008 (9)：2.
⑤ 刘国光，杨承训. 关于新自由主义思潮与金融危机的对话 [J]. 红旗文稿，2009 (4)：20.
⑥ 刘国光. 坚持正确的改革方向 [J]. 马克思主义研究，2006 (6)：15.
⑦ 周肇光. 对马克思主义经济学被边缘化的理性分析 [J]. 海派经济学，2006 (13)：73.
⑧ 卫兴华. 对当前高校经济学教学与研究现状的一些看法 [J]. 高校理论战线，2007 (8)：26.

二、新自由主义在我国盛行的原因

(一) 受国际环境的影响

刘国光指出，"中国社会主义是美国继苏联之后又一个要消灭的目标，这个目标是既定的，所以美国不断地对我们进行西化、分化"①。苏东剧变后，以美国为首的西方国家把"和平演变"的主要矛头指向中国。随着中国经济实力的增长，他们加大了对我国意识形态领域的渗透，通过学术交流、出版书籍、网络传播、基金会支持等多种手段和措施支持新自由主义思潮在我国的传播，试图削弱甚至改变我国社会主义基本经济制度，阻碍我国经济的快速发展和迅速崛起。美国国防部发表的《国防战略》中讲道："美国将继续对中国施压""要制定一项全面的战略来影响中国的选择"。② 学术理论渗透是西方国家"西化""分化"和"和平演变"社会主义战略的重要组成部分。新自由主义在国内大肆宣传，步步紧逼，动摇了一些人坚持社会主义立场，一些学者和理论家把"市场在资源配置中的决定作用"演绎为市场决定一切，公开鼓吹土地私有化、国有企业私有化、金融自由化；"认为社会主义不行了，马克思主义理论不行了"③。我国是世界上最大的社会主义国家。西方敌对势力不愿意看到一个强大的社会主义中国存在，加紧以各种手段和方式对我国实施"西化""分化"，企图颠覆我国的社会主义制度。

(二) 国内意识形态斗争经验不足

刘国光认为，"新形势下我们对于意识形态斗争的经验不足，放松了警惕"④。

习近平在哲学社会科学工作座谈会上的讲话曾指出，"在有的领域中马克思主义被边缘化、空泛化、标签化，在一些学科中'失语'、教材中'失踪'、论坛上'失声'"⑤。刘国光认为，有四个方面主要原因导致高校教育出现马克思主义教育"失语""失踪"情况。一是"高等院校经济学教育、教学的方针和目标不明确"⑥，导致"马克思主义经济学的地位下降，西方经济学的地位

---

①③④　刘国光. 对经济学教学和研究中一些问题的看法 [J]. 高校理论战线，2005（9）：23.

②　陈奎元. 信仰马克思主义，做坚定的马克思主义者 [J]. 马克思主义研究，2011（4）：8.

⑤　习近平. 在哲学社会科学工作座谈会上的讲话（全文）[EB/OL].（2016 – 05 – 18）[2019 – 01 – 25]. http：//www.xinhuanet.com//politics/2016 – 05/18/c_1118891128_2.htm.

⑥　刘国光. 经济学教学和研究中一些问题的看法 [J]. 高校理论战线，2005（9）：23.

上升"①。二是"大量引进西方经济学教材的版本"②，影响马克思主义经济学普及教育。三是存在部分教师"没有经过马克思主义的再教育，就进入教师队伍和研究人员队伍；不经过评论、原本原汁地介绍西方的东西"③，此外，还存在"高校对马克思主义经济学教师队伍的培养和投入很少，奖励也很少"④，这些都影响着马克思主义在高校经济学教学。四是"有的领导权被篡夺了"⑤。

三、新自由主义的实质

刘国光指出，新自由主义在世界各国的传播，是打着"市场化、自由化、私有化"为旗号，本质上"是主张以超级大国为主导的全球经济、政治、文化一体化，即全球资本主义化，因而成为西方损害发展中国家和社会主义国家利益的理论工具与舆论工具"⑥。

随着经济全球化的推进，生产要素在全球范围流动。垄断资本通过"P…W'—G·G—W…P"的资本运动循环，不但实现产业资本的增值外，还通过金融交易形成"G—G'"内部循环的放大。新自由主义契合了垄断资本主义特别是金融垄断资本扩张的意志和愿望。新自由主义鼓吹"市场自发功能和个人主义的驱利性"⑦，推广"主张一切要由'纯粹的'、'看不见的手'来指挥，反对政府对市场的干预与管制"⑧，倡导"贸易自由、资本自由、金融自由、创新自由（如"金融衍生品的创新"等）"⑨，主张金融贸易投资自由化、价格市场化、经济全球化，极力倡导自由放任的市场经济。这些观点为垄断资本的全球扩张鸣锣开道。

1973年，弗里德曼等芝加哥派新自由主义经济学者到智利开展"休克疗法"。弗里德曼等人认为，拉美地区长期实行内向发展模式，保护主义色彩严重，对外资缺少鼓励，资源不能有效配置，国家对经济干预过多，私营部门过于弱小等。为此，设计了以"自由化""市场化"和"私有化"为主要特征的改革方案。1985～1990年的几年间，拉美地区的平均关税从40%降低到15%，最高关税从83.7%降低到41%。快速的贸易自由化改革导致大量国内企业无法应对外

---

①③ 刘国光. 对经济学教学和研究中一些问题的看法 [J]. 高校理论战线，2005（9）：23.

②④⑤ 刘国光. 对经济学教学和研究中一些问题的看法 [J]. 高校理论战线，2005（9）：24.

⑥ 刘国光. 实现市场经济与社会主义的有机统一 [J]. 中华魂，2011（2）：2.

⑦ 刘国光，杨承训. 关于新自由主义思潮与金融危机的对话 [J]. 红旗文稿，2009（4）：21.

⑧ 刘国光. 实现市场经济与社会主义的有机统一 [J]. 中华魂，2011（2）：32.

⑨ 刘国光，杨承训. 关于新自由主义思潮与金融危机的对话 [J]. 红旗文稿，2009（4）：19.

来商品的激烈竞争,生产和经营陷入困境,相当数量的企业陆续宣告破产。刘国光指出:"拉美各国搞自由化、私有化、放松国际金融管制等,出现了十年倒退,许多国家都出了大问题"①。1992 年,俄罗斯以"休克疗法"启动以"自由化、稳定化和私有化"为核心的一系列改革组合,放开商品、物价、汇率、外贸进出口等方面的管制,通过大规模私有化以尽可能多地争取西方国家的投资和贷款。"休克疗法"的实施,迅速摧毁了苏联的计划经济体制,同时造成了巨大的经济混乱和经济衰退。1990～1997 年的 GDP 年均增长率为 -9%,其中农业增加值年均增长 -8.2%,工业增加值 -11%,服务业 -8.4%,商品与服务出口 -13.2%。此后连年的经济下滑使俄罗斯的经济总量大大缩小。1997 年的 GDP 总值仅相当于 1989 年的 57%,工业产出下降约 67%。私有化过程中的财富掠夺和腐败导致社会两极分化严重。1999 年的贫困人口约占人口总数的 70%～75%,而生活在贫困线以下的人口占 25%～30%。泰国、韩国等国家在 20 世纪 90 年代相继放开对外资的管控,大规模的国际资本可以自由出入。资本项目自由化为资本贪婪的逐利本性大开方便之门,大量金融衍生产品绕过生产领域直接以钱赚钱地空转,虚拟经济急剧膨胀。由于资本项目自由化伴生着国内金融体系和汇率制度改革的滞后,1998 年酿成席卷东南亚的金融危机。"'大爆炸'后的俄罗斯完全听信新自由主义'休克疗法'的药方,结果造成近 10 年的大灾难,其损失比第二次世界大战还大……还有一些'转型'国家实际上变成了西方的附庸国,银行等国民经济命脉被欧美操纵,这次金融危机一来,有几个国家几乎使'国家破产'……受危害的还有亚洲一些国家,十年前东南亚金融危机,就使不少国家和地区遭了殃"②。可见,新自由主义思潮在各国泛滥传播的目的是为国际金融资本服务的。

第二节　对新自由主义主要经济观点的批判

新自由主义有不同经济学流派,影响较大的有货币学派、理性预期学派、供给学派等。虽然这些流派之间存在不同的观点,但是自由化、私有化、市场化是他们最大的公约数。刘国光对新自由主义的反击主要围绕"三化"展开。

---

①② 刘国光,杨承训. 关于新自由主义思潮与金融危机的对话 [J]. 红旗文稿,2009 (4):19.

一、反对全面私有化，捍卫社会主义公有制

私有化是新自由主义经济思想体系的核心，几乎所有的新自由主义者都坚决反对公有制，将社会主义同市场经济对立起来。早在 1920 年，米塞斯就在《社会主义：经济与社会学的分析》一书中指出，"市场是资本主义私有制度的天生儿，与资本主义制度有着天然的联系，只有在资本主义制度下，市场才是有可能的，它是不能在社会主义制度下被'人为地'模拟的"①。新自由主义者以实行市场经济为名，宣扬私有化，认为"当集体化的范围扩大了之后，'经济'变得更糟而不是具有更高的'生产率'"②，即公有制不能有效地提高经济效率，并会给整个社会带来很大的浪费；认为只有"私有制才是自由的最重要的保障"③，私有制能够保证每个人积极性得到充分发挥，具有最高的效率。新自由主义反对社会主义市场经济的一个基本论点是，倡导私有化。这种论点立足点是"公有制经济低效"。国内也有学者鼓吹，"在中国，直接私有制必然取代直接公有制的主体地位""公有制为主体已经没有多少实际意义了"④。

面对新自由主义对公有制经济的诋毁，刘国光指出，"公有制经济低效论"是伪命题。公有制经济不论在经济效益还是社会效益都有不俗的表现。公有制经济"无论是实现利润、上缴税金、对经济增长的贡献率等，都是民企和外资所难以比拟的"⑤；"在欧美先后陷入主权债务危机、金融危机的大背景下，中国经济一枝独秀，仍然保持强劲发展势头"⑥，这些成绩体现着公有制经济的强大实力。近年来的国有企业运营情况也印证了这一点。数据显示，到 2017 年底，全国国有企业资产总额和所有者权益分别达到 151.7 万亿元和 52 万亿元，是 1978 年的 209.7 倍和 107.2 倍；上缴税费总额占全国财政收入的 1/4，工业增加值占全国 GDP（国内生产总值）的 1/5⑦。2021 年，面对新冠肺炎疫情对全球经济发展的影响，全国国有及国有控股企业主要效益指标持续增长。1～11 月，国有企业营

---

① 路德维希·冯·米塞斯. 社会主义：经济与社会学的分析 [M]. 王建民，等译. 北京：中国社会科学出版社，2008：141.

② 詹姆斯·布坎南. 财产与自由 [M]. 韩旭，译. 北京：中国社会科学出版社，2002：50.

③ 哈耶克. 通往奴役之路 [M]. 王明毅，译. 北京：中国社会科学出版社，1997：82.

④ 王一程等. 当代中国意识形态领域的知识分子与"舆论精英"研究 [J]. 中国社会科学内部文稿，2009（1）：68.

⑤⑥ 刘国光. 共同理想的基石 [G]. 北京：经济科学出版社，2012：2.

⑦ 北京市习近平新时代中国特色社会主义思想研究中心. 公有制经济是改革发展的中坚力量 [N]. 人民日报，2019 - 02 - 19（09）.

业总收入 673406.6 亿元，同比增长 21.4%，两年平均增长 9.9%；国有企业利润总额 41434.9 亿元，同比增长 40.2%，两年平均增长 13.8%①。

刘国光还指出，国有企业不但是国家财富的重要创造者，而且肩负着重大的社会责任使命。在抗震救灾一线，"在其他性质的企业瞻前顾后、踟蹰不前的一线，都能看到国有企业的身影"②。在支援各种震灾、洪灾、疫情中，公有制企业发挥家国情怀，稳定市场预期，保障群众生活需求，充分发挥了顶梁柱作用，为抗灾斗争的胜利提供强有力的保障。刘国光指出，"公有经济在……就业保障、社会福利等等方面，比私有经济的优越性，是无可置疑的。"③ 公有制企业同整个社会的利益从根本是一致的，是实现国家经济高质量发展的"排头兵"，为国民经济行稳致远提供坚实保障和强大支撑，是党领导人民实现共同富裕的重要物质基础。截至 2020 年底，93 家中央企业和中央金融机构划转国有资本总额 1.68 万亿元充实全国社保基金，成为我国社保基金财政性收入的重要支柱。2013 年以来，中央企业定点帮扶 248 个国家扶贫开发工作重点县全部脱贫摘帽，承担 1.2 万个扶贫点任务全部完成，累计在贫困地区直接投入和引进各类资金超过千亿元，援建产业扶贫项目 5 万多个，扶持乡村龙头企业和农村合作社 1.2 万个，引进扶贫企业 2400 多家，带动投资 200 多亿元。此外，由全部中央企业共同出资的央企扶贫基金，累计滚动投资 340 亿元，投资项目 132 个④。

现阶段，我国生产力发展水平还不高，只要符合"三个有利于"标准的经济成分就允许其存在并鼓励其发展。非公有制经济在促进我国经济发展，增加就业、增加财政收入和满足社会需要方面，具有积极的作用。对此，刘国光是认同的。他指出，"要继续毫不动摇地发展它，发挥其机制灵活、有利于促进社会生产力的正面作用。"⑤ 但是，在我国推行全面私有化，刘国光是坚决反对的。马克思指出，私有制经济主体唯利是图、剥削深重、彼此割裂、盲目竞争，各种经济结构互相脱节，生产长期相对过剩，大量资源的损失，人民的需要得不到应有的满足，致使社会矛盾不断深化。刘国光认为，"这种由剥削制度所制约的私有制本性目的所必然带来的社会矛盾，无时无刻不在政治、经济、社会、文化、思

①　资产管理司.2021 年 1—11 月全国国有及国有控股企业经济运行情况［EB/OL］.（2021-12-24）［2022-01-21］.http：//zcgls.mof.gov.cn/qiyeyunxingdongtai/202112/t20211224_3777732.htm.
②　刘国光.共同理想的基石［G］.北京：经济科学出版社，2012：5.
③　刘国光.关于分配与所有制关系若干问题的思考［J］.开放导报，2007（10）：13.
④　王绎.做强做优做大国有企业促进全体人民共同富裕［EB/OL］.（2021-10-30）［2022-01-22］.http：//www.eeo.com.cn/2021/1030/509436.shtml.
⑤　刘国光."两个毫不动摇"的当前价值［J］.人民论坛，2012（5 下）：48.

想道德上，人与人的关系上表现出来。"① 因此，"对关系国民经济命脉的重要部门和关键领域，就不能允许私有经济自由进入，只能有条件、有限制地进入，不能让其操纵这些部门和行业，影响国有经济的控制力。"②

探索社会主义公有制与市场机制的结合是战后计划经济国家体制改革的难点。20 世纪 50 年代后，南斯拉夫、匈牙利、波兰、捷克斯洛伐克等东欧计划经济国家开展市场经济改革，纷纷放弃公有制的制度基础，以全面资本私有化来支持资源配置机制的市场化。始终坚持公有制主体地位不动摇是我国经济体制改革必须遵循的基本原则。邓小平指出，"社会主义的经济是以公有制为基础的"③。江泽民也指出："我们干的是社会主义事业，国家经济的主体必然是公有制经济"④；"离开公有制为主体，就不成其为社会主义经济"⑤。习近平指出，"要坚持公有制主体地位不能动摇，国有经济主导作用不能动摇，这是保证我国各族人民共享发展成果的制度性保证，也是巩固党的执政地位、坚持我国社会主义制度的重要保证。"⑥ 改革开放四十多年来的丰硕实践成果证明，公有制能够与市场机制相互兼容。

二、尊重市场规律，但不迷信市场

改革开放以来，有些学者宣扬市场经济万能论，主张非经济领域也要实行市场化，推行教育产业化、医疗市场化等，甚至提出政治市场化、思想市场化等主张。对此，刘国光予以坚决批判。刘国光指出，"中国的改革，包括政治改革、经济改革、社会改革、文化改革、政府改革等等，不能都叫做'市场化改革'"⑦，"把计划排除在社会主义市场经济之外，排除在经济社会一切领域之外，把它视为禁区，加以摒弃，我说这不仅是迷信市场的幼稚，而是别有用心"⑧，"完全的、纯粹的市场经济不是我们改革的方向"⑨。

---

① 刘国光．"国退民进"争论的实质与发展私营经济的正确道路［J］．南京理工大学学报（社会科学版），2008（9）：5.
② 刘国光．"两个毫不动摇"的当前价值［J］．人民论坛，2012（5 下）：48.
③ 邓小平文选（第二卷）［M］．北京：人民出版社，1994：167.
④ 江泽民论有中国特色社会主义（专题摘编）［M］．北京：中央文献出版社，2002：50.
⑤ 江泽民论有中国特色社会主义（专题摘编）［M］．北京：中央文献出版社，2002：51.
⑥ 习近平希望国有企业这样做［EB/OL］．（2017 - 03 - 24）［2022 - 01 - 22］．http：//news.cctv.com/2017/03/24/ARTIxs7g29JPb6b0OqbDzWWl170324.shtml.
⑦⑧ 刘国光．社会主义市场经济理论问题［M］．北京：中国社会科学出版社，2013：91.
⑨ 刘国光．社会主义市场经济理论问题［M］．北京：中国社会科学出版社，2013：83.

传统的计划经济体制统得过多，管得过死，影响了生产力的发展和社会主义优越性的发挥。作为资源配置的方式，市场通过竞争机制，形成市场价格，调整供求关系，有助于资源的优化配置，促进经济发展。对此，刘国光早在20世纪70年代便予以充分肯定。但刘国光也反对迷信市场，反对"片面夸大市场的作用"[1]的做法。

刘国光曾经例举俄罗斯和东欧国家以及阿根廷等第三世界国家迷信市场万能以及2008年国际金融危机的历史悲剧，指出"新自由主义不是什么福音"[2]。新自由主义者推崇的"市场化改革"与社会主义市场经济条件下发挥市场配置资源的决定性作用有本质的不同。进一步完善社会主义市场经济体制，需要坚持中国特色社会主义的"市场决定论"，更需要警惕新自由主义的"市场化改革"以改头换面的形式混淆是非，歪曲我国经济体制改革的方向和道路。刘国光指出，"不坚持市场取向的改革，中国没有出路；市场化走过了头，也没有出路。完全市场化，不要国家宏观计划调控……不是我们社会主义的本质要求"[3]。把中国的市场经济改革引入"半统制经济""权贵资本主义"和"国家资本主义"的轨道，搞市场原教旨主义和"唯市场化"改革，这不是社会主义经济体制改革的初衷和追求。

刘国光反复强调，要认识到市场在资源配置中决定的作用是要尊重市场规律，并不等于市场发挥全部的作用；要重视发挥政府的积极作用，让政府和市场的"两只手"相得益彰，体现社会主义本质，使改革充分体现社会主义制度的优越性，使改革的成果为人民共享。社会主义市场经济是市场经济机制与社会主义制度的有机结合，是解放和发展社会主义生产力、消除两极分化的市场经济。社会主义市场经济要消除各种市场和非市场壁垒，不断深化资本等各种生产要素市场体系改革，优化市场功能，健全市场规则，为推动资本要素自由流动和高效配置提供机制环境；也要发挥国家宏观调控，有效弥补市场失灵，形成前瞻性、引导性的监管政策，防止资本等要素无序扩张，从而实现经济良性循环、高质量发展。

三、批判极端自由化，强调宏观调控

中国经济体制改革的核心问题是处理好政府和市场关系。在社会化大生产条

---

①　刘国光，赵人伟. 论社会主义经济中的计划与市场的关系 [J]. 经济研究，1979 (5)：53.

②　刘国光，杨承训. 关于新自由主义思潮与金融危机的对话 [J]. 红旗文稿，2009 (4)：19.

③　刘国光. 试用马克思主义哲学方法总结改革开放三十年 [J]. 中国社会科学，2008 (6)：10.

件下，资源配置方式主要有市场配置和计划配置两种。新自由主义认为，市场能够解决经济发展的一切问题，反对政府参与，主张极端的自由化。他们认为，"西方社会重病缠身……这一切之所以如此，应该受到谴责的是国家，而不是资本主义或市场经济"①，"政府退出经济，不仅有助于提高经济的效率，而且还有助于从根子上反腐，从而实现社会的公正"②；认为"以个人自由为基础的私人企业制度和自由市场机制是迄今为止所能选择的最好制度"③，"若要让社会裹足不前，最有效的办法莫过于给所有的人都强加一个标准"④。新自由主义主张政府尽可能少干预个人的经济活动，反对在建立秩序的名义下进行配置资源式的政府干预。

刘国光主张，发挥市场在资源配置中的作用，反对政府"把该由地方和企业去管的事情越俎代庖地揽上来，把基层和企业的手脚捆得死死的"⑤，提出"要逐步缩小指令性计划的范围，扩大指导性计划的范围"⑥。但是，他反对放任市场自由化、抹杀宏观调控的主张。进入21世纪，随着极端自由化对经济社会发展造成的负面影响增多，刘国光强烈呼吁要重视宏观调控在市场经济中的地位和作用，"为了正确发挥市场机制在资源配置中的基础性作用，一定要有相适应的宏观调控。"⑦ 他还指出，"环境破坏、贫富分化、城乡地区差异等矛盾越积越多。这与国家宏观计划调控跟不上市场化的进程，有很大关系。"⑧ 刘国光认为，2008年的国际金融危机没有给中国经济造成致命的打击，其原因是计划调控积极作用得到了发挥，中国没有遵循新自由主义的"华盛顿共识"所主张的全盘市场化、自由化，而且"这次应对危机所采取的种种重大措施，就展示了这种出手快、出拳重、集中力量办大事的计划调控的能力，为一些资本主义国家所羡慕称道"⑨，从而力证了社会主义市场经济是不能离开国家的宏观协调的。刘国光指出，"国家计划在宏观调控中的导向作用是不可忽视的。区域政策、科技政策、

① 亨利·勒帕日．美国新自由主义经济学［M］．李燕生，王文融，译．北京：北京大学出版社，1985：30．
② 许小年．成立国家改革委，政府退出经济［EB/OL］．（2013-01-05）［2022-01-22］．http://www.aisixiang.com/data/60431.html.
③④ 弗里德里希·冯·哈耶克．自由宪章［M］．邓正来，译．北京：中国社会科学出版社，1998：75-76．
⑤ 刘国光，赵人伟．论社会主义经济中的计划与市场的关系［J］．经济研究，1979（5）：54．
⑥ 刘国光文集（第三卷）［M］．北京：中国社会出版社，2006：274．
⑦ 刘国光，沈立人．宏观调控面面观［J］．开放导报，2008（4）：6．
⑧ 刘国光．有计划是社会主义市场经济的强板［J］．绿叶，2009（1）：13-14．
⑨ 刘国光．当前世界经济危机中中国的表现与中国特色社会主义模式的关系［J］．高校理论战线，2009（5）：6．

能源政策、土地政策都有宏观性，与产业政策一样，都是计划调控的手段。这些从不同方面还与经济发展及其方式的转变和经济结构的调整分不开……中国特色社会主义市场经济需要相应的宏观调控"①，"社会主义市场经济是一个完整的概念，在坚持市场取向改革的同时，需要强调国家计划在宏观调控中的指导作用……不能把'计划性'排除在社会主义市场经济含义之外"②。

党的十八大召开后，刘国光多次强调，"要搞市场取向改革，但不搞过度市场化……我们赞成市场在资源配置中起基础性作用，但并不是说要削弱国家的宏观经济调控和计划导向的能力"③，"市场经济必须与社会主义相结合……以国家宏观计划宏观调控为导向"④。

社会主义国家对经济的宏观调控，不仅彰显政府公共职能，而且还有具有保障工人阶级和广大劳动者利益的性质。在社会主义市场经济体制条件下，政府通过综合运用金融、土地、财税、投资、立法等手段调控经济，推进实践中的权利平等、机会平等、规则平等，实现国家和人民群众的当前利益与长远利益、局部利益与整体利益的有机结合。

有观点认为，政府对资源的配置权力过大和对微观经济活动的干预过多，使权力市场化、权力资本化；如果市场经济更纯粹，行政计划就会消灭得更彻底，必定大大减少在市场运行过程中捞取私人利益的机会。对此，刘国光明确地指出，政府权力和腐败问题有一定的相关，但不能因此否认宏观调控和计划参与的必要性。刘国光认为，"政府作为经济活动的三位当事人（政府、企业、个人或家庭）之一和公众利益的代表，不能不掌握相当部分的社会资源，参与资源配置的活动，但其参与要适度，要尽量按照市场原则，同时必须考虑公共利益原则来做，这是没有疑义的。"⑤ 即政府拥有宏观调控和计划参与中的权利，在参与经济和社会管理中，要尽量按照市场原则和考虑公共利益原则来操作，而不是利用职权谋私利，给经济和社会发展带来桎梏；不能因为存在腐败问题，因噎废食而否定市场经济中的宏观调控和计划参与的意义和作用。刘国光认为，腐败的发生与政府掌握资源配置权力并无直接关系。他认为，不能把宏观调控和计划参与同某些官员滥用权力搞权钱交易、搞官商勾结、搞权力资本化市场化混为一谈，腐

---

①　刘国光，沈立人. 宏观调控面面观 [J]. 开放导报，2008 (4)：21.

②　刘国光. 实现市场经济与社会主义的有机统一 [J]. 中华魂，2011 (2)：31.

③　刘国光. 十八大后再谈中国经济体制改革的方向 [J]. 中华魂，2013 (6 上)：17－18.

④　刘国光. 九十感恩 [N]. 人民日报，2013－12－08 (05).

⑤　刘国光. 纯粹的市场经济不是我们改革的方向 [EB/OL]. (2005－12－10) [2014－10－10].
http：//finance. sina. com. cn/economist/jingjixueren/20051210/16352188621. shtml.

败的发生跟法律制度和民主监督健全有关；"政府掌握资源配置权力大或者小，只影响腐败规模的大小，不是产生腐败的原因。根治腐败，要从健全法律制度、民主监督入手，进行政治体制的改革，这才是治本之道。"① 借口政府对资源配置权力过大为权贵阶层提供了获得腐败寻租利益的条件，来否定国家和政府配置资源的权力与管理经济的职能和计划的参与是错误的。

第三节　应对新自由主义挑战的建议

新自由主义在社会主义中国的渗透和反渗透是话语体系之争，是代表着西方霸权主义话语体系和马克思主义为指导的中国主流话语体系之争。面对新自由主义在我国经济领域的渗透，刘国光从巩固马克思主义阵地和完善社会主义市场经济体制制度两大方向提出建议，积极回应新自由主义的挑衅。

一、巩固马克思主义阵地，为消除新自由主义思潮的影响提供舆论导向

舆论是公众关于显示社会以及社会中的各种现象、问题所表达的信念、态度、意见和情绪表现的总和，具有相对的一致性、强烈程度和持续性，对社会发展及有关事态的进程产生影响。② 舆论是能够影响公众的认知、态度和行动的力量。舆论的阵地，正确的思想不去占领，错误的思想就会去占领；马克思主义、无产阶级的思想不去占领，各种非马克思主义、非无产阶级的思想甚至反马克思主义的思想就会去占领。

刘国光主张通过加强内容宣传、调整表达形式和提高领导队伍素质建设巩固发展马克思主义重要阵地，为消除新自由主义思潮的影响提供舆论导向。

在加强内容宣传方面，刘国光提出，"宣传马克思主义、科学社会主义，坚持四项基本原则和改革开放的中国特色社会主义"③。马克思主义是中国特色社会主义的指导思想，是被中国发展历史证实了能够指引中国发展方向的科学主

---

① 刘国光. 纯粹的市场经济不是我们改革的方向 [EB/OL]. (2005 - 12 - 10) [2014 - 10 - 10]. http://finance. sina. com. cn/economist/jingjixueren/20051210/16352188621. shtml.

② 陈力丹. 舆论学 [M]. 北京：中国广播电视出版社，1999：11.

③ 刘国光，杨承训. 关于新自由主义思潮与金融危机的对话 [J]. 红旗文稿，2009 (4)：21.

义。中国特色社会主义道路是马克思主义理论与中国实际相结合的建设道路。四项基本原则是我们的强国之本，改革开放是我们的强国之路。自觉运用马克思主义基本原理和方法论，梳理和总结马克思主义在当代的重大理论成果，及时地发出中国声音；对于错误的观点和错误的思潮，敢于亮剑，有理有据地予以驳斥，不落入西方话语权的陷阱；提高人民的马克思主义理论素养，限制、消除新自由主义思潮的负面影响。

在调整表达形式方面，刘国光主张，"强调切实地而不是形式主义地宣传"①。毛泽东批判工作中存在的形式主义作风。他指出，形式主义是一种"最低级、最幼稚、最庸俗的方法"②。反对舆论导向的形式主义就是反对在宣传工作中片面堆砌理论，打"官腔"，说"官话""套话""空话"，没有实现教育、筑牢思想基柱的宣传目的。务实的舆论导向表达，要处理好政治话语、学术话语及大众话语之间的关系——既要提升政治话语力量，也要加快学术话语的科学性和引导性。采用公众听得懂的生活话语进行沟通，注重权威的统计数据，回应公众的疑惑，实现政治、学理和大众化的有机统一，实现具体实证与学理提升相统一，把"中国共产党为什么能，马克思主义为什么行，中国特色社会主义为什么好"讲清楚、讲生动、讲动情，不断推进和发展马克思主义为指导的中国主流话语体系的亲和力和认同感，真正巩固马克思主义的主导地位和话语权。

在提高领导队伍素质建设方面，刘国光提出，"对各级党政领导，特别是高层干部进行马克思主义基本原理的教育，批判敌对思潮和反社会主义的杂音和噪音（包括新自由主义、民主社会主义等），提高理论识别能力"③。党政领导干部队伍是我国经济决策、建设的重要生力军。党政领导干部的马克思主义素养对于切实把握舆论宣传导向的正确方向、落实维护好马克思主义在意识形态领域的主导地位、保证改革和建设的社会主义方向、保证改革和社会主义建设的顺利进行具有重要的作用。因此，刘国光建议："对于党的领导干部，特别是高级领导干部，应要求他们通过各种方式（党校、自学等）通读、钻研全套文集……除了读《文集》（指2009年出版的《马克思恩格斯文集》10卷本——引者）外，他们最好能够尽量研读其他马恩列经典著作，钻研马克思主义理论的学术专题，成为马克思主义某一方面的专门家"④。习近平指出，"党员领导干部只有努力学习和掌握马克思主义立场观点方法，才能从根本上不断提高自己的思想理论水平和辨

①③ 刘国光，杨承训. 关于新自由主义思潮与金融危机的对话 [J]. 红旗文稿，2009（4）：21.
② 毛泽东选集（第三卷）[M]. 北京：人民出版社，1991：838.
④ 刘国光. 巩固和发展马克思主义理论思想阵地 [N]. 中国社会科学报，2011-06-2（05）.

别是非能力，增强认识世界和改造世界的能力，坚定中国特色社会主义信念和共产主义理想；才能全面、正确地理解和贯彻党的基本理论、基本路线、基本纲领、基本经验和各项方针政策，坚定不移地继续解放思想、坚持改革开放、推动科学发展、促进社会和谐，为夺取全面建设小康社会新胜利而奋斗；也才能不断改进工作作风和工作方法，增强工作的原则性、系统性、预见性、创造性，克服和避免摇摆性、片面性、盲目性，把自己的工作做得更好。"① 在舆论导向职能部门负责领导工作的党政干部相关政治素养的提升，对于发挥舆论导向凝心聚力具有重要作用。可见，刘国光关于党员干部素质提高的认识及主张和中央精神是一致的，对于进一步加强党员干部队伍建设具有重要的指导意义。

二、完善社会主义市场经济体制，为消除新自由主义思潮的影响提供有力的现实支持

大肆宣扬新自由主义思潮是要在推进私有化的进程中动摇和颠覆社会主义国家的经济基础。经济学家陈岱孙曾明确指出，"西方各发达国家在国内甚至国际生活中厉行国家干预主义政策，但要求广大发展中国家特别是社会主义国家推行新自由主义改革模式和经济政策……其目的无非是要在发展中国家恢复殖民主义统治，在社会主义国家搞和平演变，演变为资本主义，或外国资本主义"②。

回应新自由主义的挑衅，刘国光主张，"建立完善的社会主义市场经济体制"③，"要建立以公有制为主体的市场经济体制，而不是以私有制为主体的市场经济体制；要建立有国家宏观调控和计划导向的市场经济体制，而不是自由放任的市场经济体制；要建立确保广大人民群众共享改革发展成果的市场经济体制，而不是为了方便少数人攫取巨额财富的市场经济体制"④。习近平曾指出，"社会主义市场经济是经济与政治的辩证统一，其内在的政治经济化和经济政治化的本质运动，要求社会主义市场经济的建立和发展必须充分发挥经济和政治两个方面的优势。"⑤ 社会主义生产的目的是实现共同富裕。离开社会主义的生产目的、公有制经济基础，市场和政府关系的调整就失去了方向和动力。共同富裕、公有

---

① 习近平. 深入学习中国特色社会主义理论体系 [EB/OL]. (2010 – 03 – 01) [2022 – 01 – 22]. https://www.ccps.gov.cn/xxssk/xldxgz/201812/t20181231_127689.shtml.

② 陈岱孙. 对当前西方经济学研究工作的几点意见 [J]. 经济学动态, 1995 (11): 5.

③ 刘国光. 中国经济体制改革的方向问题 [M]. 北京：社会科学文献出版社, 2015：128.

④ 刘国光. 中国经济体制改革的方向问题 [M]. 北京：社会科学文献出版社, 2015：118.

⑤ 习近平. 对发展社会主义市场经济的再认识 [J]. 东南学术, 2001 (4): 11.

制经济基础和宏观调控是构成社会主义经济体系不可分割的有机部分。刘国光主张从以下三个主要方面进一步完善社会主义经济体制。

"一是做优做强做大国有经济和集体经济，发挥国有经济的主导作用和公有经济的主体作用"①。生产资料所有制是生产关系的核心，决定着社会的性质和发展方向。社会主义公有制是实现社会主义生产目的的坚实基础。脱离公有制的经济基础抽象地谈论公平、正义、和谐、民主等原则，会使社会主义从科学的理论退化成为空洞的口号和道德的说教，使经济和社会生活中出现的重大问题得不到及时切实的解决。国有企业是公有制经济的重要组成部分，是中国特色社会主义的重要物质基础和政治基础。国有经济在关系国民经济命脉的关键领域和重要行业居于主导地位，对于增强国家综合实力、保障国家的总体安全，对于加快基础设施和公共设施建设，对于保障和改善民生等发挥着关键性作用。集体经济在增加就业、改善民生等方面发挥着重要作用，是乡村振兴和实现农村地区实现共同富裕中不可小觑的经济力量。体现公有制条件下市场经济的优越性，就要进一步深化国有企业改革，促进国有资产保值增值，做大做强做优国有经济和国有资本并优化其布局；发展农村各类集体经济，进一步完善农村基础设施建设，不断改善农村营商环境。公有制经济通过市场机制从事生产、交换和分配，使公有制与市场经济双向、有机融合，在发展完善社会主义市场经济过程中夯实平衡发展的经济基础。

"二是转变政府职能，减消对微观经济不必要的干预，加强国家宏观经济调控和计划导向能力"②。政府管理与市场机制都是市场经济社会内生的组织和协调经济活动的制度安排。推动有效市场和有为政府更好结合，激发各类市场主体活力，对于解放和发展生产力，实现社会主义生产目的具有积极作用。当前，经济已由高速增长阶段转向高质量发展阶段，我国市场体系还不够健全、市场发育还不够充分，政府和市场的关系还没有完全理顺，还存在市场激励不足、要素流动不畅，经济形势日趋复杂严峻和不确定因素增多。提高政府的宏观调控水平和计划导向能力，完善宏观经济治理，健全生产要素市场化等制度，促进资源优化配置。以社会主义公平正义原则建设和规范市场秩序，促进效率和公平相统一、逐步实现共同富裕为目标，推动经济社会高质量发展。因此，刘国光强调，"我们赞成市场在资源配置中起基础性作用，但并不是说要削弱国家的宏观经济调控和计划导向的能力。"③

---

①② 刘国光. 十八大后再谈中国经济体制改革的方向［J］. 中华魂. 2013（6 上）：18.
③ 刘国光. 十八大后再谈中国经济体制改革的方向［J］. 中华魂. 2013（6 上）：17 – 18.

"三是着力改善民生问题，逐步解决财富和收入两极分化问题"①。共同富裕和消灭两极分化是社会主义生产的目的。分配制度决定社会财富的占有方式和流动走向，是实现平衡发展和共同富裕的决定因素。在商品生产过程中，劳动创造价值，按劳分配与按生产要素贡献参与分配相结合，也是社会主义市场经济体制的必然要求。以按劳分配为主体多种分配方式并存分配制度是建立在对个人劳动能力的差别和分配结果的差异以及参与分配的个人或企业之间有明确的产权、利益边界有着正确认识的前提下，为社会主义初级阶段经济制度的高效运行提供了合理的激励和约束机制。实现共同富裕。进一步完善我国的分配制度，将社会主义制度的公平性与市场经济的效率性有机结合起来，要坚持按劳分配为主体，保护劳动所得，逐步提高劳动报酬在初次分配中的比重，使居民收入增长和经济发展同步、劳动报酬增长和劳动生产率提高同步；健全再分配调节机制，加大税收、社保、转移支付、社会慈善等调节力度，提高低收入群体收入，扩大中等收入群体，形成合理的橄榄形分配结构，促进收入分配公平正义，让人民群众体会社会主义市场经济的优越性，坚定道路自信，坚定理论自信，坚定制度自信，坚定文化自信，自觉地抵制新自由主义的各种侵蚀。

党的十四届三中全会提出，构成社会主义市场经济体制的基本框架是"坚持以公有制为主体、多种经济成分共同发展的方针""建立以按劳分配为主体，效率优先、兼顾公平的收入分配制度"②。党的十六届三中全会指出，完善社会主义市场经济体制的主要任务包括"完善公有制为主体、多种所有制经济共同发展的基本经济制度""建设统一开放竞争有序的现代市场体系""完善宏观调控体系""健全收入分配制度"③ 等。党的十八大提出，"要加快完善社会主义市场经济体制，完善公有制为主体、多种所有制经济共同发展的基本经济制度，完善按劳分配为主体、多种分配方式并存的分配制度"④，将三者放在了相邻的位置，表明了三者都是社会主义经济制度体系的重要组成部分。党的十九届四中全会把"按劳分配为主体、多种分配方式并存，把社会主义制度和市场经济有机结合起来"纳入社会主义基本经济制度范畴，丰富和发展社会主义基本经济制度的内

---

① 刘国光. 十八大后再谈中国经济体制改革的方向 [J]. 中华魂. 2013（6 上）：18.
② 中国政府网. 中国共产党第十四届中央委员会第三次全体会议公报 [EB/OL]. （2008 – 07 – 10）[2022 – 09 – 09]. http：//www. gov. cn/test/2008 – 07/10/content_1041077. htm.
③ 中国共产党新闻网. 中国共产党第十六届中央委员会第三次全体会议公报 [EB/OL]. [2022 – 09 – 09]. http：//cpc. people. com. cn/GB/64162/64168/64569/65411/4429167. html.
④ 共产党员网. 坚定不移沿着中国特色社会主义道路前进，为全面建成小康社会而奋斗 [EB/OL]. （2012 – 11 – 18）[2022 – 09 – 09]. https：//www. 12371. cn/2012/11/18/ARTI1353183626051659_all. shtml.

涵。公有制、按劳分配和有为政府的有机结合体现社会主义制度的本质特征，保证社会主义核心经济制度的稳固，有效避免资本主义市场经济条件下的无序竞争、两极分化与生产过剩，保证共同富裕的实现，彰显社会主义制度的优越性。刘国光从巩固和发展公有制、重视宏观调控以及促进实现社会公平三个方面提出深化社会主义经济体制改革的目标和方向，与十九届四中全会精神是一致的。刘国光的主张对于澄清新自由主义关于私有化、市场化和自由化等错误认识，在更高起点、更高层次、更高目标上构建更加系统完备、更加成熟定型的高水平社会主义市场经济体制，推动国民经济高质量发展，体现社会主义优越性，捍卫马克思主义在改革中的指导地位具有重要意义。

第四节　本 章 简 评

新自由主义是资本主义意识形态与价值观念的体现，是披着经济理论外衣的意识形态理论。

刘国光以经济教学领域的马克思主义边缘化现象为切入点，批判新自由主义错误观点，提出相应的应对建议，在国内经济学界引起广泛共鸣，产生了巨大影响。

一、为社会各界深刻反思新自由主义提供契机

作为"对改革影响最大的马克思主义经济学家"[①]，刘国光以马克思主义者的坚定立场、深厚的理论素养、高度的社会责任感、独立且坚韧的反潮流勇气，成为率领中国广大马克思主义者反击新自由主义的领军人物和旗手。《对经济学教学和研究中一些问题的看法》一文发表后，河南省经济学会、河南省经济伦理研究会、上海经济学会、海派经济学会南京研究所、中国经济规律研究会、中国历史唯物主义学会、中华外国经济学说研究会、中国社会科学院经济研究所、中国人民大学经济学院、中国经济改革与发展研究院、首都经贸大学等科研机构、高校先后组织研讨会。经济理论界专家学者数百人次出席会议，并围绕着刘国光的文章做了主题发言和热烈讨论。中央领导十分重视刘国光号召抵制新自由主义侵蚀的呼吁。"中央领导同志批示，对刘国光同志提出的每一条建议都应当加以

重视……应当深刻领会，切实照办"①。刘国光对新自由主义的批判得到学界广大学者的支持。宋涛②、高鸿业③、吴易风④、丁冰⑤、周新城⑥、何干强⑦、沈立人⑧、李炳炎⑨等学者纷纷著文，表示赞同、支持刘国光坚定马克思主义立场，批判和抵制新自由主义的负面影响。

2013 年，习近平在全国宣传工作会上提出，宣传思想工作就是要巩固马克思主义在意识形态领域的指导地位，巩固全党全国人民团结奋斗的共同思想基础；党校、干部学院、社会科学院、高校、理论学习中心组等都要把马克思主义作为必修课，成为马克思主义学习、研究、宣传的重要阵地。⑩党的十九届四中全会通过的《中共中央关于坚持和完善中国特色社会主义制度、推进国家治理体系和治理能力现代化若干重大问题的决定》明确提出，要坚持马克思主义在意识形态领域指导地位的根本制度，并将其列为社会主义先进文化制度建设的首要内容，这是以习近平同志为核心的党中央全面总结党的意识形态工作历史经验而得出的科学结论，为做好新时代意识形态工作和宣传文化工作提供了根本遵循和实践指南。正如我国著名经济学家卫兴华教授所言，"刘国光的文章给中国的学界、政界、包括实际工作领域的同志一个很好的理性反思的契机，中国社会主义市场经济改革进入体制完善时期，更要进一步坚持马克思主义，发扬马克思主义。"⑪

二、坚持用马克思主义引领中国经济学的正确走向

面对新自由主义在我国经济学领域的渗透，刘国光以高度的洞察力和分析能力，通过事实论证、理论分析，有力反击新自由主义关于"公有制经济无效论""小政府"等经济主张，捍卫马克思主义在经济工作中的指导地位。

① 刘贻清，张勤德主编. 刘国光旋风实录 [G]. 北京：中国经济出版社，2006：67.
② 刘贻清，张勤德主编. 刘国光旋风实录 [G]. 北京：中国经济出版社，2006：74 – 76.
③ 刘贻清，张勤德主编. 刘国光旋风实录 [G]. 北京：中国经济出版社，2006：174 – 176.
④ 刘贻清，张勤德主编. 刘国光旋风实录 [G]. 北京：中国经济出版社，2006：1 – 6.
⑤ 刘贻清，张勤德主编. 刘国光旋风实录 [G]. 北京：中国经济出版社，2006：177 – 182.
⑥ 刘贻清，张勤德主编. 刘国光旋风实录 [G]. 北京：中国经济出版社，2006：157 – 173.
⑦ 刘贻清，张勤德主编. 刘国光旋风实录 [G]. 北京：中国经济出版社，2006：234 – 239.
⑧ 刘贻清，张勤德主编. 刘国光旋风实录 [G]. 北京：中国经济出版社，2006：284 – 287.
⑨ 刘贻清，张勤德主编. 刘国光旋风实录 [G]. 北京：中国经济出版社，2006：91 – 92.
⑩ 习近平在全国宣传思想工作会议上强调：胸怀大局把握大势着眼大事，努力把宣传思想工作做得更好 [EB/OL]. 共产党员网. (2013 – 08 – 21) [2018 – 08 – 09]. http://news. 12371. cn/2013/08/21/AR-TI1377027196674576. shtml.
⑪ 刘贻清，张勤德主编. 刘国光旋风实录 [G]. 北京：中国经济出版社，2006：97.

刘国光抵制新自由主义的渗透思考和中央的决策精神是一致的。党的十八届三中全会通过的《中共中央关于全面深化改革的若干重大问题决议》提出，全面深化改革要"紧紧围绕使市场在资源配置中起决定性作用深化经济体制改革，坚持和完善基本经济制度，加快完善现代市场体系、宏观调控体系"①，"市场在资源配置中起决定性作用，并不是起全部作用"②，"发展社会主义市场经济，既要发挥市场作用，也要发挥政府作用"③。党的十九届四中全会审议通过的《中共中央关于坚持和完善中国特色社会主义制度、推进国家治理体系和治理能力现代化若干重大问题的决定》明确指出，"公有制为主体、多种所有制经济共同发展，按劳分配为主体、多种分配方式并存，社会主义市场经济体制等社会主义基本经济制度，既体现了社会主义制度优越性，又同我国社会主义初级阶段社会生产力发展水平相适应，是党和人民的伟大创造"④。将分配方式、经济运行方式同所有制一同列入基本经济制度范畴的重要新概括和重大决策部署，体现党和国家完善中国特色社会主义制度方向和目标的坚决性。

刘国光批判新自由主义的一系列论述，对于坚定用马克思主义引领中国经济学的正确走向、完善社会主义市场经济体制、促进社会主义经济稳定持续发展具有重要的指导作用。正如马克思主义经济学家李炳炎教授所言，"刘国光先生是一位改革的旗手，他竖起了一面令人振奋的引领中国经济学与中国经济改革正确走向的旗帜"⑤。

三、有力地推动中国主流话语权的建设

新自由主义在社会主义中国的渗透和反渗透是话语体系之争，是代表着西方霸权主义话语体系和中国主流话语体系之争。只要资本主义制度还存在，作为资本主义制度的重要学说新自由主义就不会退出历史舞台，马克思主义同新自由主义的斗争就不会停止。新自由主义企图通过动摇社会主义公有制，最终摧毁整个社会主义制度的大厦。正如陈岱孙教授所指出："西方国家在国内甚至国际经济

---

① 新华网. 中共中央关于全面深化改革若干重大问题的决定［EB/OL］.（2013 – 11 – 15）［2019 – 01 – 15］. http：//www. gov. cn/jrzg/2013 – 11/15/content_2528179. htm.

②③ 习近平. 关于《中共中央关于全面深化改革若干重大问题的决定》的说明［EB/OL］.（2013 – 11 – 15）［2019 – 01 – 15］. http：//news. xinhuanet. com/politics/2013 – 11/15/c_118164294. htm.

④ 中共中央关于坚持和完善中国特色社会主义制度　推进国家治理体系和治理能力现代化若干重大问题的决定［EB/OL］.（2013 – 11 – 15）［2019 – 01 – 15］. http：//www. cssn. cn/index/index_focus/201911/t20191105_5028158. shtml.

⑤ 李炳炎. 坚持社会主义市场经济改革方向的深思与召唤［J］. 马克思主义研究，2010（6）：153.

生活中厉行国家干预主义政策，但要求广大发展中国家特别是社会主义国家推行新自由主义改革模式和经济政策，取消国有企业，取消国家对经济生活的管理特别是计划管理，洞开国内市场，与西方国家牢牢控制的世界经济接轨，其目的无非是要在发展中国家恢复殖民主义统治，在社会主义国家搞和平演变，演变为资本主义或外国资本主义。"① 实践证明，在经济建设中倡导新自由主义所主张的私有化论、极端市场化和自由化会导致社会生活中贫富悬殊、两极分化等社会不稳定状态，这与我们在社会主义方向深化改革、实现共同富裕的目标是背道而驰的。因此，增强马克思主义话语主导权、建设中国主流话语权具有重要意义。

刘国光对我国现代化建设和改革开放中存在新自由主义话语体系渗透的危害有着清醒的认识，深刻揭露新自由主义在我国经济建设中的危害。他高举马克思主义旗帜，有理有据地批驳错误观点和认识，与新自由主义做坚决的斗争。他对坚持马克思主义在中国经济建设和经济教学中的主导权进行了深入和较为全面的思考，有利于推进马克思主义话语权建设，有利于推进中国主流话语体系的建设，为推进马克思主义话语体系提供实践的指引和理论的指导。

党的十八大以来，以习近平同志为核心的党中央积极推进中国主流话语体系建设。刘国光对于新自由主义的批判及重视政治经济学学科建设的主张和中央关于"加快构建中国特色哲学社会科学学科体系、学术体系、话语体系"的重大论断是一致的。近年来，中央发布的一系列有力、有效的重要指示和以刘国光为代表的具有高度社会责任感和历史责任担当的经济学家的长期呼吁和建言是分离不开的。

---

① 陈岱孙. 对当前西方经济学研究工作的几点意见 [J]. 经济学动态，1995（11）：5.

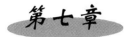第七章

对政治经济学学科建设的思考

在马克思主义理论中，当指代马克思主义经济学说，一般用"政治经济学"这一术语。

政治经济学研究的"是经济社会发展的一般规律。这种研究对象的特殊地位就决定了政治经济学在社会科学中的基础地位"①。在学科划分中，政治经济学是隶属理论经济学下的二级学科，"充当为整个经济学科乃至整个国家经济发展和改革提供基本理论支撑的学科和课程"②。

进入新世纪，政治经济学的边缘化现象愈加突出。在学科教学方面，"某些理论工作者和高校教师，甚至在课堂内外公开提出马克思主义基本原理已经过时……主张用非马克思主义的思想取代马克思主义"③。在课程设置方面，"许多学校管理类学科已不再把政治经济学作为专业核心课程，有的学校甚至经济学门类的专业也不开设政治经济学"④。在教研队伍方面上，"越来越多的中青年学科带头人主动或被迫选择资产阶级自由化学术道路"⑤。此外，还存在学科研究成果发表困难；相当一部分学生对政治经济学存在厌学情绪，严重影响政治经济学的传播和后备人才培养。刘国光对政治经济学边缘化问题深表担忧。他先后发表了《对经济学教学和研究中一些问题的看法》（2005）、《在实践中发展中国特色社会主义经济学》（2010）、《关于中国社会主义政治经济学的若干问题》（2010）

---

① 王立胜. 政治经济学是解决什么问题的 [N]. 光明日报：2017 - 9 - 19 (15).

② 逢锦聚. 对政治经济学学科、教材建设中一些重大问题的认识 [EB/OL]. （2006 - 01 - 18）[2020 - 02 - 02]. http：//www. cenet. org. cn/article. asp？articleid = 20670.

③ 中国社会科学院马克思主义研究学部课题组. 关于加强马克思主义理论研究和建设问题的调研报告 [J]. 马克思主义研究，2008 (4)：113.

④ 逢锦聚. 政治经济学学科的现状和发展趋势 [N]. 人民日报，2005 - 05 - 13 (14).

⑤ 程恩富. 当前理论经济学研究和教学的若干问题 [J]. 毛泽东邓小平理论研究，2005 (9)：10.

等文章，对政治经济学发展建言献策。其中，《对经济学教学和研究中一些问题的看法》一文引起学术界、教育界的强烈反响，刮起了对政治经济学教学和研究反思的"刘旋风"。

第一节　马克思主义是政治经济学学科发展的指导思想

学科的指导思想，决定学科的发展方向，影响学科发展的空间和成效，是学科建设的行动指南。刘国光坚持马克思主义是政治经济学的指导思想，指出要"用与时俱进的、发展的马克思主义政治经济学作为经济学教学的主体、经济研究的指导思想和经济政策的导向"[①]。把马克思主义作为学科的指导思想，并不是空洞的说辞，而是落实在内涵建设上。刘国光从立场、方法论、内容构建三方面落实贯彻马克思主义在学科建设中的指导思想。

一、立场：代表无产阶级和广大劳动人民的利益

研究经济学要有立场。刘国光指出，"马克思主义政治经济学……代表无产阶级的利益，具有鲜明的阶级性。"[②]

经济学对于各种利益关系和矛盾的分析研究、处理和解决是以研究者所处的阶级立场为出发点的。对此，恩格斯深刻地指出，"经济学所研究的不是物，而是人和人之间的关系，归根到底是阶级和阶级之间的关系。"[③] 政治经济学公开声明是为无产阶级利益服务的。《资本论》被誉为"工人阶级的圣经"[④]。现代西方经济学家约翰·梅纳德·凯恩斯（John Maynard Keynes）也直率地承认，"在阶级斗争中会发现，我是站在有教养的资产阶级一边的。"[⑤] 诺贝尔经济学奖获得者罗伯特·默顿·索洛（Robert Merton Solow）坦言："社会科学家和其他人一样，也具有阶级利益、意识形态的倾向以及一切种类的价值判断。不论社会科学家的意愿如何，他对研究主题的选择，他提出的问题，他的分析框架，很可能在

---

① 刘国光. 对经济学教学和研究中一些问题的看法 [J]. 高校理论战线，2005（9）：25.

② 刘国光. 关于中国社会主义政治经济学的若干问题 [J]. 政治经济学评论，2010（4）：3.

③ 马克思恩格斯选集（第二卷）[M]. 北京：人民出版社，1995：44.

④ 马克思恩格斯全集（第二十三卷）[M]. 北京：人民出版社，1972：36.

⑤ 凯恩斯. 劝说集 [M]. 蔡受百，译. 北京：商务印书馆，1962：244 – 245.

某种程度上反映了他的利益、意识形态和价值判断。"①

马克思、恩格斯在《共产党宣言》中明确提出，"无产阶级的运动是绝大多数人的、为绝大多数人谋利益的独立的运动。"② 经济学坚持马克思主义为指导，就是要在立场上代表着无产阶级和广大劳动人民的利益，以无产阶级和广大劳动人民的利益为出发点，以此开展研究和制定政策。新民主主义革命时期，围绕着改善人民的生活水平，搞活经济为人民解放运动提供坚实的物质支持，提出经济纲领是没收封建地主阶级的土地归农民所有，没收官僚资产阶级的垄断资本归新民主主义国家所有，保护民族工商业。进入新民主主义社会，为了尽快巩固物质基础捍卫新生的人民政权，提出社会主义工业化和社会主义改造并举的过渡时期总路线。进入社会主义社会，围绕实现共同富裕，提高人民的幸福感、获得感和收获感，经济工作者展开一系列的探索，并取得辉煌成果。当前，国内外经济形势严峻，社会阶层分化，经济利益关系显得纷繁复杂，出现诸多的经济矛盾和问题。解决这些问题和矛盾的方针和政策是体现立场的。刘国光认为政治经济学要有鲜明的阶级立场，坚持马克思主义为政治经济学的指导思想，体现着马克思主义政党一贯的立场——以人民为中心的立场，为正确解决中国经济问题指明出发点和归宿。

二、方法论：马克思主义哲学是基本的方法论

从事经济研究离不开方法论的运用。科学的理论是建立在正确的方法论基础上。刘国光认为，马克思主义哲学是从事政治经济学研究的基本方法论，"马克思主义政治经济学……运用的基本方法是辩证唯物主义和历史唯物主义的方法，把历史方法和逻辑方法统一起来。"③

恩格斯曾指出："马克思的整个世界观不是教义，而是方法。它提供的不是现成的教条，而是进一步研究的出发点和供这种研究使用的方法。"④ 马克思主义哲学是研究政治经济学的方法论。新中国成立以来，党和国家领导人关于推进社会主义经济建设，先后提出要处理好十大关系、主要矛盾、"三个主体三个补充"、初级阶段理论、"先富带动后富，最终实现共同富裕"等重要观点。在这

---

① 周新城．经济学若干理论问题研究［M］．北京：高等教育出版社，2011：116．
② 马克思恩格斯选集（第一卷）［M］．北京：人民出版社，1995：283．
③ 刘国光．关于中国社会主义政治经济学的若干问题［J］．政治经济学评论，2010（4）：3．
④ 马克思恩格斯选集（第四卷）［M］．北京：人民出版社，1995：742－743．

些蕴含唯物辩证法的重要观点指导下，中国特色社会主义经济建设不断取得新成果。进入 21 世纪，建设现代化经济体系是我国现代化发展的战略目标，也是转变经济发展方式、优化经济结构、转换经济增长动力的迫切要求。现代化经济体系是由社会经济活动各个环节、各个层面、各个领域的相互关系和内在联系构成的一个有机整体，它要求生产力与生产关系的良性互动。其中涉及局部与全局、数量与质量、速度与效益、发达地区与欠发达地区、经济、政治、文化、社会以及生态关系、市场与政府、公平与效率、国内发展与对外开放关系等一系列问题。解决这些问题都离不开马克思主义方法论的指导。要把马克思主义哲学作为经济研究的基本方法，推进社会主义经济建设，丰富和发展政治经济学。胡锦涛曾指出，"毛泽东思想、邓小平理论和'三个代表'重要思想虽然形成于我国革命、建设和改革的不同历史时期，面对着不同的历史任务，但都贯穿了辩证唯物主义和历史唯物主义的世界观和方法论。"[①] 习近平也多次强调，只有坚持历史唯物主义，才能不断把对中国特色社会主义规律的认识提高到新的水平，不断开辟当代中国马克思主义发展新境界[②]；社会主义事业"如果缺乏理论思维的有力支撑，是难以战胜各种风险和困难的，也是难以不断前进的"[③]。习近平号召，"努力把马克思主义哲学作为自己的看家本领……提高战略思维能力、综合决策能力、驾驭全局能力"[④]。刘国光把马克思主义哲学作为政治经济学的基本方法，这既是他多年从事经济工作的经验之谈，也是一个马克思主义者的党性使然。

三、内容构建：要系统地梳理社会主义经济学说的发展脉络

刘国光主张，政治经济学的内容构建要"从马克思、恩格斯到列宁、斯大林直到中国共产党几代中央领导集体的相关思想和发展变化及其实践基础，要进行系统梳理，对科学社会主义经济学理出一条线索，达到正本清源的要求。同时，要回答以西方新自由主义为代表的国际资产阶级思潮对马克思主义的攻

---

① 胡锦涛在毛泽东诞辰 110 周年座谈会的讲话 [EB/OL]. (2003 – 12 – 26) [2020 – 02 – 02]. http：//news. china. com/zh_cn/focus/maozedong/news/11015563/20031226/11593915_3. html.

②③ 习近平. 推动全党学习和掌握历史唯物主义 [EB/OL]. (2013 – 12 – 04) [2020 – 02 – 02]. http：//news. xinhuanet. com/politics/2013 – 12/04/c_118421164. htm.

④ 习近平：坚持历史唯物主义，不断开辟当代中国马克思主义发展新境界 [EB/OL]. (2020 – 01 – 15) [2020 – 02 – 02]. http：//www. gov. cn/xinwen/2020 – 01/15/content_5469442. htm.

击，同时又要汲取西方经济学有益的东西"[1]；要"全面深入地论述中国改革开放和发展中的一系列重大理论问题，科学地总结我国社会主义现代化建设的历史经验"[2]。

实践是理论发展的依据和基础。有生命力的理论是植根现实，并不断与时俱进发展的体系。政治经济学就是这样的理论体系。马克思和恩格斯是政治经济学的奠基者。他们深刻分析资本主义生产方式矛盾运动规律和发展趋势，在此基础上，提出了科学社会主义理论。列宁继承马克思恩格斯的伟大学说，从帝国主义的时代特点出发，揭示垄断资本主义的基本特征。苏联成立后，社会主义从理论成为现实。列宁、斯大林在马克思主义指导下，结合当时苏联经济建设情况，丰富和发展社会主义经济的许多重要理论，如集体农庄建设、在社会主义条件下实行"改良主义"式的改革、社会主义条件下利用国家资本主义的理论、国家掌握命脉前提下的多种所有制发展。新中国成立后，党和国家领导人把马克思主义和中国的国情相结合，探索中国特色社会主义经济建设道路，以一系列原创性战略性重大思想观点丰富和发展了马克思主义。这些理论成果如社会主义初级阶段论、社会主义主要矛盾论、社会主义市场经济体制理论、新经济发展理念、区域经济发展、供给侧结构性改革等，是对社会主义经济建设规律的认识和把握，为社会主义经济建设的顺利进行提供了理论依据、明确了基本路径。在这些理论的指导下，我国经济逐步实现高质量发展，进一步改善民生。这些理论为政治经济学的发展提供了典型和丰富的素材。但是，在国际话语体系中，马克思主义政治经济学仍处于弱势地位，存在有理说不出的现象，存在着政治经济学和西方经济学的"反差"。面对以西方主导的话语体系随意解读中国，置身于"没有硝烟的战争"，中国的经济学工作者必须研究中国特色社会主义经济建设中的规律和机制、提炼思想、构建话语，加强系统地梳理社会主义经济学说的发展脉络，以丰厚的理论学养回应以西方新自由主义为代表的国际资产阶级思潮对马克思主义的攻击。刘国光关于政治经济学学科内容构建设想，既重视对经典作家理论成果的汇总，又重视在传承基础上的理论新发展，体现了学科发展的历史逻辑性。他的设想以中国特色社会主义生产方式这个特定的研究对象，提出要提炼和总结我国社会主义经济建设的规律性成果，不断丰富和发展政治经济学理论体系，提高政治经济学学科的学理性，完善学科的系统性，彰显马克思主义理论生命力，有力驳斥新自由主义等资产阶级思潮的攻击。

综上所述，刘国光从立场、方法、内容构建上贯穿着马克思主义为指导的主

---

[1][2]　刘国光. 在实践中发展中国特色社会主义经济学 [J]. 政治经济学评论，2010（1）：9.

线，把马克思主义为指导的原则落实到政治经济学学科建设的实处，坚持、捍卫和发展了政治经济学，有力地回击了国内外"西化"势力要颠覆马克思主义为指导的政治经济学主张。

第二节　政治经济学理论建设的主要内容

近年来，一些人对政治经济学的科学性产生怀疑，转向迷信西方经济学理论。有学者指出，"这种被边缘化情况不是由西方经济学的涌入造成的，而是我们队伍对马克思主义经济学理解上的偏差造成的。后果就是为西方经济学让出了扩张空间，日益占领经济学的阵地。"① 对此，刘国光提出要结合当前社会主义经济建设出现诸如产能过剩、劳资纠纷、"国退民进"等现实问题，及时予以理论分析，要"力争全面系统地梳理社会主义经济学说的发展脉络和演进历程，辩证地理清坚持、继承和发展的关系"②，使政治经济学理论"全面深入地论述中国改革开放和发展中的一系列重大理论问题"③，让理论能够解释现象，指导实践，发挥理论的解释力和预见力，增进道路自信、理论自信、制度自信、文化自信。刘国光主张政治经济学要积极回应发展中存在的困境和问题，提出以中国处于社会主义初级阶段的现实为立足点，提炼和总结中国社会主义经济建设中的规律性成果，开拓政治经济学的新境界。关于政治经济学理论建设内容，刘国光提出要重视以下五个方面。

一、社会主义本质

刘国光在 2010 年发表的《在实践中发展中国特色社会主义经济学》和《关于中国社会主义政治经济学的若干问题》两篇文章中指出，政治经济学学科内容建设要重视社会主义本质论。

本质是"事物所固有的普遍的、相对稳定的内部联系，决定着事物的性质"④。社会主义的本质就是社会主义所固有的普遍的稳定的并决定社会主义性质的内部联系，是社会主义制度区别于其他社会制度的最根本特征。

---

① 胡钧．马克思主义政治经济学的创新与发展和中国化［J］．经济学动态，2008（4）：22.
②③ 刘国光．在实践中发展中国特色社会主义经济学［J］．政治经济学评论，2010（1）：9.
④ 哲学大辞典·马克思主义哲学卷［M］．上海：辞书出版社，1990：16.

马克思指出，未来社会的"生产将以所有人的富裕为目的"①。恩格斯也认为，未来社会将"保证一切社会成员有富足和一天比一天充裕的物质生活"②。1992年，邓小平在南方谈话中提出："社会主义的本质，是解放生产力，发展生产力，消灭剥削，消除两极分化，最终达到共同富裕"③。社会主义本质包含生产力和生产关系两个方面：生产力方面是"解放生产力、发展生产力"；生产关系方面是"消灭剥削、消除两极分化，最终达到共同富裕"。生产力是社会发展的最根本决定性因素，社会主义根本任务是发展生产力。社会主义革命是为了解放生产力，发展生产力。社会主义制度建立后，为巩固和发展社会主义，必须进一步解放生产力，发展生产力。在社会主义初级阶段，发展生产力的任务尤为突出。振兴中华民族，和平统一祖国，维护世界和平，反对霸权主义，说服那些不相信社会主义优越性的人，都离不开解放和大力发展生产力。"消灭剥削、消除两极分化，最终达到共同富裕"是从生产关系角度对社会主义的解读，体现社会主义制度不同于资本主义等制度，是为了实现社会的共同富裕而不是少数人的富裕，这是社会主义最根本的特征。资本主义社会取代封建社会在极大解放社会生产力的同时，没有改变阶级剥削与极端的贫富分化的状况。马克思、恩格斯明确指出，"过去的一切运动都是少数人的、或者为少数人谋利益的运动；无产阶级的运动是绝大多数人的，为绝大多数人谋利益的独立的运动。"④ 社会主义除了要解放与发展生产力，还需要达到共同富裕。社会主义本质理论追求"消灭剥削，消除两极分化，最终达到共同富裕"是对经济人假设理论的超越。

社会主义本质理论把发展生产力纳入社会主义的范畴，打破了以往只关注生产关系完善、忽略生产力发展的观念，纠正过去把束缚生产力发展的、并不具有社会主义本质属性的东西当作"社会主义原则"加以固守的观点，纠正过去把许多在社会主义条件下有利于生产力发展的东西当作"资本主义复辟"加以反对的错误观点和做法。社会主义本质理论将发展的目的和发展的手段相结合起来，使经济和社会的发展导向"共同富裕"这一终极的目标。邓小平关于社会主义本质的概括，遵循了科学社会主义的基本原则，反映了人民的利益和时代的要求，廓清了不合乎时代进步和社会发展规律的模糊观念，摆脱了长期以来拘泥于具体模

---

① 马克思恩格斯全集（第三十一卷）[M]. 北京：人民出版社，1998：104.
② 马克思恩格斯文集（第九卷）[M]. 北京：人民出版社，2009：299.
③ 邓小平文选（第三卷）[M]. 北京：人民出版社，2001：373.
④ 马克思恩格斯选集（第一卷）[M]. 北京：人民出版社，2012：411.

式而忽略社会主义本质的错误做法,深化了对科学社会主义的认识。社会主义本质理论对于我们在坚持社会主义基本制度的基础上推进改革,推动中国特色的社会主义现代化建设具有重大的政治意义、理论意义和实践意义。

进入 21 世纪后,我国经济发展取得显著成效,但收入差距出现扩大化趋势,产业之间、城乡之间、区域之间财富分布不均,城镇化快速推进引发的社会矛盾冲突日渐增多。在此背景下,刘国光高度重视对社会主义本质理论的深入解读和持续贯彻,期望经济建设的成果能够为全民共享,彰显中国共产党的人民立场。关于社会主义本质内容阐述,刘国光主张,"主要的工夫应该下在生产关系方面"①。刘国光的主张是基于经济建设中出现的发展手段和发展目的之间的背离现象(如地区、行业、家庭收入分配差距有所扩大、劳动收入比重偏低等)而提出。刘国光指出,一些地区和部门"为了发展生产力,我们必须容忍剥削关系和它所带来的两极分化后果,甚至讳避谈论剥削关系和两极分化趋势的存在"②,"这是同社会主义本质论不相容的"③。解放和发展生产力有助于解决社会主义初级阶段的主要矛盾,但是过于注重发展生产力,对于剥削和两极分化听之任之,则会偏离了社会主义的根本目的——消灭剥削、消除两极分化、实现共同富裕的轨道。社会主义本质论和社会主义初级阶段实践之间的矛盾,刘国光认为,"这是需要政治经济学来研究和解答的问题"④。刘国光没有回避我国经济建设中存在剥削和收入差距扩大化等问题,肯定问题的存在,并将此作为政治经济学的课题,提出要及时且正确地回应来自实践的挑战,并以研究成果指导实践的发展。刘国光的主张体现了实践诉求是政治经济学理论之树常青的原因,体现了政治经济学的以人民为中心的价值立场。2015 年,党的十八届五中全会提出"创新、协调、绿色、开放、共享"的新发展理念。以创新推动生产力的发展,以协调增强发展的整体性,以绿色促进人与自然和谐发展,以开放实现国内外经济良性联动,以公平营造社会环境,保证人民平等参与、平等发展权利。新发展理念是对国内外特别是我国改革开放以来发展经验的新总结,突出体现了"发展生产和实现共同富裕相统一"的社会主义本质要求,明确了如何发展、为什么发展、为谁发展,是对中国特色社会主义建设规律的新认识和发展观的新升华。2021 年,习近平在省部级主要领导干部学习贯彻党的十九届五中全会精神专题研讨班开班式上强调,"实现共同富裕不仅是经济问题,而且是关系党的执政基础的重大政

---

①②③ 刘国光. 关于中国社会主义政治经济学的若干问题 [J]. 政治经济学评论,2010 (4):6.
④ 刘国光. 关于中国社会主义政治经济学的若干问题 [J]. 政治经济学评论,2010 (4):7.

治问题"①。针对实现共同富裕的目标，习近平提出了工作的指导方向。他指出，"要统筹考虑需要和可能，按照经济社会发展规律循序渐进""要自觉主动解决地区差距、城乡差距、收入差距等问题，推动社会全面进步和人的全面发展，促进社会公平正义，让发展成果更多更公平惠及全体人民"。② 当前，中国特色社会主义进入了新时代，我国经济发展也进入了新发展阶段。政治经济学理论建设要重视社会主义本质理论，促进"生产力"与"生产关系"更好结合，建构实现共同富裕的有效路径和推进机制，为中国日益走向世界舞台中央奠定坚实的群众基础、理论基础和实践基础，成为实现"自由人联合体"力量的科学指南。

二、社会主义初级阶段的主要矛盾

刘国光认为，社会主义初级阶段主要矛盾是政治经济学涉及的一个重要问题，"政治经济学应该要强调"③。

矛盾是社会发展与进步的动力。辩证唯物主义认为"在复杂的事物的发展过程中，有许多的矛盾存在，其中必有一种是主要的矛盾，由于它的存在和发展，规定或影响着其他矛盾的存在和发展。"④ 主要矛盾作为矛盾系统中占主导和支配地位的矛盾，它决定着事物发展的方向，是解决其他矛盾和问题的关键。新中国成立以来的经验教训证明，正确分析和判断主要矛盾的地位和性质对于推进社会主义建设、发挥社会主义优越性具有重要的作用。社会主义初级阶段主要矛盾是社会基本矛盾运动在社会主义初级阶段的集中和突出表现，贯穿于社会主义初级阶段整个过程和社会生活各个方面，是社会发展的直接动力。科学判断我国社会主要矛盾，以确定党的工作重点任务和奋斗目标，是推进中国特色社会主义事业不断前进的基础和前提。

刘国光强调社会主义初级阶段主要矛盾理论要涉及以下内容：

（一）解决社会主义初级阶段主要矛盾的思路

1956 年，党的八大报告明确指出：人民日益增长的物质文化需要同落后的

---

① ② 习近平. 共同富裕是社会主义的本质要求［EB/OL］.（2021 - 08 - 25）［2022 - 09 - 29］. http：//www. qizhiwang. org. cn/n1/2021/0825/c422351 - 32207065. html.

③ 刘国光. 关于中国社会主义政治经济学的若干问题［J］. 政治经济学评论，2010（4）：5.

④ 毛泽东选集（第一卷）［M］. 北京：人民出版社，1952：308.

社会生产之间的矛盾是社会的主要矛盾。党的十一届三中全会重新确认这是社会主义初级阶段的主要矛盾。

刘国光认为，解决社会主义主要矛盾要从两个方面入手，"一是把 GDP（或蛋糕）做大，经济实力做强；二是把 GDP（蛋糕）分好，让人民共享发展成果。从全局来看，当然要两者并重，但在初级阶段却有先后次序，先做大蛋糕，然后分好蛋糕……但到一定时候就要两者并重，甚至把分好蛋糕放在'更加注重'的地位……政治经济学应该强调"[1]。可见，刘国光认为解决主要矛盾不单要靠提高生产力，还通过促进分配公平来实现，即要从生产力和生产关系两个方面来解决社会主义主要矛盾。长期以来，解决现阶段主要矛盾的关注点放在解放和发展生产力上，从生产关系层面的解读被淡化。因此，满足社会需要方面还存在不少问题，比如卫生健康、教育等公共服务在城乡、地区、行业之间还存在较大差距，消费产品的数量和质量等在层次性多样化等方面还不能充分地满足人民的需要。党的十九大报告指出，我国社会主要矛盾已经转化为人民日益增长的美好生活需要和不平衡不充分的发展之间的矛盾。可见，刘国光关于主要矛盾认识和解决思路和中央的判断认识是一致的，通过不断解放和发展生产力，解决发展的不平衡、不充分的缺口问题，实现全民共享和全面共享。政治经济学强调社会主义主要矛盾论对社会主义经济建设和社会协调发展具有重要的指导意义。

（二）正确地看待社会主义初级阶段的阶级矛盾

阶级斗争和阶级矛盾虽然不再是我国社会的主要矛盾，但是它将在一定范围内长期存在。刘国光认为，现阶段阶级矛盾主要表现在两个领域：在意识形态方面，出现的新自由主义思潮、民主社会主义思潮、历史虚无主义思潮、普世价值思潮"都是阶级斗争在意识形态和政治思想领域的表现"[2]；在经济领域，"劳动人民受中外私人资本的盘剥压榨，此起彼伏的劳资纠纷，而且在某些异化了的国有企业中，随着工人阶级重新被雇佣化，也可以看到高管阶层与普通职工的对立。"[3] 刘国光认为，"淡化阶级、阶级矛盾和阶级斗争，默默地变相地宣扬阶级消灭论和阶级斗争熄灭论，这种理论只能掩盖和纵容别人明目张胆地不断地发动对劳动人民的阶级斗争，并使得代表劳动阶级的共产党在这种客观存在的阶级斗争面前陷于被动无力的地位。"[4] 刘国光对阶级矛盾的清晰认识体现着对矛盾主

---

① 刘国光. 关于中国社会主义政治经济学的若干问题 [J]. 政治经济学评论, 2010 (4)：4 - 5.

②③ 刘国光. 关于中国社会主义政治经济学的若干问题 [J]. 政治经济学评论, 2010 (4)：5.

④ 刘国光. 关于中国社会主义政治经济学的若干问题 [J]. 政治经济学评论, 2010 (4)：5.

次要转换可能性的警惕和重视。为了保证社会主义现代化建设给人民更多的幸福感、满足感、收获感，刘国光提出要重视现阶段的阶级斗争状况。可见，他统筹考虑国家经济建设的思虑是缜密的。

正确认识社会主要矛盾是什么、怎么办对于国家确定社会发展主要任务、主要目标、基本方略、解决路径具有重要导向作用。党的十九大报告指出，进入新时代，我国社会主要矛盾已经转化为人民日益增长的美好生活需要和不平衡不充分的发展之间的矛盾。社会主要矛盾的转化揭示供给不能满足需求的最主要原因，体现深化供给侧结构性改革的重要意义。可见，正确认识社会主要矛盾"是什么"和"怎么办"，通过国家政策层面实现资源整合，有效解决主要矛盾，彰显政治经济学为人民谋幸福的最终价值追求，对于社会主义国家向着为人民谋幸福的奋斗目标前进具有重要导向作用。

三、社会主义基本经济制度①

基本经济制度是经济制度中具有长期性和稳定性的部分，决定着经济制度属性。深刻理解基本经济制度内涵，深入研究和完善基本经济制度，坚持有进有退、有所为有所不为，对于更好发挥社会主义制度优越性，解放和发展社会生产力，推动社会主义初级阶段经济高质量发展具有重要的意义。

（一）坚持和完善公有制为主体、多种所有制经济共同发展

2010 年，刘国光在《关于中国社会主义政治经济学的若干问题》指出，"马克思主义政治经济学应当负起这个责任……坚定人们对社会主义初级阶段基本经济制度的信心"②。2019 年，刘国光发表文章，再次强调要重视社会主义基本经济制度研究。

---

① 2019 年 11 月，中国共产党第十九届四中全会通过的《中共中央关于坚持和完善中国特色社会主义制度、推进国家治理体系和治理能力现代化若干重大问题的决定》，将公有制为主体、多种所有制经济共同发展，按劳分配为主体、多种分配方式并存，社会主义市场经济体制三项制度并列，都作为社会主义基本经济制度。此前，关于基本经济制度的表述均指公有制为主体、多种所有制经济共同发展的所有制。因本书研究的刘国光的论著均发表在 2019 年 11 月前，故刘国光关于基本经济制度的表述均指代公有制为主体、多种所有制经济共同发展的所有制。刘国光在其论著中多次强调政治经济学要重视收入分配问题研究，本书将刘国光关于政治经济学内容研究要重视收入分配、完善社会主义市场经济体制纳入基本经济制度一目，既是顺承刘国光的本意，也是对中央最新精神的响应。

② 刘国光. 关于中国社会主义政治经济学的若干问题 [J]. 政治经济学评论，2010（4）：9.

"一切生产都是个人在一定的社会形式下进行的对自然的占有。"① 所有制是社会生产关系产生和形成的基础和条件。这是马克思主义政治经济学的一个重要内容。将公有制为主体、多种所有制共同发展确立为基本经济制度,是社会主义所有制理论的一个重大突破和创新。

马克思在揭露资本主义社会基本矛盾的基础上,对未来社会的所有制进行设想:"有一个自由人联合体,他们用公共的生产资料进行劳动"②,"以社会生产为基础的资本主义所有制转化为公有制"③,即未来社会所有制是公有制——生产的物质条件归社会(集体)全体劳动者共同占有的所有制形式。1956年,三大改造基本完成,我国建立起了生产资料公有制,形成高度公有化的所有制结构。实践证明,在社会主义初级阶段,我国生产力水平不高,现代化程度低,在许多地区、部门还不具备单一公有制所匹配的生产力发展层次,还需要有非公有制经济作为社会主义经济的补充;过分追求公有制纯度的所有制结构不利于生产力的发展、人民生活水平的改善。根据生产关系一定要适应生产力性质的原理,在生产力水平不高的社会主义初级阶段,所有制结构还不能实行单一公有制,只能在公有制为主体的前提下,实行多种所有制经济共同发展。1981年,中国共产党中央委员会在《关于建国以来党的若干历史问题的决议》中提出,"一定范围的个体经济是公有制经济的必要补充"。1997年,党的十五大将公有制为主体、多种所有制共同发展概括为我国的基本经济制度。截至2017年底,国有企业资产总额超过180万亿元,较1978年增长400倍;营业总收入52万亿元,增长122倍;利润总额近2.9万亿元,增长超过50倍④。非公有制经济则贡献了我国GDP的60%、国家税收的70%、企业总数的80%、新增就业的90%⑤。可见,现阶段的所有制有力推动了生产力的解放和发展。关于进一步完善所有制,舆论界存在着分歧。分歧的焦点集中在各种所有制在市场经济运行中的地位和在所有制结构中的地位。解答这两个分歧要清晰认识两个问题:如何坚持公有制为主体和怎么看待非公有制经济。如果对这两个问题认识不透彻,就会影响我国经济建设的布局谋篇,不利于国家的发展、社会的进步和人民生活水平的改善。为

---

① 马克思恩格斯选集(第二卷)[M]. 北京:人民出版社,1995:5.

② 马克思. 资本论(第一卷)[M]. 北京:人民出版社,2004:96.

③ 马克思. 资本论(第一卷)[M]. 北京:人民出版社,2004:874.

④ 2018年度国资国企十大关键词发布[EB/OL].(2019 - 01 - 11)[2020 - 02 - 02]. http://www. sasac. gov. cn/n2588025/n2588119/c10231433/content. html.

⑤ 胡迟. 坚持和完善基本经济制度,促进公有制经济与非公有制经济协同发展[N]. 光明日报, 2018 - 2 - 17(11).

此，刘国光强调，在政治经济学理论建设中务必要阐明不同所有制的地位和作用，要有清晰的阐述，澄清错误的认识。

刘国光指出，"公有制为主体也是初级阶段基本经济制度的前提和基础。坚持基本经济制度，首先要巩固公有制为主体这个前提和基础。'公有制的主体地位主要体现在：公有资产在社会总资产中占优势。'"① 有观点认为要国有企业退出竞争性领域，刘国光反对"一刀切"谈国有企业退出问题。他指出，"中央对竞争性领域的国有经济一向坚持的是'有进有退'、提高其竞争力的政策，而绝不是'完全退出'竞争性领域的政策"②，"要重点发展公有资本控股的混合所有制，把做强做优做大国有企业与做强做优做大国有资本结合起来"③，"马克思主义政治经济学应当负起这个责任，解除公众的疑虑，坚定人们对社会主义初级阶段基本经济制度的信心。"④可见，刘国光认为要发挥国有资本在国民经济中主导作用而不拘泥于作为公有制实现形式的国有企业表现；主张通过调整国资布局和国企布局，优化国有资本，增强国有经济竞争力、创新力、控制力、影响力、抗风险能力，而不是像过去那样高度重视提升公有制在各个行业里中的比例做法。发挥公有制经济的主体作用，刘国光没有脱离实际情况，空谈"国进民退""国退民进"，而是把公有制经济的发展放在促进国计民生发展的长远规划和公有经济核心竞争力发展中；主张探索国有资本与非公有资本融合发展、优势互补，以完善治理、强化激励、突出主业、提高效率、要求扎实推进国有企业改革，对于激发公有制经济高质量发展的内生动力具有重要意义。

刘国光认为要辩证地看待私营经济。他指出，"私营经济具有两面性，即除了有利于发展生产力的积极一面外，还具有剥削性消极的一面。这后一面在初级阶段是容许的，但它应当受到社会的约束。由于剥削追逐私利这一本质所带来的一系列社会后果，如劳资纠纷、两极分化等"⑤，这也是政治经济要研究的内容。在社会主义初级阶段，由于生产力水平不高，发展不平衡，非公有制经济对调动生产积极性、促进经济发展和满足人民多方面需要具有积极作用。尽管如此，非公有制经济生产目的是追逐最大限度的剩余价值，存在剥削关系，和社会主义本质主张是不一致的。因此，对待非公有制经济，既要鼓励、支持，又要注意引导

① 刘国光．"两个毫不动摇"的当前价值——公有制是社会主义初级阶段基本经济制度的基石［J］．人民论坛，2012（5下）：48.
②④ 刘国光．关于中国社会主义政治经济学的若干问题［J］．政治经济学评论，2010（4）：9.
③ 刘国光．关于中国政治经济学研究的几个基本理论问题［J］．当代经济研究，2019（8）：6.
⑤ 刘国光．关于中国社会主义政治经济学的若干问题［J］．政治经济学评论，2010（4）：10.

非公有制经济发展。偏离任何一方，都不利于现阶段生产力的解放和发展。

刘国光从我国经济建设的实际出发，抓住国有经济主体地位布局、国有企业是否该退出竞争性领域、如何看待私营经济等理论争鸣点和关注点，提出政治经济学要重视这些方面的理论思考，使理论建设重视现阶段我国的特殊国情，关注社会主义建设中理论和实践的热点问题。刘国光的倡导对于继续深化我国所有制改革、国有企业的布局谋篇、引导和鼓励非公有制经济的健康发展、推进社会主义建设事业的发展、丰富和发展政治经济学理论具有重要意义。

（二）坚持按劳分配为主体、多种分配方式并存

刘国光在《关于中国社会主义政治经济学研究的几个基本理论问题》中将"基本分配制度"问题纳入政治经济学要探讨分析的内容。

政治经济学是研究生产关系及其发展规律的科学，研究对象是生产关系。生产关系包括人们在社会生产总过程中发生的生产、分配、交换和消费的关系。分配是连接生产和消费的纽带；没有合理的分配，生产和消费就会脱节，社会再生产不能顺利进行，社会经济必然混乱不堪。合理公正的个人收入分配制度对于调动劳动者生产积极性和创造性、实现社会再生产的良性循环、对实现共同富裕的社会主义根本目的具有重要的作用。马克思指出，"生产决定分配，分配关系和分配方式只是表现为生产要素的背面，分配结构完全决定于生产结构。分配本身就是生产的产物"①。社会主义社会的分配关系是建立在生产资料公有制基础之上的分配制度。马克思在《哥达纲领批判》中对社会主义社会的产品分配关系做了设想："在一个集体的、以生产资料公有为基础的社会中，……每一个生产者，在作了各项扣除以后，从社会领回的，正好是他给予社会的。他给予社会的，就是他个人的劳动量"②。马克思特别强调，这种按劳分配关系的基本性质"是调节商品交换（就它是等价的交换而言）的同一原则。……即一种形式的一定量劳动同另一种形式的同量劳动相交换"③。新中国成立后，我国实行按劳分配。随着"左倾错误"扩大化，分配关系具有平均主义和"大锅饭"性质。这种分配方式很大程度影响了生产力的解放和发展。1978 年，国务院发布了《关于实行奖励和计件工资制度的通知》，恢复了按劳分配原则。1997 年，党的第十五次代表大会报告明确了社会主义社会初级阶段的分配方式要把按劳分配与按生产要素

---

① 马克思恩格斯文集（第八卷）［M］. 北京：人民出版社，2009：19.
② 马克思恩格斯选集（第三卷）［M］. 北京：人民出版社，1995：304.
③ 马克思恩格斯文集（第四卷）［M］. 北京：人民出版社，2009：434 - 435.

分配结合起来的原则。这是马克思主义收入分配理论及原则的突破性发展。进入
21 世纪，城乡之间、地区之间、行业之间以及个体之间的收入差距不断扩大，
收入分配不平等问题越来越突出。党的代表大会多次就收入分配制度改革发文，
强调公平的重要性，处理好行业间、地区间、不同收入群体间的收入分配差距问
题。党的十九大报告指出，坚持按劳分配原则，完善按要素分配的体制机制，促进
收入分配更合理、更有序，强调扩大中等收入群体，增加低收入者收入，调节过高
收入，取缔非法收入；坚持在经济增长的同时实现居民收入同步增长、在劳动生产
率提高的同时实现劳动报酬同步提高；拓宽居民劳动收入和财产性收入渠道；履行
好政府再分配调节职能，加快推进基本公共服务均等化，缩小收入分配差距。[①]

改革开放以来，我国建立并逐步完善以按劳分配为主、多种分配方式并存的
分配制度。在具体政策制定和落实中，从强调效率优先兼顾公平到明确公平与效
率同等重要，从强调初次分配和再分配中效率与公平的不同重要程度到明确在不
同领域都要兼顾公平和效率，体现着马克思主义基本立场、观点和方法。

促进收入分配公平是社会主义初级阶段收入分配制度的重要内容。刘国光指
出，"要从巩固社会主义初级阶段基本经济制度的角度来解决这一问题，强化公
有制的地位，发展多种经济成分，同时弱化私有趋势来解决这个问题，才能最终
地阻止贫富差距继续扩大向两极分化发展的趋势，实现共同富裕"[②]，"政治经济
学教科书不能丢了这个论断"[③]。关于个人收入分配方式改革，刘国光主张加快
健全制度建设，规范收入分配秩序，"从财政税收转移支付与再分配领域着
手"[④]，提出要加大改革的力度，"如个人所得税起征点和累进率的调整，财产
税、遗产税、奢侈品消费税的开征，并以此为财源，增强对社会保障公共福利和
改善低收入者生活的支付"[⑤] 等。

收入分配制度涉及人民的幸福感、收获感和安全感，和社会的稳定协调发展
息息相关。个人收入分配原则和实现方式是中国特色社会主义理论和实践探索历
史进程中的重要问题。探索促进个人收入分配公平化，设计合理的制度安排、政
策措施以及路径选择，实现"先富论"向"共富论"，更好地让全民共享发展成
果，体现马克思主义收入分配理论在新的历史条件下的充实和发展。

党的十九届四中全会把按劳分配为主体、多种分配方式并存上升为基本经济
制度，使基本经济制度涵盖分配领域，使得基本经济制度内涵更丰厚。

---

① 习近平. 决胜全面建成小康社会，夺取新时代中国特色社会主义伟大胜利 ［EB/OL］. （2017 – 10 –
28）［2020 – 02 – 02］. https：//baijiahao. baidu. com/s？ id = 1582495167355981788&wfr = spider&for = pc.
②③④⑤ 刘国光. 关于中国社会主义政治经济学的若干问题 ［J］. 政治经济学评论，2010（4）：11.

（三） 完善社会主义市场经济体制

刘国光在《关于中国社会主义政治经济学研究的几个基本理论问题》中将"完善社会主义市场经济"问题纳入政治经济学要探讨分析的内容。他指出，"我们所要建立的市场经济，就是国家宏观调控下的市场经济"[①]。

宏观调控是指政府在经济运行中，以国家发展战略和规划为导向，通过财政、货币、就业、产业、投资、消费和区域等经济政策协调机制推动资源的优化配置，实现经济社会高质量发展目标。刘国光高度重视宏观调控的作用，多次强调，"政治经济学尤其不能忘记这一点"[②]。

马克思研究资本主义经济运行，指出资本主义生产的无政府状态给社会进步和发展带来极其严重的灾难性后果，提出无产阶级夺取政权后，"社会生产内部的无政府状态将为有计划的自觉的组织所代替"[③]，"社会将按照根据实有资源和整个社会需要而制定的计划来管理这一切，所以同现在的大工业经营方式相联系的一切有害的后果，将首先被消除。危机将终止"[④]。新中国成立后，我国实行高度集中的计划经济体制。这种经济运行方式是政府通过指令性计划对经济进行直接控制，依靠计划手段实现经济发展的综合平衡。计划经济体制曾经对我国经济建设起了推动作用。但是，随着社会生产力的发展，其否定价值规律和市场调节作用的做法影响了社会生产力的解放和发展，弊端日益显现。新中国的建设者逐步认识到"将计划管理的必要性与计划经济混为一谈，将手段与基本制度当作一回事"是认识的误区，越来越清晰地认识到在社会主义市场经济条件下，计划和市场这"两只手"应当相互结合、相互促进。1984 年，党的十二届三中全会提出，要"越是搞活经济，越要重视宏观调节"。[⑤] 邓小平认为，这是"写出了一个政治经济学的初稿，是马克思主义基本原理与中国社会主义实践相结合的政治经济学"[⑥]。1985 年，党的十二届四中全会通过的《中共中央关于制定国民经济和社会发展第七个五年计划的建议》[⑦] 指出，要努力提高"决策的科学水平和宏观控制调节能力"，标志着"宏观调控"成为党治国理政的重要方式。1988

---

① 刘国光. 关于中国社会主义政治经济学研究的几个基本理论问题 [J]. 当代经济研究, 2019 (8)：7.
② 刘国光. 关于中国社会主义政治经济学的若干问题 [J]. 政治经济学评论, 2010 (4)：11.
③ 马克思恩格斯选集（第三卷）[M]. 北京：人民出版社, 2012：617.
④ 马克思恩格斯选集（第一卷）[M]. 北京：人民出版社, 2012：306 – 307.
⑤ 中共中央关于经济体制改革的决定 [J]. 经济体制改革, 1984 (5)：6.
⑥ 邓小平文选（第三卷）[M]. 北京：人民出版社, 1993：83.
⑦ 中共中央关于制定国民经济和社会发展第七个五年计划的建议（节选）[J]. 经济体制改革, 1985 (6)：3.

年，政府工作报告提出要发挥中央银行"在宏观经济调控中的重要作用"。"宏观调控"这一提法正式出现。此后，"宏观调控"在每年的政府工作报告和中央经济工作会议中频频出现。1992 年，党的十四大确立了建立社会主义市场经济体制的改革目标，也对中国特色宏观调控体系建设做出了全面部署。从上个世纪80 年代和 90 年代中期，我国相继出现通货膨胀和通货紧缩现象，经济发展出现较大的波动。党和政府采纳刘国光等经济学家的建议，运用发展规划、财政、货币等多种政策工具，将稳增长、稳预期等短期政策与调结构、促改革等中长期政策结合起来，使经济运行保持在合理区间，宏观调控取得明显成效。进入 21 世纪，有的国家经济问题通过国际贸易和国际资本流动传导，如近年来的美国次贷危机和欧债危机，对我国经济产生巨大的冲击力。此外，随着改革的深入，所有制结构的调整、产业结构的优化以及思想观念的变化，对政府职能转变提出更高的要求。应对和解决国内外经济发展中的矛盾和问题需要不断完善宏观经济调控。

因此，刘国光认为，在政治经济学内容构建中要突出强调宏观经济调控的必要性。他指出，"政治经济学教材重申社会主义市场经济也有'计划性'很有必要"①，因为"有几件大事不能完全交给市场、交给价值规律去管：一是经济总量的平衡；二是大的经济结构的及时调整；三是竞争导致垄断问题；四是生态环境问题；五是社会公平问题。这些问题都需要国家的宏观计划调控来干预"②。此外，刘国光认为，政治经济学要清楚区分宏观经济调控和计划经济。他指出，"重新强调国家计划在宏观调控中的导向作用，不同于过去的'传统计划经济'，而是计划与市场在更高层次上的新的结合"③，具有以下三个方面新的特点：其一，"只管宏观，微观的事情主要由市场调节"④；其二，"资源配置的基础性手段是市场，计划只是弥补市场缺陷与不足的必要手段⑤；其三，"是指导性、战略性、预测性的计划，同时要有必要的约束和问责功能"⑥。

社会主义市场经济体制理论是党和政府在探索宏观经济管理新框架的过程中将马克思主义基本原理与社会主义经济建设实践相结合的理论成果，是马克思主义理论在社会主义国家经济建设中的丰富和发展。在政治经济学学科理论建设中，刘国光从社会主义本质和经济社会综合发展角度出发，提出要重视宏观调控在市场经济体制作用的主张。刘国光的主张对于正确认识宏观调控的作用、澄清对宏观调控的错误认识、对于深化社会主义市场经济体制改革、实现经济社会综

---

① 刘国光. 关于中国社会主义政治经济学的若干问题 [J]. 政治经济学评论，2010（4）：7.
② 刘国光，王佳宁. 中国经济体制改革的方向、目标和核心议题 [J]. 改革，2018（1）：13.
③④⑤⑥ 刘国光. 试用马克思主义哲学方法总结改革开放三十年 [J]. 中国社会科学，2008（8）：7.

合平稳发展具有重要的意义。

四、对外经济可持续发展

2019 年，在《关于中国政治经济学研究的几个基本理论问题》一文中，刘国光将发展对外经济纳入政治经济学基本理论范畴中。

马克思在《政治经济学批判》第一分册"序言"提出了构建政治经济学理论体系的构想，公布了"六册计划"，"对外贸易、世界市场"① 涉及其中。尽管马克思没有专门著作论述上述理论，但是关于国际投资、国际贸易、国际分工等主要思想穿插在《共产党宣言》《资本论》《关于自由贸易问题的演说》等书作中。随着经济全球化的推进，生产要素在全球范围内自由流动，我国将对外开放作为国家发展的基本国策，统筹国内和国际两个大局，充分利用国内外资源和市场，积极融入全球产业链供应链，规模优势、配套优势和部分领域的领先优势日益凸显，在全球产业链中具有举足轻重的地位。自 2008 年全球金融危机后，中国逐渐取代美国成为世界许多国家主要贸易伙伴，2013 年中国成为世界第一货物贸易大国。目前，全球有 120 多个国家和地区的最大贸易伙伴是中国，中国已经成为全球最重要的贸易伙伴。② 党的十九届六中全会审议通过的《中共中央关于党的百年奋斗重大成就和历史经验的决议》深刻指出，"开放带来进步，封闭必然落后；我国发展要赢得优势、赢得主动、赢得未来，必须顺应经济全球化，依托我国超大规模市场优势，实行更加积极主动的开放战略"。③ 此外，随着经济全球化，国际金融资本在各国肆意扩张，也给主权国家经济发展带来的挑战。实现高水平对外开放，构建人类命运共同体是当代政治经济学的时代课题。将对外经济可持续发展理论纳入政治经济学内容范畴是在实践基础上丰富和发展马克思主义。

为了应对 2008 年国际金融危机后给我国经济发展带来的挑战，为了更加科学地推进对外开放，刘国光提出四个要点。第一，要"树立对外经济发展的国家利益观"④。在对外开放中，要统筹兼顾，要有整体全局观念。第二，"要制定正确的对外发展战略"⑤，要"立足于扩大内需，增强内部发展动力"⑥。第三，要

---

① 马克思恩格斯选集（第二卷）［M］. 北京：人民出版社，1972：31.

② 韩亚栋，管筱璞. 中国成 120 多个国家地区最大贸易伙伴，持续吸引全球投资者［EB/OL］.（2021 - 03 - 19）［2022 - 03 - 01］. https：//m. gmw. cn/baijia/2021 - 03/19/1302174493. html.

③ 中共中央关于党的百年奋斗重大成就和历史经验的决议［J］. 党建研究，2021（12）：28.

④⑤⑥ 刘国光. 转变对外经济发展方式的国内基础［J］. 商务周刊，2010（10）：45.

"增强我国对外经济可持续发展的能力"①，要"坚持独立自主的开放政策，改变在国际分工中的不利地位，发展自主品牌和自主知识产权，提高国际竞争力，提高国际贸易规则制定的参与能力"②。考虑到国际金融资本对民营企业收购，干扰民族经济的发展，威胁国家的经济安全，刘国光指出，"对外开放并不仅仅是合作，也有国际竞争。背后有国际资本的利益问题……说到底是涉及到我国的国家利益问题"③。第四，"在扩大开放中要始终坚持对等开放制度"④。

在经济全球化形势下，社会主义国家如何应对国际金融资本的挑战？刘国光关于增强我国对外经济可持续发展能力的思考涉及国家利益、经济发展方式的转变、劳动者权益、国家竞争力、国家发展战略等方面的内容，是对政治经济学内容的丰富和发展，对于增强我国对外经济实力，实现高水平对外开放，具有很强的针对性和实践价值。

此外，刘国光还提出要重视"社会主义发展的阶段性"⑤认识，深刻认识了我国发展的历史方位，清晰地认识发展中的"部分的质变"，深刻把握我国经济发展阶段的变化带来的深刻影响，深刻认识经济发展新阶段对我国经济社会发展提出的一系列新要求，才能更好把握发展规律、把握趋势走向、进一步完善所有制和分配等制度，推动经济高质量发展，促进共同富裕。

关于政治经济学学科理论整体建设，刘国光提出要围绕以下六个框架进行："一是政治经济学的一般理论；二是资本主义经济；三是社会主义经济；四是微观经济；五是宏观经济；六是国际经济"⑥。刘国光关于政治经济学六大理论框架的构想既有对一般经济规律的研究，也有对带有社会属性经济规律的把握；既有对经济规律的阶级性研究，也有对经济规律运用性研究；既有立足本国发展规律的研究，也有放眼世界的格局研究；使政治经济学的研究既有深厚历史延续性又有宽广的国际视野，彰显政治经济学的思想内涵和时代的活力。

学说的生命力来自于对社会需要的解答。进入21世纪，随着经济全球化加剧，国际经济形势复杂严峻，出现新的经济形态如网络经济、数字经济、智能产业等；国内经济建设面临个人收入分配差距扩大化趋势、深化国有企业改革、转变经济发展方式、对外经济结构调整、完善社会主义市场经济体制、区域经济和城乡经济平衡发展等问题。对这些问题的清晰分析、深刻解答，将开阔政治经济

①②③ 刘国光.转变对外经济发展方式的国内基础 [J].商务周刊,2010 (10)：46.
④ 刘国光.关于中国政治经济学研究的几个基本理论问题 [J].当代经济研究,2019 (8)：7.
⑤ 刘国光.关于中国社会主义政治经济学研究的几个基本理论问题 [J].当代经济研究,2019 (8)：8.
⑥ 刘国光.对经济学教学和研究中一些问题的看法 [J].高校理论战线,2005 (9)：25.

学研究领域，拓展研究视野，充实政治经济学理论体系，彰显学科理论的生命力和影响力，有力反击国内外"西化"势力关于"马克思无用论"的诋毁。刘国光以社会主义生产力和生产关系为研究对象，以实现社会主义本质为落脚点，立足社会主义初级阶段国情，以社会主义生产力发展基点要素——所有制、运行机制、收入分配、对外关系为核心理论，构建系统的政治经济学理论框架。刘国光关于政治经济学理论建设的构想既继承马克思主义经典理论，又吸纳了社会主义经济建设的新理论成果，体现了学科理论发展的逻辑性和系统性的统一，科学性和时代性的统一；体现社会主义建设的阶段性成果和马克思主义奋斗的最终结果相结合；体现追求生产力的发展和重视生产关系的性质相结合，使政治经济学理论的充实与社会实践发展要求相适应。刘国光关于政治经济学理论建设的构想对于彰显学科的科学性和提高学科信服力具有重要的指导作用。

第三节　正确处理政治经济学与西方经济学的关系

改革开放拓宽了西学东渐的通道，引进大量西方经济学著作和教材，这在改革开放初期是具有进步意义的。但是随着改革的深入，出现了不同利益群体和利益需求，理论界开始出现主张用西方经济学来取代马克思主义指导地位的声音，出现"不少干部缺乏运用马克思主义政治经济学研究问题的自觉性和基本功，习惯于从西方经济学的理论和框框出发思考问题，寻求答案，照搬照抄国外时髦理论和话语体系，导致理论上和实践上的混乱。在许多情况下，坚持马克思主义指导往往成了口号和标签，流于形式，一些错误的思想流行泛滥"①。这在社会主义中国是很危险的。正确处理马克思主义政治经济学和西方经济学的关系，对于深化改革，推动中国经济建设沿着正确方向前进具有重要意义。

一、马克思主义经济学是主流和主导

刘国光认为，"马克思主义经济学应该是指导、是主流，西方非马克思主义经济学应该是参考、借鉴"②。

经济学涉及不同阶级利益的，具有阶级性；而阶级性必然影响经济工作者对

---

① 张宇. 中国特色社会主义政治经济学是怎样一门科学 [J]. 学习与探索，2016（9）：7.
② 刘国光. 对经济学教学和研究中一些问题的看法 [J]. 高校理论战线，2005（9）：25.

经济制度、经济政策的评价和制定。一个国家的主流经济学是指成为当权者制定经济发展战略和政策的主要依据的经济学说。由于各国的社会制度、经济发展情况、国情不同，每个国家的主流经济学不尽相同。近年来，有舆论宣扬，西方经济学是中国经济的主流和主导。这种观点是错误的，是严重脱离实际的错误观点。宣扬西方经济学是中国经济发展的主流经济学，会把我国的经济建设、改革开放引入歧途。对此，刘国光多次明确强调马克思主义的主流和指导地位："中国是一个马克思主义指导下的社会主义的国家或者社会主义市场经济的国家"①。西方经济学反映社会化大生产方面内容可以作为社会主义现代化建设的参考。但是西方经济学的根本立场是为少数资产者谋利益，让资本家获得更多剩余价值，维护资本主义制度的经济学。这样的阶级立场注定它不会是代表人民利益的经济学，不是社会主义国家从事经济研究和建设的指导思想，不会成为国家制定经济制度、经济政策的依据，不会是社会主义国家的主流经济学。新中国成立 70 多年来，特别是改革开放 40 多年来，党和政府把马克思主义政治经济学的基本原理与中国具体国情相结合，以人民为中心，坚持把增进人民的福祉、促进人的全面发展、实现共同富裕作为一切经济工作的出发点和归宿点，在全民共享、全面共享、共建共享、渐进共享中，逐步摆脱长期困扰中国人民的温饱问题，推进精准扶贫工作，实现全面建成小康社会建设，推进全面建设社会主义现代化强国的进程，实现从站起来到富起来到强起来的飞跃。在这三个飞跃阶段，形成了社会主义本质理论、社会主义初级阶段理论、社会主义市场经济理论、新发展理念、供给侧结构性改革等具有鲜明的政治经济学学术范式的理论成果。可见，马克思主义既是一种理论信仰和意识形态，又是学术体系。马克思主义作为社会主义国家的指导思想，它的指导地位必然表现在作为经济建设中的指导地位。社会主义国家的主流经济学是马克思主义经济学，即政治经济学是主流经济学。

二、要辩证地看待西方经济学

刘国光认为，要辩证地看待西方经济学的意识形态属性和科学性，吸收和借鉴其中有益因素推动政治经济学学科的发展。

从内容方面来说，刘国光指出，现代西方经济学"其科学成分值得我们借鉴和学习，但其基于资产阶级意识形态的理论前提与我们根本不同，所以整体上它

---

① 刘国光. 对经济学教学和研究中一些问题的看法［J］. 高校理论战线，2005（9）：25.

不适合于社会主义的中国，不能成为中国经济学的主流、主导。"① 西方经济学体现市场经济一般规律的理论，如关于价格运动的理论、关于增长与波动的理论、关于货币金融的理论、关于产业组织等，具有共性或普遍性，在社会主义经济建设中可以借鉴学习。但是，西方经济学中的有些理论为资本主义制度作辩护，如"经济人假说"、完全竞争理论、自由至上等理论，不论是事实还是逻辑上都存在严重的缺陷，且价值取向与中国特色社会主义的立场观点格格不入，不能成为社会主义社会经济建设的指导思想。

从研究方法方面来说，刘国光认为，"其研究市场经济一般问题的分析方法有不少也可以借鉴、学习，我们不能完全否定它"②。西方经济学的分析法，如投入产出方法、边际分析方法、统计和计量方法和博弈论等方法，将理论的假设、推理和结论清晰、准确地表达出来，如果正确地加以运用，对于经济科学的发展具有积极意义。马克思曾经指出，"一门科学只有在成功运用数学时，才算达到了真正完善的地步"③。马克思在从事《资本论》研究时也采用了数模分析法。可见，研究方法的包容性有助于政治经济学研究深入和拓展。因此，丰富和发展政治经济学要打破对西方经济学研究方法排斥的"门户之见"，吸取西方经济学中科学分析方法为社会主义意识形态服务。数理研究虽然能为研究短期、静态的现象、研究精确度提供有力的支持，但是它难以揭示复杂经济现象的本质。马克思曾提到政治经济学方法的研究过程是"完整的表象蒸发为抽象的规定"，在这一过程中"直观和表象加工成概念"④。约翰·内维尔·凯恩斯（John Maynard Keynes）也指出，"没有哪一种方法能说自己不需要与其他方法相配合。相反，只要看看政治经济学的个别分支或某个方面，合理的方法既是抽象的，也是现实的；既是演绎的，也是归纳的；既是数学的，也是统计的；既是假说的，也是历史的。"⑤ 刘国光主张要吸收西方经济学的定性和定量的数理研究法，通过"理论分析与实证分析的结合，运用丰富的资料和数据，把理论逻辑建立在扎实的根基上"⑥，使学科理论更有说服力，更有效地宣传马克思主义。

---

①② 刘国光. 对经济学教学和研究中一些问题的看法 [J]. 高校理论战线，2005 (9)：26.

③ 中共中央马克思恩格斯列宁斯大林著作编译局. 回忆马克思 [M]. 北京：人民出版社，2005：191.

④ 马克思恩格斯全集（第四十六卷）[M]. 北京：人民出版社，1979：38.

⑤ 约翰·内维尔·凯恩斯. 政治经济学的范围与方法 [M]. 党国英，刘惠，译. 北京：华夏出版社，2001：16.

⑥ 刘国光. 在实践中发展中国特色社会主义经济学 [J]. 政治经济学评论，2010 (1)：9.

三、要防止两种教条主义

　　刘国光认为，在对待马克思主义政治经济学和西方经济学态度上，要防止两种教条主义。"一个是迷信、空谈马克思主义，而不是与时俱进地发展马克思主义；一个是迷信、崇扬西方发达国家的、反映资产阶级主流意识形态的思想理论，把西方某些学派、某些理论或者西方国家的政策主张奉为教条"[①]。

　　盲目排斥市场的作用、把一切反映社会化大生产的规律僵化为西方资产阶级的毒害而加以排斥和僵化马克思主义理论的做法，都不是一个真正马克思主义者的作风。新中国成立以来，一些历史教训深刻地告诉我们：教条主义是错误、不可取的。刘国光指出，第一种教条主义虽然也存在，但没有第二种教条主义影响力那么大；第二种教条主义"是否定马克思主义经济学，其影响、危害很大"[②]。

　　改革开放以来，西方经济学中反映社会化大生产规律的理论对我国经济建设产生过一定积极的影响。然而，西方经济学始终是代表着资产阶级的根本利益。如果不顾国情、照抄照搬西方经济学理论，将其夸大为我国经济学和经济实践的指导思想，必将偏离我国的社会主义方向，这会误导我国经济建设。近年来，部分行业和地区建设发展中出现偏离国情、过度市场化导致贫富差距扩大化、产能过剩等问题都说明了这个道理。苏东剧变的例子告诉我们，经济建设不能脱离国情脱离现状盲目照抄照搬西方经济理论；否则，后果不堪设想。此外，在经济研究中过分推崇西方经济学的数量实证分析，过分强调用数学语言来分析经济，将数理模型当作经济学研究的唯一追求，也是过犹不及的教条主义体现。在经济学中，数学形式的正确不能证明经济理论的正确。如果经济理论是错误的，装配一套数学公式只是给错误的内容以貌似科学的包装。诺贝尔经济学奖获得者瓦西里·里昂惕夫（Wassily Leontief）对此也曾提出了尖锐的批评。他指出，"专业经济学杂志上就连篇累牍地充满了数学公式。这将读者从一套似乎有理而完全是任意的假说引到精确的但却是无关的理论结论"[③]。可见，经济研究需要数学分析方法，但是数学分析方法不是唯一的、起决定作用的经济研究方法。如果将其

---

　　① 刘国光. 对经济学教学和研究中一些问题的看法 [J]. 高校理论战线，2005 (9)：24.

　　② 刘国光. 对经济学教学和研究中一些问题的看法 [J]. 高校理论战线，2005 (9)：25.

　　③ 阿尔弗雷德·S. 艾克纳主编. 经济学为什么还不是一门科学 [M]. 苏通，译. 北京：北京大学出版社，1990：2.

唯一化、神圣化，则不利于我们正确分析、处理经济问题、推动国民经济健康发展。

列宁曾经指出："马克思主义同宗派主义毫无相似之处，它绝不是离开世界文明发展大道而产生的一种固步自封僵化不变的学说"[①]。政治经济学是建立在人类优秀科学成果的基础上。马克思无情地批判英国古典经济学同时也吸取了其中合理之处。因此，一方面，要清醒地认识到现代西方经济学在意识形态上体现资本主义立场，不能成为政治经济学的主导和主流；另一方面，也要看到西方经济学反映社会化大生产的理论、体现市场经济规律的理论如货币金融理论、资本循环理论、股份制理论、经济周期理论等以及数量分析等研究方法，值得政治经济学所借鉴，以推动政治经济学科研究的发展。

社会主义经济建设取得的一些成绩是在坚持马克思主义政治经济学的指导下，对西方经济学理论有所借鉴的成果。政治经济学学科建设应以开放包容的姿态，在坚持马克思主义为指导的前提下，促进不同学科相互交融互补，开拓政治经济学的新境界。党的十九大报告提出，实现伟大梦想，推进伟大事业，"既不走封闭僵化的老路、也不走改旗易帜的邪路"[②]，就是要防止两种教条主义。可见，刘国光关于处理政治经济学和西方经济学的观点和中央精神是一致，对于在实践和教学中正确认识西方经济学、推进中国特色社会主义经济建设具有重要的指导意义。

第四节　关于加强政治经济学学科教学的建议

发展政治经济学既要重视理论体系的充实，还要重视教育教学的发展推进。前者体现学科的科学性和指导性功能，后者通过传授马克思主义经济学和经济学思维方法，为社会主义建设事业培养合格建设者和接班人。进入 21 世纪，高校理论经济学的教学工作中出现了马克思主义边缘化现象。有教授公然畅谈"经济人假定、资源稀缺假定和保护个人产权假定；与此大致对应的三个原理是：利润最大化原理、供求原理和等价交换原理。这六条……却是经济学智慧的结晶，是

---

① 列宁选集（第二卷）[M]. 北京：人民出版社，1995：309.

② 习近平. 决胜全面建成小康社会，夺取新时代中国特色社会主义伟大胜利 [EB/OL]. (2017 - 10 - 28) [2020 - 02 - 02]. https://baijiahao.baidu.com/s? id = 1582495167355981788&wfr = spider&for = pc.

精髓"①。有的老师动辄把实践中的具体问题归结为理论的失败；有的老师传递肤浅的"留学感"，追捧西方"三权分立"，认为中国应该走西方道路。这种言论完全坚持西方经济学的指导思想，否定马克思主义在我国经济学中的指导地位②。据中国社会科学院的一项调研显示，"某些理论工作者和高校教师，甚至在课堂内外公开提出马克思主义基本原理已经过时，认为马克思主义中国化的理论成果也解决不了当前中国的实际问题，主张用非马克思主义的思想取代马克思主义"③。该报告还显示："在高校的课程设置和教学内容安排方面，也普遍存在削弱马克思主义指导地位的现象"④。对此，刘国光对政治经济学学科建设提出如下建议。

一、明确教学方针是马克思主义方向

刘国光提出，"教学方针要明确"⑤，"马克思主义政治经济学是唯一的经济学基础理论课程，西方经济学是作为吸收、借鉴的部分"⑥，即在教学中要分清主次和详略，主要向学生进行马克思主义经济学教育，西方经济学理论只是作为辅助介绍，"不要突出它"⑦。对于一些高校实行马克思主义经济学与西方经济学并行的"双轨制"，刘国光是反对的，认为"是根本错误的"⑧，"并重的结果是马克思主义经济学的地位下降，西方经济学的地位上升"⑨。导致这种现象发生的原因是"高等院校经济学教育、教学的方针和目标不明确"⑩。

教育方针是指导整个教育事业发展的战略原则和行动纲领。党的十六大报告指出，"坚持教育为社会主义现代化建设服务，为人民服务，与生产劳动和社会实践相结合，培养德智体美全面发展的社会主义建设者和接班人"⑪。社会主义教育的方针是要明确地坚持马克思主义为指导的方向，通过教育提高青年学生的马克思主义经济理论修养和觉悟，树立要成为社会主义建设者和接班人的信心和

---

① 王东京. 驾驭经济的理论支点 [J]. 学术月刊，2004（7）：20.

② 大学老师，请不要这样讲中国 [EB/OL]. (2014 - 11 - 14) [2020 - 02 - 02]. https：//www. guan-cha. cn/LiaoNingRiBao/2014_11_14_286323_s. shtml.

③④ 中国社会科学院马克思主义研究学部课题组. 关于加强马克思主义理论研究和建设问题的调研报告 [J]. 马克思主义研究，2008（4）：113.

⑤⑥⑦ 刘国光. 对经济学教学和研究中一些问题的看法 [J]. 高校理论战线，2005（9）：29.

⑧ 刘国光. 对经济学教学和研究中一些问题的看法 [J]. 高校理论战线，2005（9）：25.

⑨⑩ 刘国光. 对经济学教学和研究中一些问题的看法 [J]. 高校理论战线，2005（9）：23.

⑪ 党的十六大报告（全文）[EB/OL]. (2013 - 10 - 09) [2020 - 02 - 02]. http：//www. ce. cn/ztpd/xwzt/guonei/2003/sljsanzh/szqhbj/t20031009_1763196. shtml.

决心，而不是弱化、边缘化马克思主义，转向投奔西方经济学的阵营。刘国光提出，政治经济学教学方针要明确，切实落实党的教育方针，保证教学教育沿着马克思主义方向前进；廓清经济学教学中方向的混乱认识，提高学生的社会主义觉悟，抵制西方敌对势力企图通过意识形态进行渗透。党的十九大报告再次指出："要全面贯彻党的教育方针……培养德智体美全面发展的社会主义建设者和接班人"①。习近平多次在讲话中强调，教育必须把培养社会主义建设者和接班人作为根本任务，培养一代又一代拥护中国共产党领导和我国社会主义制度、立志为中国特色社会主义奋斗终身的有用人才。②

二、鼓励教材编写体现马克思主义学术话语体系

刘国光主张，"要鼓励多种马克思主义政治经济学教材的写作和创新，鼓励对马克思主义经济学做专题研究，包括政治经济学的体系、方法和具体的理论问题，都要进行专题研究"③。

教材是进行学科教学的载体。教材内容是学科教学的依据。如果教材内容出现偏差，如果教材解读偏离马克思主义方向，则不利于政治经济学学科教育和合格专业人才的培养。优秀的教材有助于学生学到真理，开阔视野，坚定共产主义信仰，打牢中国底色，培养能够担当民族复兴大任的时代新人。

我国的政治经济学教材编写存在两大问题。一是教材偏离马克思主义方向。刘国光指出，"从上个世纪九十年代中期开始，中国经济学教材发生比较重大的改变，中国经济学教育从以政治经济学即马克思主义经济学为主，向以西方经济学为主发生着转变"④，这使青年学生全盘吸收新自由主义，缺少思辨认识，影响马克思主义经济学普及教育。二是教材不够充分体现具有政治经济学的理论分析力和实践指导力。由于较长时期里，受苏联教科书影响，教材编写"原理论述多，贴近经济生活的理论分析少"⑤，有的教材"存在脱离实际的问题，远远不

---

① 习近平. 决胜全面建成小康社会，夺取新时代中国特色社会主义伟大胜利 [M]. 北京：人民出版社，2017：45.
② 习近平. 坚持中国特色社会主义教育发展道路，培养德智体美劳全面发展的社会主义建设者和接班人 [EB/OL]. (2018 – 09 – 10) [2019 – 10 – 03]. https：//www.12371. cn/2018/09/10/ARTI1536580965577973. shtml.
③ 刘国光. 对经济学教学和研究中一些问题的看法 [J]. 高校理论战线，2005（9）：29.
④ 刘国光. 对经济学教学和研究中一些问题的看法 [J]. 高校理论战线，2005（9）：24.
⑤ 卫兴华. 对当前高校经济学教学与研究现状的一些看法 [J]. 高校理论战线，2007（8）：29.

能适应我国现实经济社会发展的需要"①，"对于一些基本理论问题，现有政治经济学研究并没有在理论上给出系统且严谨的解释"，"现有政治经济学研究成果难以给出具备解释力和预见力的贡献"②。

因此，刘国光主张，编写教材要提质提量，以推动马克思主义学术话语体系传播。在教材编写数量上，要丰富马克思主义经济学教材出版成果，多渠道多方式宣传马克思主义学术话语体系。鼓励和支持编写以马克思主义为指导的学科教材体系，形成以教材为核心，专题读本、教辅参考书和课外读物为补充和辅助的学科教材体系，在广度、深度、普及度等层面促进教与学中的答疑解惑。探索多种形式教材编写模式，从不同角度反映中国特色社会主义丰富实践，充分反映马克思主义学术话语体系最新进展，用辩证的学理思维讲清经济问题，用正确的政治导向引领学术表达，更立体地构建教材话语体系。在教材编写质量上，运用马克思主义的立场、观点、方法建构学科知识体系，瞄准学科前沿和重大理论与实践问题，把马克思主义中国化的重大理论成果有机融入教材，使经济理论能够回答经济现象，提高马克思主义经济学教材对现实的分析力、解释力与说明力；用发展着的马克思主义指导构建政治经济学的理论框架和逻辑体系，使其成为指引我国经济高质量发展、科学应对重大风险挑战、全面建设社会主义现代化国家的锐利思想武器；既要坚决反对歪曲马克思主义的"僵化"思想，又要坚决反对否定马克思主义的"西化"思想，引导青年学生坚定道路自信、理论自信、制度自信、文化自信。刘国光关于教材编写的思考有助于体现政治经济学对现实的分析力、解释力与说明力，有助于青年学生深刻理解马克思主义在中国社会主义现代化建设中的指导地位，有助于增强青年大学生对马克思主义的信任感、坚定对马克思主义的信仰，有助于引导青年学生积极投入到马克思主义中国化理论研究中。

三、重视师资队伍的马克思主义素养建设

教师是学科教学的核心力量，是学生成长成才的引路人。教师的思想政治立场、学识内涵对学生的认识具有极大的导向影响。教师的马克思主义理论修养对于宣传马克思主义，推进马克思主义进教材、进课堂、进学生头脑，培养社会主

---

①　邱海平．论中国政治经济学的创新及逻辑起点——基于唯物史观对于中国现代历史适用性的思考［J］．教学与研究，2010（3）：19．

②　白暴良．政治经济学学科建设：现状与发展［J］．马克思主义研究，2016（8）：83．

义建设者和接班人具有重要的作用。然而，经济学教学一度出现"越来越多接受西方经济学价值观和话语体系的人占据讲堂，而从事马克思主义政治经济学教学的教师越来越少，队伍青黄不接"① 的现象。对此，刘国光主张，提高教师队伍的马克思主义素养。从专业和立场上对教师中"过去没有接受过系统的马克思主义教育，要进行马克思主义的教育"②，使任课教师明确肩负社会主义教育"培养什么人、怎样培养人、为谁培养人"的使命和责任。进而，在教学中，能够有着坚定的马克思主义立场，能够运用马克思主义基本原理对社会经济现象进行科学的有效解答，以透彻的学理分析启迪学生，以彻底的思想理论说服学生，用真理的强大力量引导学生，传导主流意识形态，直面各种错误观点和思潮，使学生对"坚持什么、反对什么"的关键问题有清晰明确的认识，不断增强学生的道路自信、理论自信、制度自信和文化自信，提高学生的思想政治素质和理论认知水平，树立起坚定的社会主义信念。此外，由于"高校对马克思主义经济学教师队伍的培养和投入很少，奖励也很少"③，导致"马克思主义政治经济学教师队伍在不断萎缩"④。刘国光提出要改变马克思主义教师队伍建设存在资金不足，奖励少的现象。刘国光对教师队伍建设从重要性、教师素养、建设的制度倾斜等方面都提出针对性建议，为全面提高教师思想政治素质提供了理论支持和决策依据。

四、保证高校领导权掌握在马克思主义者手中

高校的领导干部对于高校教育方针的落实、教学课程的制定、教育发展的执行具有重要的影响作用。他们的思想觉悟必然会影响高质量人才的培养。刘国光认为，"只要领导权掌握在西化的人手中，他们就要取消马克思主义经济学，排挤马克思主义经济学"⑤。刘国光指出，要"对各级党政领导，特别是高层干部进行马克思主义基本原理的教育、再教育，主要经典著作的选读，批判敌对思潮和反社会主义的杂音与噪音（包括新自由主义、社会民主主义等），提高党政学队伍的思想政治觉悟"⑥。提高马克思主义经济理论修养素质，保证"领导岗位

---

① 何自力. 坚持马克思主义政治经济学的指导地位 [J]. 政治经济学评论, 2016 (1): 24 – 25.
② 刘国光. 对经济学教学和研究中一些问题的看法 [J]. 高校理论战线, 2005 (9): 29.
③④ 刘国光. 对经济学教学和研究中一些问题的看法 [J]. 高校理论战线, 2005 (9): 24.
⑤ 刘国光, 对经济学教学和研究中一些问题的看法 [J]. 高校理论战线, 2005 (9): 24.
⑥ 刘国光, 杨承训. 关于新自由主义思潮与金融危机的对话 [J]. 红旗文稿, 2009 (4): 21.

一定要掌握在马克思主义者手里"①，从而保证革命、建设的马克思主义方向。

中国社会科学院一项调研显示，一些高校和研究单位的领导同志不重视意识形态的宣传和教育往往造成西方自由主义和西方主流理论过度泛滥，对马克思主义意识形态造成一定冲击②。可见，刘国光关于加强领导干部队伍建设建议是有根据的，并具有现实的指导意义。

政治经济学教学是向学生传授经济学知识体系的过程，具有向学生传授马克思主义经济学和经济学思维方法、为社会主义建设培养合格建设者和接班人的功能。教育方针、教材、师资队伍、领导权四要素对于学科教学的有效开展具有极其重要的影响作用。针对教学领域出现的马克思主义边缘趋势，刘国光提出相应的建议，对于发展马克思主义为指导的学科教学和构建中国特色哲学社会科学体系具有重要的指导意义。

第五节　本 章 简 评

一、提出政治经济学科建设的三个战略要点

进入新世纪，政治经济学建设中存在马克思主义边缘化现象。经济学教学方针、教师队伍、教学内容、教材到考试方式等，正在加紧推行全盘西化③④⑤⑥，致使"青年学生不能明辨是非，造成了严重的理论混乱和思想混乱。"⑦ 刘国光透过这些现象，深刻地抓住问题的本质——进入新世纪该发展什么样的政治经济学和怎样发展政治经济学，从战略层面提出学科建设的指导思想要坚持马克思主义，从理论研究、人才培养、队伍建设等三个要点推进学科建设。

关于学科建设的指导思想，刘国光强调以马克思主义为指导。指导思想是学科建设的旗帜，指引着学科具体建设开展，是对发展什么样的政治经济学的回

---

① 刘国光. 对经济学教学和研究中一些问题的看法 [J]. 高校理论战线，2005（9）：29.
② 中国社会科学院马克思主义研究学部课题组. 关于加强马克思主义理论研究和建设问题的调研报告 [J]. 马克思主义研究，2008（4）：110.
③ 刘怡清，张勤德主编. 刘国光旋风实录 [G]. 北京：中国经济出版社，2006：1-6.
④ 刘怡清，张勤德主编. 刘国光旋风实录 [G]. 北京：中国经济出版社，2006：1-5.
⑤ 周肇光. 对马克思主义经济学被边缘化的理性分析 [J]. 海派经济学，2006（2）：72-81.
⑥ 刘怡清，张勤德主编. 刘国光旋风实录 [G]. 北京：中国经济出版社，2006：91-92.
⑦ 刘怡清，张勤德主编. 刘国光旋风实录 [G]. 北京：中国经济出版社，2006：1.

答。马克思主义揭示了人类社会特别是资本主义社会经济运行规律，无产阶级政党的"全部理论来自对政治经济学的研究"①。政治经济学学科建设坚持以马克思主义为指导，才能在经济活动中坚持人民为中心的立场，运用马克思主义基本经济原理和科学方法论，深入研究世界经济和我国经济面临的新情况新问题，把握社会经济发展规律，提高驾驭社会主义市场经济能力，更好地回答社会主义经济建设中的理论和实践问题。

刘国光提出三个关键支撑点：理论研究、人才培养和队伍建设，以回应怎样发展政治经济学的战略命题。

理论研究是学科建设的核心，体现学科对现实的智慧引领。刘国光提出，要全面系统地梳理社会主义经济学说的发展脉络和演进历程；在对马克思主义经典理论的继承基础上重视提升社会主义经济建设理论成果，主张把经济全球化条件下政治经济学的新发展纳入学科研究的新视野，使政治经济学学科知识体现对经济全球化下发展中国家、不发达社会主义国家的现实解释和具有引领作用的理论话语；体现了学科理论发展的逻辑性和系统性的统一、科学性和时代性的统一。

人才培养决定着学科发展的未来，是学科发展重要内容。刘国光提出，育人的教学方针要明确坚持马克思主义；育人的知识载体教材数量和质量都要提升，实现教材内容的创新；重视教学模式，处理好"本土化"和"国际化"关系，将意识形态教育和分析工具教育结合起来，为社会主义经济建设培养合格的建设者和接班人。

队伍建设是学科发展的有生力量。刘国光主张加强对队伍的管理，特别要提高教师的马克思主义理论素养，能讲通、讲好、讲透政治经济学，将坚持马克思主义为指导的方针落实到人才培养和内容建设中，推进学科的发展。刘国光还提出，要重视高校教育领导权等，要提高领导干部的马克思主义修养，从在学科人才培养规划方面如课程设置、教材建设，架构合理的学科人才队伍制度，激发学科建设的积极性、主动性，落实马克思主义为指导的方针，开拓学科建设新境界。

二、对政治经济学学科建设具有重大影响作用

针对经济教学和研究领域出现中国经济学"西化"倾向严重的现象，刘国光

---

① 马克思恩格斯选集（第二卷）［M］. 北京：人民出版社，2012：8.

发表系列文章，深入分析并提出战略性的建议。《对经济学教学和研究中一些问题的看法》较为全面地体现刘国光对政治经济学学科的建设性思考。2005 年 7 月，该文发表后，刮起了对政治经济学教学和研究反思的"刘旋风"。2010 年，针对当前政治经济学教材编写中的原则和内容组织问题，刘国光撰写了《中国社会主义政治经济学的若干问题》一文。该文被《政治经济学评论》杂志评选为 2010～2011 年度的优秀论文。

（一）引起社会各界的热烈回应

学术界知名专家学者纷纷著文肯定响应刘国光的呼吁。著名的经济学家宋涛指出，"道出了许多关心国家前途命运和坚定马克思主义者的心声，我完全表示赞同"[1]。著名的经济学家高鸿业指出，"刘国光同志是我国经济学界的一位大师，也是一面旗帜"[2]。著名作家魏巍指出，"他的讲话受到广大社会人士的支持，我也很赞成他的讲话"[3]。此外，著名经济学家吴易风[4]、丁冰[5]、周新城[6]、左大培[7]、李炳炎[8]等也著文，表示赞同、支持刘国光。卫兴华、程恩富、周新城、洪银兴、逢锦聚、张宇、孟捷、白永秀等学者围绕政治经济学学科建设展开深入探讨，对于促进学科繁荣和发展具有重要意义。正如卫兴华教授所言，"刘国光的文章给中国的学界、政界、包括实际工作领域的同志一个很好的理性反思的契机。"[9]

（二）有力地推进学科建设的发展

刘国光关于政治经济学学科建设的思考受到决策层的重视。国家统计局原局长李成瑞指出，"中央领导同志批示，对刘国光同志提出的每一条建议都应当加以重视……应当深刻领会，切实照办"[10]。"刘旋风"刮起后，政治经济学学科建设有了突破性进展。

---

① 刘怡清，张勤德主编．刘国光旋风实录 [G]．北京：中国经济出版社，2006：74.
② 刘怡清，张勤德主编．刘国光旋风实录 [G]．北京：中国经济出版社，2006：174.
③ 刘怡清，张勤德主编．刘国光旋风实录 [G]．北京：中国经济出版社，2006：71.
④ 刘怡清，张勤德主编．刘国光旋风实录 [G]．北京：中国经济出版社，2006：1.
⑤ 刘怡清，张勤德主编．刘国光旋风实录 [G]．北京：中国经济出版社，2006：179－182.
⑥ 刘怡清，张勤德主编．刘国光旋风实录 [G]．北京：中国经济出版社，2006：157－173.
⑦ 刘怡清，张勤德主编．刘国光旋风实录 [G]．北京：中国经济出版社，2006：212－233.
⑧ 刘怡清，张勤德主编．刘国光旋风实录 [G]．北京：中国经济出版社，2006：91－92.
⑨ 刘怡清，张勤德主编．刘国光旋风实录 [G]．北京：中国经济出版社，2006：97.
⑩ 刘怡清，张勤德主编．刘国光旋风实录 [G]．北京：中国经济出版社，2006：67.

学科设置方面，以马克思主义理论学科建设为突破口，建立了马克思主义理论一级学科及 5 个二级学科，进一步加强马克思主义理论国家重点学科建设。一些高校如中国人民大学加强《资本论》选读等课程，并对马克思主义理论课程增加考核学分；一些高校如上海财经大学、西南财经大学设立政治经济学院系，推进马克思主义经济学理论在当代的创新和发展。学科规范化发展取得重大成就，教材的质量和规范性得到了很大提升。中宣部、教育部先后联合下发《关于认真做好马克思主义理论研究和建设工程重点编写教材推广使用工作的通知》，要求各高校把工程教材作为各类相关专业教材统一使用。宋涛主编的《政治经济学教程（第九版）》，刘诗白主编的《马克思主义政治经济学原理（第四版）》，程恩富主编的《中外马克思主义经济思想简史》，马克思主义理论研究和建设工程组织编写《马克思主义政治经济学概论》，李建平等主编的《政治经济学》，何自力等主编的《高级政治经济学：马克思主义经济学的发展与创新探索》，张宇、孟捷、卢荻主编的《高级政治经济学》等教材，系统阐述政治经济学的基本原理，对中国社会主义经济建设的成果进行理论提升和概括，充实和发展了政治经济学学科的理论。学术界和教育界出版了大量优质书籍，体现了中国政治经济学学科发展的成果。在经典解读方面，出版了一批优质的原著解读，对于经典著作中理论进行阐释和精炼，如马克思主义理论研究和建设工程的重要成果《〈资本论〉导读》、洪银兴、葛扬主编的《〈资本论〉的现代解析》、刘国平主编的《走进经典——马克思主义经典著作解析》等。学科人才培养方面，中央相继出台《教育部关于大力提高高等学校哲学社会科学研究质量的意见》《2007～2012 年普通高校思想政治理论课教师队伍建设规划》《关于组织马克思主义理论研究和建设工程重点教材教师培训工作的意见》《关于进一步加强高校马克思主义理论学科建设的意见》《关于加强和改进高校青年教师思想政治工作的若干意见》《关于全面深化新时代教师队伍建设改革的意见》《普通高等学校思想政治理论课教师队伍培养规划（2019～2023 年）》等文件，对加强高校青年教师队伍建设、提高青年教师思想政治素质做出重要指示。从 2007 年开始，教育部和省级教育行政部门每年都要对马克思主义理论课程教师进行一次全员再培训，对一年来开课的经验特别是教学方法进行深入的总结和推广。教师的理论素质稳步提高，提高了运用马克思主义立场观点方法深入研究中国特色社会主义重大理论和现实问题的自觉性。在学科研讨方面，2006 年，《政治经济学评论》被列为中文社会科学引文索引，为推进马克思主义政治经济学的中国化和时代化搭建知名学术平台。此外，中国人民大学从 2010 年起，连续发布中国政治经济学年度发展报告。报告以专题形式汇集和反映报告期内政治经济学研究的主要新成果和新进展，并探讨政治经济学研究方面可能存在的问题以及进一步发展的方向。该报告汇总中国政治经济学研究与发展的主要特点和轨迹，为我国政治经济学的进一步研究与发展提供借鉴与参考。

恩格斯曾指出："一个民族要想站在科学的最高峰，就一刻也不能没有理论思维。"[①] 马克思创造性地提出了剩余价值、劳动二重性和工资等术语，揭示了资本家剥削工人的秘密，揭示了无产阶级和资产阶级对立的经济根源，为进一步揭示资本主义的基本矛盾以及科学论证资本主义生产方式产生、发展及其被社会主义所代替的客观必然性奠定了理论基础。新中国成立以来，特别是改革开放40 多年以来，在社会主义经济建设中，围绕着"什么是社会主义，怎么建设社会主义""实现怎么样的发展，怎么发展"等一系列战略问题，吸收马克思主义思想精髓，融通人类文明优秀成果，紧扣当今世界与中国发展的时代课题，观照未来人类共同发展命运，以有中国气派的话语体系和学理思维，提出"社会主义本质""社会主义市场经济""社会主义初级阶段基本经济制度""两个大局""经济发展新常态""供给侧结构性改革""乡村振兴战略""社会主义现代化经济体系"等术语，不断破解经济建设中的难题，开辟中国社会主义初级阶段经济建设一个又一个的发展新局面。这些术语是中国特色社会主义经济理论的重要内容，体现了中国智慧、中国方案对政治经济学的充实和发展。

加强政治经济学学科建设，有助于把握社会经济发展规律、提高社会主义经济建设能力和水平、探索马克思主义政治经济学在新的历史背景下具体路径、推进中国乃至全球经济社会的发展、提高人民的福祉。中国特色社会主义经济建设关于资源配置、社会化大生产、市场经济运行、经济转型、全球化条件下的开放经济等思想、理论，既揭示了中国社会主义经济建设的特殊规律，也揭示了广大经济相对落后的发展中国家经济现代化道路的一般规律，契合了人类社会经济发展的普遍规律，是民族性和世界性统一。加强政治经济学学科建设，为世界社会主义、后发国家以及人类社会发展提供理论、道路和制度借鉴。

党的十八大以来，中共中央总书记习近平多次强调要学好用好政治经济学。2015 年，在中央经济工作会议上，习近平指出，"要深入研究世界经济和我国经济面临的新情况新问题，为马克思主义政治经济学创新发展贡献中国智慧。"[②] 此后，政治经济学学科的发展方面陆续取得诸多喜人的成绩。一批优质的体现马克思主义指导地位的政治经济学论著先后出版，政治经济学在高校教学中边缘化

---

① 马克思恩格斯全集（第三卷）［M］. 北京：人民出版社，1971：467.
② 习近平. 不断开拓当代中国马克思主义政治经济学新境界［J］. 奋斗，2020（16）：9.

的状况得以显著改变。党的十八大以来政治经济学科取得的这些成就和以刘国光为代表的老一辈马克思主义经济学家积极的呼吁是分不开的。

但是，政治经济学学科建设依旧任重道远。目前，学科的理论建设仍然存在一定程度落后于实践，面对一些重大经济建设问题仍然存在分歧、激烈争论，甚至完全对立的观点。当社会主义建设进入新时代，面对经济建设中出现的新问题、新情况、新现象，迫切需要推进政治经济学的研究，澄清不正确的观点，达成共识，凝聚社会力量，推进社会主义建设。

刘国光经济学术思想的特点

在七十多年的经济研究中，刘国光以马克思主义立场、观点和方法研究社会主义初级阶段经济建设中遇到的难题，形成经济思想体系，丰富和发展了马克思主义经济理论。分析刘国光经济学术思想的特点，对于广大经济工作者推进中国特色社会主义经济理论的创新、丰富和发展马克思主义中国化时代化理论成果、加快构建中国特色哲学社会科学理论体系具有重要的启迪意义。

一、价值立场：以人民为中心

在长期的经济研究中，刘国光总是站在"马克思主义经济学的立场、劳动人民的立场、大多数人民利益的立场、关注弱势群体的立场"①，坚持实事求是，理论与实践紧密相结合，不断创新，敢于批判。刘国光的经济学术思想始终贯穿着以人民为中心的立场。在改革开放初期，为了使失调的国民经济得到恢复，使人民生活得到改善，刘国光对我国社会主义市场经济改革方向和目标模式进行了前瞻性探索。20世纪八九十年代，我国出现过两次比较严重的通货膨胀，严重影响了人民群众的生活水平和质量。对此，刘国光倡导通过实行积极的财政政策和稳妥的货币政策，防止通货膨胀和通货紧缩，实现经济发展的"软着陆"。当改革进入深水区，面对个人收入分配差距出现扩大化趋势，刘国光提出要更加重视和强调社会公平，应当让"效率优先"淡出，使效率和公平协调并重，主张在初次分配中就要重视公平，提高中低收入者收入。公有制经济是保证收入分配公平、实现共同富裕的物质基础，国有经济是公有制经济的重要组成部分。因此，

---

① 刘国光．经济学新论［M］．北京：社会科学文献出版社，2009：164.

刘国光非常关注国有企业改革，提出一系列深化国有企业改革的建议，希望增强国有经济活力、控制力、影响力。面对新自由主义推进私有化的鼓吹，刘国光从公有制经济存在的必然性、国有经济的经济效益等方面，予以严正驳斥，坚决捍卫社会主义公有制的经济基础。在社会主义市场经济体制改革中，针对一些地方、行业出现过分重视市场化，影响了人民群众利益的现象，刘国光从生产关系角度阐释社会主义市场经济体制的特殊内涵，呼吁重视社会主义本质，在经济建设中要重视切实维护人民的利益。

刘国光经济学术思想坚持以人民为中心，立足点和归宿点是实现好、维护好、发展好最广大人民的根本利益。刘国光经济学术思想是为人民生存和发展创造更有利的经济条件的系列研究。

二、主要方法论：马克思主义哲学

经济研究是在方法论指导下开展的。如果没有科学的研究方法，很难实现对经济现象深刻的认识和经济问题的解决。刘国光经济学术思想具有重要的影响力和号召力，和他的经济研究方法是分离不开的。刘国光认为，"马克思主义政治经济学的科学性在于它揭示了经济社会发展的客观规律，运用的基本方法是辩证唯物主义和历史唯物主义的方法，把历史方法和逻辑方法统一起来。"① 因此，刘国光坚持在马克思主义哲学指导下从事经济研究。

坚持物质第一性是刘国光从事经济研究的立足点。唯物论认为，物质第一性，物质决定意识。理论的科学存在"历史事实和发展过程中"②，"脱离这些事实和过程，就没有任何理论价值和实际价值"③。刘国光经济学术思想各部分内容与我国社会主义经济建设是紧密相连的，是为解决经济建设中的问题而提出的，并对实践具有积极的指导作用。在经济研究中，刘国光以中国正处于社会主义初级阶段的事实为依据，以人民的立场为出发点和归宿点，以推动生产关系与生产力、上层建筑与经济基础相适应为主线探索中国特色社会主义经济建设。1979 年，他与赵人伟写作的《论社会主义经济中计划与市场的关系》，根据当时社会主义经济建设中存在对市场排斥现象出现一系列消极后果，提出社会主义经济中计划与市场相结合的必然性。当改革进入到 20 世纪 80 年代中期，通过对社

---

① 刘国光. 关于中国社会主义政治经济学的若干问题 [J]. 政治经济学评论, 2010 (4)：3.
②③ 马克思恩格斯全集（第三十六卷）[M]. 北京：人民出版社, 1974：420.

会供需情况进行分析，刘国光提出要"稳定物价，紧缩通货，控制通货膨胀"①，并从工业生产增长率、货币供应量、物价等方面提出严格的总量管理主张。在改革开放初期择定经济体制改革目标过程中，刘国光从中国实际出发，提出"我们择定的目标模式，同时应当是中国式，不能离开自己的基本国情"②。进入新世纪，针对现实中存在贫富分化的趋势、新自由主义对中国经济发展和经济教学中的干扰、新历史条件下公有制完善出现的问题等经济发展焦点问题，刘国光进行多方面、深层次的研究。

刘国光关于社会主义经济体制改革的思路中渗透着对社会基本矛盾理论的理解和运用。生产力与生产关系、经济基础和上层建筑之间的矛盾构成了社会的基本矛盾，它们之间的相互作用以及动态结合构成了社会发展的基本动力和一般规律。生产力是社会发展的最根本的决定性因素，生产关系必须适应生产力的发展，这是历史唯物主义的根本观点。刘国光认为"'社会主义市场经济体制'，就包含生产力和生产关系两个方面"③；"'市场经济'主要着眼于发展生产力。发展生产力，必须发挥市场在资源配置中的基础性作用，不然很难有效率……'社会主义'主要着眼于强调生产关系，社会主义不同于其他社会的特殊性就在于公有制、共同富裕这些体现社会主义生产关系的主要特征。"④ 因此，刘国光在社会主义市场经济建设中多次强调提出不能分割"社会主义"和"市场经济"，既坚持社会主义改革的市场经济体制内容，又坚持市场经济的社会主义方向。这是刘国光探索社会主义条件下生产力和生产关系相结合的认识和观点。因此，在所有制目标模式的选择上，刘国光提出，"根据生产关系必须适合生产力性质的规律，我国所有制结构模式的选择应当以我国生产力的发展状况和要求为依据"⑤，"要综合考虑各种所有制形式与不同生产力层次、不同企业规模和生产社会化程度的适应性"⑥。经济基础决定上层建筑。当经济基础发生变革之后，上层建筑也会发生变革，以求得与经济基础相适应；当上层建筑与经济基础相适应时，就促进了经济基础的发展。在改革开放中，经济基础与上层建筑的矛盾主要表现为经济改革与政治改革的矛盾。政治改革属于上层建筑范畴，经济改革则属于经济基础范畴。随着我国经济体制改革的深入推进，必须注重改革的系统

① 刘国光改革论集 [M]. 北京：中国发展出版社，2008：55 – 56.
② 刘国光文集（第四卷）[M]. 北京：中国社会科学出版社，2006：527.
③ 刘国光. 试用马克思主义哲学方法总结改革开放三十年 [J]. 中国社会科学，2008（6）：10.
④ 刘国光. 试用马克思主义哲学方法总结改革开放三十年 [J]. 中国社会科学，2008（6）：10 – 11.
⑤ 刘国光主编. 中国经济体制改革模式研究 [M]. 北京：中国社会科学出版社，2009：98.
⑥ 刘国光主编. 中国经济体制改革模式研究 [M]. 北京：中国社会科学出版社，2009：99.

性、整体性、协同性。上层建筑必须进行相应的改革。刘国光指出，"经济体制改革是政治体制改革的基础；政治体制改革是经济体制改革的重要保证"①；"社会政治体制的改革是经济体制发展的必然趋势，又是巩固和深化经济体制改革成果的必要前提"②；"社会政治体制作为上层建筑，必须适应经济基础的性质，必须顺应社会生产力发展的客观趋势，为社会主义商品经济的发展和繁荣开辟道路，是责无旁贷的"③。

刘国光对中国经济问题认识坚持一分为二的方法。刘国光肯定非公有制经济的积极作用。他指出，"非公有制经济在促进我国经济发展，增加就业、增加财政收入和满足社会需要方面……都有不可缺少的重要积极作用"④；但他也看到其不足之处，"如有些私营企业偷逃税收，压低工资和劳动条件，制造假冒伪劣产品，破坏自然资源环境，借机侵害国有资产，以及其他欺诈行为"⑤。因此，刘国光提出"对私有经济，我们要继续毫不动摇地发展它，发挥其机制灵活、有利于促进社会生产力的正面作用，克服其不利于社会经济发展的负面作用"⑥，"要通过教育监督和法制，克服清除。在鼓励、支持私有经济发展的同时，还要正确引导其发展方向，规定能发展什么，不能发展什么"⑦。在看待计划与市场关系上，刘国光看到计划与市场各自的优缺点，提出计划与市场的"结合论"。他指出："计划和市场都不是万能的。我认为，有这么几件大事不能完全交给市场、交给价值规律去管：一是经济总量的平衡；二是大的经济结构的及时调整；三是竞争导致垄断问题；四是生态环境问题；五是社会公平问题。这些问题都得由国家的宏观计划调控来干预。但是，计划工作也是人做的，人不免有局限性，有许多不易克服的矛盾，比如主观与客观的矛盾：一是由于主观认识落后于客观发展的局限性；二是由于客观信息不对称和搜集、传递、处理上的局限性；三是利益关系的局限性，即计划机构人员观察问题的立场、角度受各种利害关系的约束；等等"⑧。具体问题具体分析是刘国光对经济问题思考的常用方法。在收入分配的调节中，最难处理是公平和效率两者关系。公平与效率是一对矛盾的统一体。收入分配越平均，积极性越削弱，效率越低。因此，提高效率，适当拉开收入差距，有助于社会财富增加，解决社会诸多矛盾。但是，如果不讲公平，收入差距拉得过大，特别是分配程序、规则不公，会导致效率的下降，甚至影响社会

---

① 刘国光主编. 中国经济体制改革模式研究［M］. 北京：中国社会科学出版社，2009：514.
② 刘国光主编. 中国经济体制改革模式研究［M］. 北京：中国社会科学出版社，2009：524.
③ 刘国光主编. 中国经济体制改革模式研究［M］. 北京：中国社会科学出版社，2009：529.
④⑤⑥⑦ 刘国光. "两个毫不动摇"的当前价值［J］. 人民论坛，2012（5）：48.
⑧ 刘国光. 回顾改革开放30年：计划与市场关系的变革［J］. 财贸经济，2008（11）：8.

稳定。在改革开放初期，针对"大锅饭"平均主义带来的效率低下这一传统体制的弊端，刘国光指出，"强调公平（其实是平均）而牺牲效率，严重压抑了劳动者的积极性"①，"'效率优先、兼顾公平'的原则在分配上提供激励机制，意在把'蛋糕'做大，让一部人在诚实劳动和合法经营的基础上先富起来，以支持和带动整个社会走向共同富裕"②。当看到社会出现贫富分化的趋势时，社会公平的问题逐步上升为突出的问题，刘国光痛心疾首呼吁，"逐步加大公平的分量……逐步实现从'效率优先，兼顾公平'向'公平与效率并重'或'公平与效率优化结合'过渡"③。如前所述，对非公有制经济存在的合理性和规范性的思考也渗透着刘国光具体情况具体分析的方法论。此外，针对通货膨胀和通货紧缩现象，刘国光具体问题具体分析，分别提出紧缩型、中性宏观调控政策。

　　刘国光善于运用系统论观点，全面考虑中国经济问题。刘国光把改革看作复杂的社会系统工程，重视总体设计，整体推进。刘国光构想经济体制改革目标模式有五项构成要素，分别是所有制结构、经济决策体系、经济利益体系、经济调节体系、经济组织体系。此外，刘国光还认为，经济体制模式转换的环境与供求总量平衡、经济结构调整、经济运行中机制的转换、对外开放以及政治体制改革的配套具有一定相关等观点。正是对于改革各个要素的系统周密的思考，做到既统筹规划，又兼顾各自联系使刘国光成为对中国经济体制改革相当有造诣的理论家。

　　坚持否定之否定观点，不断实现理论的创新发展。以分配问题为例，在改革开放之前，我国的分配方式过度强调公平性，存在着平均主义吃"大锅饭"，严重阻碍了生产力的发展、人民积极性的调动。刘国光提出"要促进多元利益主体的独立化……利益来源和利益形式的多样化"④，"经济利益体系……以按劳分配为主要原则，在一定范围允许非按劳分配形式和机制的存在，以处理好公平与效率的关系"⑤，这是对原有的分配方式的扬弃，既坚持社会主义的公平原则，又注意效率，适当地拉开分配的差距，调动各方面的生产积极性和主动性，是新型的分配方式。经过40多年的实践，我国在分配领域，克服了平均主义倾向，收入差距大大拉开，但也出现社会阶层分化。这时，刘国光提出，"淡化'优先、

---

① 刘国光主编．不宽松的现实和宽松的实现 [M]．北京：经济管理出版社．2009：34.

② 刘国光．向实行"效率与公平"并重的分配原则过渡 [J]．城市，2003（6）：4.

③ 刘国光．向实行"效率与公平"并重的分配原则过渡 [J]．城市，2003（6）：5.

④ 刘国光主编．中国经济体制改革的模式研究 [M]．北京：中国社会科学出版社，2009：13.

⑤ 刘国光主编．中国经济体制改革的模式研究 [M]．北京：中国社会科学出版社，2009：14.

兼顾'提法，强调'更加重视社会公平'，不是要回到过去，不是回到过去的'大锅饭'，不是回到过去的平均主义，而是在更高层次上的综合与提高……这也是明显的正反合的例子'①。从中可见刘国光对否定之否定辩证法在我国分配政策上的活用。此外，刘国光在经济运行机制、所有制结构调整等经济思想中也均有体现对该方法论的活用。

2008年，刘国光在《试用马克思主义哲学方法总结改革开放三十年》中，深刻地分析马克思主义哲学在解决社会主义经济建设中重要问题中的方法论指导作用。正是在马克思主义哲学方法论的指导下，刘国光的经济学术思想具有很强的实践性、全局性、前瞻性。

三、历史使命：继承、发展和捍卫马克思主义经济学

马克思主义理论是刘国光经济学术思想的理论渊源。早在中学时代，刘国光就开始研读《资本论》。新中国成立后，他前往苏联，接受系统的马克思主义经济理论教育，取得经济学副博士学位。深厚的马克思主义理论素养，使刘国光能够灵活地运用马克思主义立场、观点和方法解决社会主义经济建设难题，为推进社会主义经济建设做出杰出的贡献。在社会主义经济体制改革的过程中，刘国光继承和发展马克思主义所有制理论，提出以公有制为主体、多种所有制共同发展主张，打破单一公有制的格局。在个人收入分配方式上，提出坚持以按劳分配为主体、多种分配方式并存，转变原有的平均主义吃"大锅饭"的分配方式，这是对马克思主义分配理论的发展。在利益统筹方面，他主张要统筹兼顾国家、企业和个人的利益，把国家、集体和个人的利益相结合起来，是对马克思主义利益观的新发展。在深化国有企业改革中，刘国光继承和发展了马克思主义产权理论和资本理论，探索对股权多元化和完善现代企业制度下的公司法人治理结构，提出了改组、联合、兼并、租赁、股份合作制、出售等资本营运的重要方式和有效途径，盘活国有资产。进入21世纪，居民收入差异扩大化引起刘国光的关注。他透过重重社会现象，抓住事物背后的本质，揭示出根源所在，对于解决收入分配差异扩大化、实现共同富裕有着重要的指导意义。

在意识形态领域，刘国光始终高举马克思主义旗帜，与新自由主义作坚决的斗争。刘国光旗帜鲜明地指出，"一旦中国经济改革和发展由西方新自由主义指导，中国的基本经济制度就要变，就势必走向'坏的资本主义市场经济'的深

---

① 刘国光. 试用马克思主义哲学方法总结改革开放三十年［J］. 中国社会科学, 2008（6）: 10.

渊⋯⋯中国的改革一旦由西方理论特别是新自由主义理论来主导，那么表面上或者还是共产党掌握政权，而实际上逐渐改变了颜色"①，"中国要建立的是社会主义的市场经济，而不是资本主义的市场经济"②。刘国光从改革的出发点和归宿、改革的决策层政治立场及社会主义改革的实践等方面进行论证，指出我国改革的指导思想是马克思主义，不是新自由主义经济理论。面对我国经济学领域出现新自由主义渗透，刘国光发表多篇论著揭露新自由主义的实质，并提出一系列较为全面可行的建议。

四、理论品质：批判和创新

批判和创新是马克思主义理论的特有品质。刘国光的经济学术思想闪耀着批判和创新的光芒。

经济思想发展史告诉我们，观点和理论的发展是在和对旧的观点和理念的论战中实现超越和发展的。当旧的理论观念还在负隅顽抗时，新的理论和观念所具有的前瞻性并不是能被所有人正确认识和理解。理论创新要不畏各方面的压力，力排异议，知难而上。在改革开放初期，刘国光指出计划经济存在的缺陷，提出在经济体制中要引入市场机制。这在当时需要巨大的理论勇气。在所有制改革中，刘国光打破单一所有制结构的思想束缚，提倡多种所有制共同发展。在对旧的计划经济体制批判基础上，刘国光提出通过扬弃，建立新的经济决策体系、经济利益体系、经济组织体系以及经济发展模式，完善社会主义经济体制，使其更具有生命力，更能促进经济、社会的发展和进步。改革开放以来，随着新自由主义的不断渗透，经济学界对改革方向有着激烈的争论。有的人认为社会主义改革要以新自由主义为指导。对此，刘国光指出，新自由主义虽然包含有反映现代市场经济运行的一些合理成分，但是"其基于资产阶级意识形态的理论前提与我们根本不同，所以整体上它不适合于社会主义的中国，不能成为中国经济学的主流、主导。在西方经济学当中曾经居于主流地位的新自由主义经济学⋯⋯核心理论是我们所不能接受的"③。当看到"市场万能论"误导下市场存在种种的弊端时，刘国光指出"社会主义市场经济还不够充分、不够完善，市场经济还有一些不到位的地方"④，呼吁要"继续坚持市场取向改革的同时，强调加强国家计划

---

① ②　刘国光. 对经济学教学和研究中一些问题的看法［J］. 高校理论战线，2005（9）29.

③　刘国光. 对经济学教学和研究中一些问题的看法［J］. 高校理论战线，2005（9）：26.

④　刘国光. 试用马克思主义哲学方法总结改革开放三十年［J］. 中国社会科学，2008（6）：6.

在宏观调控中的指导作用"①。坚定以人民为中心的经济学研究立场，使刘国光能够客观地、实事求是地评价各种经济事实和理论观点，这种批判精神是十分可贵的。

在经济建设中总是会不断出现新问题，用老办法无法解决，这就需要提出新的理论。恩格斯指出："我们的理论是发展着的理论。"② 刘国光是中国社会主义经济改革的紧密参与者。他的经济思想是在社会主义经济建设过程中产生发展起来。在改革开放初期，刘国光勇于打破当时思想认识的禁锢，开创性地提出社会主义计划经济条件下可以利用市场。随着经济改革进一步深入，刘国光又进一步提出"要逐步缩小指令性计划的范围，扩大指导性计划的范围"③，为缩小行政计划、深化市场调节指明方向。实践证明，刘国光的主张是前瞻的，对于社会主义经济建设中重视、运用市场机制具有导向作用。刘国光在理论界较早提出双重转换模式，即经济体制改革从计划经济体制向商品市场经济体制转变，经济发展方式由外延粗放型向内涵集约型转变。该理论为我国经济发展实现两个根本性转变做了先行的论证。在 20 世纪 90 年代，我国经济发展出现过热现象和政策性通货膨胀势头。刘国光提出"软着陆"理论及中性的宏观调控政策应对。这些经济理论，既防止通货膨胀，又防止通货紧缩，有利于我国经济持续健康的发展；体现了中国共产党人对经济建设规律的认识和把握；丰富了我国经济宏观调控理论。进入新世纪，面对个人收入分配出现差距扩大化的趋势，刘国光主张要"逐步淡出效率优先、兼顾公平的口号，向实行效率与公平并重的原则过渡"④。刘国光的主张把对公平与效率内在关联性的认识提高到一个新的层面，体现在经济政策思考中对社会主义制度的本质的落实和贯彻。着眼于中国经济实践，积极地解决中国经济建设的难题，使刘国光经济学术思想充满生命力与活力。

综上所述，坚守以人民为中心的价值立场，在马克思主义哲学方法论的指导下，刘国光抓住国计民生的关键问题，提出体现中国智慧的经济发展的理论和对策，着力推动解决我国在改革中的突出问题和矛盾，拓展马克思主义经济理论发展的新境界。第十、十一、十二届全国人大常委会委员，中国社会科学院原副院长李慎明是如此评价刘国光的："国光同志具有深厚的马克思主义的理论功底，

---

① 刘国光. 试用马克思主义哲学方法总结改革开放三十年 [J]. 中国社会科学, 2008 (6): 7.

② 马克思恩格斯选集（第四卷）[M]. 北京：人民出版社, 1995: 284.

③ 刘国光改革论集 [M]. 北京：中国发展出版社, 2008: 30.

④ 刘国光. 改革开放新时期收入分配问题 [J]. 百年潮, 2010 (4): 16.

是马克思主义的理论大家……国光同志不仅为我国的社会主义市场经济体制建立和发展作出了独特的贡献，而且对我国的社会主义政治经济学的建立与发展，为中国特色社会主义的坚持与发展作出了重要的贡献"①。孙冶方经济学奖获得者杨承训称刘国光为"中国当代马克思主义经济学研究的旗手"②，认为刘国光"在改革开放中一直充当中国特色社会主义理论研究的领跑人"③。

---

① 程恩富主编. 完善社会主义市场经济体制暨刘国光经济思想研讨会文集［C］. 北京：中国经济出版社，2014：7.

②③ 程恩富主编. 完善社会主义市场经济体制暨刘国光经济思想研讨会文集［C］. 北京：中国经济出版社，2014：139.

第九章

刘国光经济学术思想的当代价值

1978 年，党的十一届三中全会做出了要把工作重心转移到经济建设上来的重要决议，开启了改革开放和社会主义现代化的伟大征程。此后，党和政府紧紧抓住我国经济发展的重要战略机遇期，深化改革，扩大开放，把马克思主义和中国具体实际相结合，战胜一系列重大挑战，使我国的综合国力、国际竞争力、国际影响力迈上一个大台阶，人民生活水平有了显著的改善和提高，国家面貌发生了历史性变化。我国经济建设所取得的成就和以刘国光为代表的广大马克思主义经济学家的探索和努力是分不开的。

一、历史地位：刘国光经济学术思想是有鲜明中国特色的政治经济学的重要组成部分

刘国光多次领导有关经济发展、宏观经济管理、经济体制改革等方面的重大课题研究、论证和咨询。他提出的一系列理论观点和政策建议，对经济改革和经济发展决策有重要影响。1979 年，刘国光与人合作写的《论社会主义经济中计划与市场的关系》提出的计划与市场结合论，较早为我国社会主义市场经济改革方向和目标模式的形成做出了前瞻性贡献[1]。1982 年，刘国光在《坚持正确的改革方向》一文，率先提出"逐步缩小指令性计划的范围，扩大指导性计划的范围和比例"[2]。1984 年，刘国光提出"稳中求进"的改革思路。1988 年，在海南规

---

① 刘思华编. 当代中国马克思主义经济学家：批判与创新 [M]. 北京：中国出版集团，世界图书出版公司，2012：5.

② 程恩富主编. 完善社会主义市场经济体制暨刘国光经济思想研讨会文集 [G]. 北京：中国经济出版社，2014：13.

划文本中，刘国光建议"建立社会主义市场经济体制"。上述理念和构想最后都得到推广和运用。1985 年，刘国光提出"双重模式转换"理念，为两个根本性转变决策做出了先行论证。1995 年，党的十四届五中全会通过的《中共中央关于制定国民经济和社会发展"九五"计划和 2010 年远景目标建议》提到要实现经济和社会发展目标关键在于实行两个根本性转变，即传统的计划经济体制向社会主义市场经济体制转变和粗放型经济增长方式向集约型经济增长方式转变。2005 年，刘国光建议，在生产领域要多讲效率，分配领域要侧重公平，引起决策层的重视①。党的十六届五中全会公报明确提出，"更加注重社会公平"②。2017 年，"稳中求进"在中央经济工作会议中被确立宏观经济治理的重要原则。

刘国光在七十多年的经济工作中，始终坚持马克思主义以人民为中心的价值立场，运用马克思主义政治经济学的分析框架、理论范式和话语体系，对中国社会主义经济建设进行多方面、系统的思考，在公有制经济战略布局、国有企业改革、国家宏观调控、个人收入分配方式、对外经济发展方式转变、经济发展方式转变、政治经济学学科建设等涉及经济改革的领域都有重要的理论建树，并随着社会主义经济建设实践的深入和发展彰显出理论光彩和旺盛的生命力。刘国光对促进我国经济体制改革、建立和完善我国社会主义市场经济体制、为丰富和发展政治经济学理论做出了巨大贡献。刘国光因此先后获得首届中国经济学杰出贡献奖、"二十一世纪世界政治经济学杰出成果奖"和首届世界马克思经济学奖。

二、传承意义：秉承高度历史责任感和严谨学风，推进我国社会主义现代化经济建设

刘国光一直站在人民的立场，以祖国的繁荣富强为经济理论的归宿。严谨的学风使刘国光能够在错综复杂的经济关系中准确地把握到主流和本质的东西，并在经济改革和经济发展各个转变时刻提出真知灼见。不论是改革开放初期对于市场机制的探索，还是改革推进期治理经济波动的观点，还是新世纪以来对新自由主义的批判，还是促进经济高质量发展的多方面思考，刘国光始终负有对国家的历史使命感，怀着对人民特别是对劳动群众强烈责任感，进行独立的理论探索和

---

① 程恩富主编. 完善社会主义市场经济体制暨刘国光经济思想研讨会文集［G］. 北京：中国经济出版社，2014：19.
② 中共中央第十六届五中全会公报［EB/OL］.（2008 – 08 – 20）［2020 – 02 – 02］. http：//www.gov.cn/test/2008 – 08/20/content_1075344.htm.

开拓，积极建言。正如刘国光在《我的经济学探索之路》所言："我信奉的重要人生格言是'正直的经济学人应有的良心是不能丢弃的'；我坚守的学术目标是为'劳动人民服务'；我赞赏的学风是'把前人的东西钻研好，在掌握正确方向的基础上调查研究，不能人云亦云，要有独立的思想'"①。正是这种高度责任感和使命感，使刘国光的经济学术思想在中国经济学界独树一帜。

刘国光坚守以人民为中心的经济学研究立场，在马克思主义哲学方法论的指导下，灵活地将马克思主义理论和中国经济建设的实践相结合，着力推动解决我国在改革中的突出问题和矛盾的思维方式对于后来经济学工作者更好地推进我国经济体制改革具有重要的引领作用。

当前，国际经济形势风云变幻，综合国力竞争更加激烈，经济发展中不平衡、不协调、不可持续问题依然存在，科技创新能力还不够强，产业结构还不够科学，转变经济发展方式需要攻关；城乡区域发展差距和居民收入分配差距较大；新自由主义的渗透和干扰依然存在。正如经济学家杨承训所言，"学习刘先生的著作和精神十分必要。可以引领我们站在历史的新的起点上，领悟中国特色社会主义经济科学的真谛，分清是非，辨别真伪，坚持正确的方向和优良的学风"②。

刘国光经济学术思想内涵十分丰富，所涉及内容非本书能一一概括。本书未涉及之处，亦是今后进一步研究的方向。

---

① 刘国光. 我的经济学探索之路 [J]. 毛泽东邓小平理论研究，2012（1）：114.
② 程恩富主编. 完善社会主义市场经济体制暨刘国光经济思想研讨会文集 [G]. 北京：中国经济出版社，2014：143.

附录一：刘国光年谱

1923 年

▲ 11 月 23 日（阴历 10 月 16 日），出生于江苏省南京市下关宝塔桥。

1937 年

▲ 参加江宁中学抗日宣传队，在江宁县湖熟、板桥一带活动。

1938 年

▲ 开始接触艾思奇等马克思主义者的优秀作品。

▲ 升入国立四川中学（后改为国立第二中学）高中部。高中期间，开始通读郭大力和王亚楠编译的《资本论》（第一卷）。

1941 年

▲ 高中毕业。

▲ 被西南联合大学经济系录取。

1946 年

▲ 在赵乃抟教授指导下，完成以马克思地租理论为主轴的《地租理论纵览》大学学士论文。

▲ 西南联合大学毕业。

▲ 考取清华大学研究生。师从徐毓枬，研究现代西方经济学。

▲ 因家境经济困难，被迫辍学。就职南开大学，任经济系助教。

1948 年

▲ 经陈岱孙教授介绍，任南京中央研究院社会学研究所助理研究员。

▲ 经倪永昌教授介绍，与小学教员刘国贤（静萍）结婚。

1949 年

▲ 南京解放前后，参加"中央研究院"员工举行的护院斗争。

▲ 南京解放后，参加南京市手工业调查。

▲ 关于马寅初著作评论的论文在《社会科学》发表，这是刘国光发表的第一篇经济论文。

1950 年

▲ 参加华北人民革命大学政治研究院学习培训。

1951 年

▲ 公派留学苏联，开始在莫斯科国立经济学院研究生院的学习。

1955 年

▲ 完成副博士论文《论物资平衡在国民经济平衡中的作用》，被授予副博士学位。毕业后归国。

▲ 至中国科学院经济研究所工作，任研究所学术秘书。

1958 年

▲ 筹组国民经济综合平衡研究组（即后来的宏观研究室），任副组长。

▲ 赴河南郑州、许昌、鲁山、开封等地，调研消费和积累情况。

▲ 作为秘书与翻译，陪同经济研究所代理所长孙冶方与世界经济研究组组长勇龙桂赴捷克斯诺伐克，参加社会主义国家经济研究所学术协作会议。

1959 年

▲ 陪同孙冶方、勇龙桂赴苏联进行学术访问，就理论经济学、世界经济学与数量经济学问题与苏联多位著名学者交流。

▲ 整理孙冶方访苏报告资料。

1960 年

▲ 参与孙冶方组织的《社会主义经济论》。负责其中两章：《社会主义经济发展速度的决定因素》和《社会主义经济的波浪式发展》。孙冶方称《社会主义

经济发展速度的决定因素》是书稿中最好的一章。

1961 年

▲ 参与研究讨论《社会主义经济论》编写提纲。

▲ 随同杨坚白带领的平衡组赴辽宁，调研"大跃进"以来农轻重比例关系失调问题。

▲ 成为共产党预备党员。

1962 年

▲ 预备党员期满，按期转正。

▲ 参加《国家十年计划工作》的编写工作，起草"积累与消费"方面内容。

1964 年

▲ 划入孙冶方、张闻天反党集团的"一伙人"，被审查。

1966 年

▲ 被划为"黑帮"，批判孙冶方、张闻天时陪斗，下放劳动。

1973 年

▲ 返京。

1975 年

▲ 至国家计委经济研究所工作。与计委综合局合作，从事调研工作。

1976 年

▲ 参加由国家计委副主任陈先带领的考察团，到华东数省市调研考察。

▲ 参加由国家计委陈先率领的代表团，赴罗马尼亚考察经济管理问题。

1977 年

▲ 参加由国家计委副主任袁宝华带领的考察团，到中南数省市调研考察。

1978 年

▲ 参加由国家计委陈先率领的代表团，赴南斯拉夫考察经济体制。

▲ 兼任《经济研究》副主编。

1979 年

▲ 任中国社会科学院经济研究所副所长。

▲ 参加在无锡召开的社会主义商品经济和价值规律问题讨论会。提交论文《论社会主义经济中计划与市场的关系》（与赵人伟合写）。中央党校、国家计委、社会科学院等内部刊物全文转载该文。后，该文同诺贝尔奖获得者英国经济学家詹姆斯·E. 米德的论文一同全文发表于《大西洋经济评论》。

▲ 参加于光远率领的代表团赴匈牙利考察经济体制改革问题。

1981 年

▲ 参加许涤新率领的代表团赴英国参观访问。在牛津大学演讲，题为《关于中国经济体制改革的一些情况和问题》。

▲ 兼任国家统计局副局长。

1982 年

▲ 赴苏联作经济调研，这是二十多年中苏关系恶化以来的首次学术访问。回国后写出报告《苏联经济体制改革情况和问题》，上报国务院。

▲ 任中国社会科学院副院长，兼任经济研究所所长，《经济研究》杂志主编。

▲ 先后当选中国共产党第十二次全国代表大会代表和党的十二大中央委员会候补委员。

1983 年

▲ 主持"孙冶方经济科学奖励基金委员会"成立大会，任评委委员会副主任委员。

▲ 应澳大利亚社会科学院人文科学院研究院邀请，率中国社会科学院代表团访问澳大利亚，进行学术交流。

1984 年

▲ 应世界银行经济发展研究所邀请，赴美国参加在华盛顿召开的"发展中的管理问题"学术讨论会。

▲ 会见世界银行亚洲太平洋地区总经济师奥·耶那尔，双方就世界银行与

中国社会科学院合作研究问题交换了意见。

▲ 参加党的十二届三中全会。

▲ 应美国国家经济研究所菲尔德斯坦所长邀请，率中国社科学院经济研究所代表团到美国波士顿、纽约、华盛顿进行学术访问。

▲ 主编的《中国经济的发展战略问题》出版。

1985 年

▲ 应深圳市委和市政府邀请，率中国社会科学院调研组赴深圳，开展深圳特区经济发展战略研究。

▲ 出席孙冶方经济科学奖首届颁奖会，代表孙冶方经济科学奖基金委员会和评奖委员会讲话。

▲ 参加中国社会科学院与国家体改委联合组织在长江三峡"巴山轮"上召开的"宏观经济管理国际研讨会"。

1986 年

▲ 率团赴法国，考察国有企业管理。

▲ 以"不习吏事"恳辞国务院国家体制改革委员会领导职务，获得时任国务院领导同志的理解。

▲ 会见联合国开发计划署经济发展研究院所所长舒曼·贝利，双方就有关协作问题交换了意见。

▲ 会见匈牙利科学院经济研究所所长奥洛达尔·希波什。

▲ 在厦门大学，出席王亚南诞辰 85 周年暨王亚南经济思想和教育思想学术报告会，并发表关于经济问题的讲演。

1987 年

▲ 应邀率中国社会科学院代表团一行 6 人赴波兰和捷克斯洛伐克考察访问。

▲ 出席孙冶方经济学奖 1986 年度颁奖大会，并讲话。

▲ 在世界银行总部发表演讲，题为《中国价格改革问题》。

▲ 先后当选为中国共产党第十三次代表大会代表、党的十三大中央委员会候补委员。

▲ 任国务院学位委员会委员。

▲ 参加李铁映主持的"国家体改委经济体制改革中期规划"研讨会。

1988 年

▲ 向海南省筹建组汇报中国社会科学院调研海南岛情况。

▲ 参加党的十三届二中全会，针对通货膨胀问题发表看法。薛暮桥、戎子和等人肯定其发言。

▲ 应邀访问牛津大学圣安东尼学院，参加该校当代中国研究中心举办的中苏改革比较国际研讨会并发言，题为《谈谈中国经济学界对近期经济改革的不同思路》。

▲ 会见来华访问的捷克斯诺伐克共和国学院代表团，并与该团就双方合作交流事宜进行会谈，签署合作协议。

▲ 当选波兰科学院外籍院士。

▲ 参加党的十三届三中全会。

▲ 受邀在中南海勤政殿谈经济形势。

1989 年

▲ 出席 1988 年度孙冶方经济科学奖励基金颁奖大会，并讲话。

▲ 参加党的十三届四中全会。

1990 年

▲ 率中国社会科学院经济学家代表团赴苏联参加中苏经济体制改革学术研讨会并讲话，题为《中华人民共和国四十年经济发展》。

▲ 出席中国区域经济学会成立大会并致辞。

▲ 会见联合国教科文组织社科部门发展研究处负责人，双方就人力资源调查等问题进行了交流。

▲ 参加国务院三峡工程审查委员会并发言，发言题为《对三峡是否上马之我见》。

▲ 会见美国福特基金会驻京首席代表韩理思和前任首席代表盖思南，对中国社会科学院经济领域和福特基金会资助的合作项目交换意见。

▲ 参加中国生态经济学会年会并致辞。

▲ 作为课题组负责人参加中国社会科学院数量与技术经济研究所召开"1990 年经济形势分析与 1991 年经济发展预测"的座谈会并致辞。

▲ 出席企业管理研究成果评审会并发言，汪道涵等与会。

1991 年

▲ 会见世界银行中国局经济学家尤素福等人，双方就合作研究交换意见。

▲ 出席了江泽民、李鹏等中央领导同志在中南海怀仁堂举行的同中国社会科学院领导和部分专家学者的座谈会。

▲ 参加国务院三峡工程规划委员会组织的赴三峡及荆湖地区的实地考察。

▲ 会见英国驻华使馆代办寇大伟，介绍我国经济改革和经济形势。

▲ 会见日本学士院院士隅谷三喜男夫妇一行，就中国社会科学院与其签订《中国社会科学院日本研究基金协议》一事进行了磋商。

▲ 获聘国务院发展研究中心学术委员会委员。

▲ 参加国务院第 80 次常务会议。

▲ 应联合国教科文组织总干事马约尔邀请，赴巴黎参加可持续发展国际研讨会，并在会上发言。

▲ 参加时任中共中央总书记江泽民主持专家座谈会，酝酿了"社会主义市场经济体制"的倾向性提法。刘国光表示赞成这种提法。

▲ 参加时任中共中央总书记江泽民在勤政殿召开的座谈会，围绕苏联剧变和战后资本主义问题发表看法。

▲ 会见台湾"经济研究院"院长刘泰英等 3 人，就两岸学术交流等问题交换了意见。

▲ 出席党的十三届八中全会。

▲ 出席国务院学位委员第十次会议。

1992 年

▲ 参加关于三峡工程筹资方案研究的专题汇报会。

▲ 出席国务院第 95 次常务会议。

▲ 作为时任国家总理李鹏的经济顾问，访问意大利、瑞士、葡萄牙、西班牙四国。

▲ 参加国务院第十三次全体会议。

▲ 出席中国社会科学院召开的"1992 年经济形势分析与预测春季座谈会"，并发言。

▲ 参加第 186 次总理办公会，就我国的经济形势和当前经济工作情况发言。

▲ 受时任中共中央总书记江泽民邀请，商讨中央党校报告中所涉及的一些问题。江泽民就"社会主义市场经济体制"提法征求意见。谈话后，选定倾向于

用"社会主义市场经济"的提法。

▲ 当选党的十四大代表。

▲ 出席国务院第 202 次总理办公会，研究来年的经济工作。

▲ 参加党的十三届九中全会。

▲ 参加中国共产党第十四次全国代表大会。

▲ 参加国务院三峡工程审议会，发言摘要为《兴建三峡工程是我国国力能够承受的》，刊发 1993 年 1 月 1 日《人民日报》。

▲ 出席中国社会科学院、台湾"经济研究院"联合召开的海峡两岸产业政策研讨会并发表题为《中国大陆社会主义市场经济的理论与实践》的讲话。后，在厦门大学做报告。

▲ 主编的《中国经济体制改革的模式研究》一书荣获中宣部和国家新闻出版署评选的第一届"中国图书奖"。

1993 年

▲ 会见亚洲开发银行副行长汤姆森一行。

▲ 出席中国太平洋经济合作委员会正副会长会议，当选为委员会的副会长。

▲ 出席中国社会科学院经济研究所和孙冶方经济学奖励基金会联合举办的孙冶方同志逝世十周年纪念座谈会，并在会上致辞。

▲ 当选全国人民代表大会第八届代表，当选全国人民代表大会常委会委员、教科文委员会委员。

▲ 出席中国社会科学院召开的"经济形势分析与预测春季座谈会"，并发言。

▲ 参加党的十四届三中全会关于经济体制改革文件的起草工作。

▲ 会见著名经济学家、世界计量经济学会前会长、哈佛大学教授乔根森，双方就"生产率与环境和社会发展"课题交换意见。

▲ 会见亚洲银行首席经济学家萨蒂什博士，介绍中国社会科学院与世界银行合作的情况，建议亚洲开发银行和中国社科院开展合作研究。

▲ 陪同时任国务院副总理朱镕基会见美国斯坦福大学刘遵义教授。

▲ 出席由中国社会科学院召开的国民经济发展战略课题讨论会，并讲话。

▲ 列席国务院第八次常务会议。

▲ 列席国务院第九次常务会议。

▲ 会见美国斯坦福大学教授、诺贝尔获得者阿曼夫妇，介绍我国沿海地区经济发展情况，并交换经济形式看法。

▲ 出席中国社会科学院主办的"1993 年经济形势分析与预测秋季座谈会"，

并发言。

▲ 作为中央文件起草组成员，列席党的十四届三中全会，讨论制定关于建立社会主义经济体制改革的决定。

▲ 卸任中国社会科学院副院长职务，获聘中国社会科学院特邀顾问。

▲ 出席国务院住房制度改革领导小组第四次会议。

▲ 出席全国经济工作会议。

1994 年

▲ 应新加坡原总理吴庆瑞及新加坡大学亚洲研究所的邀请访问新加坡。

▲ 由人大科教文委员会转为财经委员会委员。

▲ 参加全国人大八届二次会议。

▲ 赴马来西亚吉隆坡参加第十届太平洋经济合作理事会。

▲ 参加全国城市发展研究会第三届代表大会，继任理事长职务。

▲ 在福建省委举办的社会主义市场经济问题讲座上作报告，题为《关于宏观调控体系改革与当前经济形势问题》。福建省省委书记贾庆林出席会议，并会见刘国光。

1996 年

▲ 参加第八届全国人民代表大会第四次会议。

▲ 致函国家领导人江泽民、李鹏、朱镕基、邹家华，提出海南大化肥厂不应建于三亚，以免污染旅游环境，建议迁建。

▲ 参加国家计委南水北调审查组去南水北调中线考察（武汉—襄樊—丹江口—南阳—郑州）。

▲ 出席中国经济规律研究学会研讨会并发言。

▲ 参加中南海召开的党的十五大报告起草工作会议。

1997 年

▲ 参加第八届全国人民代表大会五次会议。

▲ 参加人大财经委员会开会讨论上半年经济并发言，题为《略论当前经济形势》。

▲ 作为中央文件起草小组成员，列席中国共产党第十五次全国代表大会。

▲ 列席党的十五届一中全会。

▲ 参加中国城市年鉴 1997 年工作会议并致辞。

1998 年

▲ 列席第九届全国人民代表大会预备会议。

▲ 时任全国人大常委会副委员长华建敏邀请刘国光参加党的十五届三中全会关于农业问题报告的起草工作。

▲ 在中国社会科学院主办的"经济形势分析与预测"座谈会上讲"增长速度、宏观调控、供求关系"问题。

▲ 参加党的十五届三中全会起草组工作。

▲ 赴美国波士顿，参加国务院发展研究中心与美国哈佛大学联合召开的中美第二届经济发展与体制改革研讨会，在会上作了题为《东南亚金融危机与中国》的发言。

▲ 在国务院政研室召开的形势讨论会上发言，题为《关于当前经济形势及政策取向问题的看法》。

▲ 作为起草组成员，列席党的十五届三中全会。

▲ 出席孙冶方经济科学基金会和中国社会科学院经济研究所等单位共同举办的"纪念孙冶方 90 诞辰暨孙冶方经济学观点研讨会"并发言。

1999 年

▲ 在中国社会科学院主办的"中国经济形势分析与预测"春季讨论会上发言，题为《关于继续实行积极的财政政策的几点思考》。

▲ 参加中国经济规律研究会第十届年会并讲话，题为《关于经济形势与宏观调控问题》。

▲ 参加党的十五届五中全会文件的起草部署会议。

2000 年

▲ 作为起草组小组成员，列席中共十五届五中全会。

▲ 出席中国社会科学院召开的"中国经济形势分析与预测秋季座谈会"并发言，题为《当前经济形势与"十五"期间宏观调控政策取向》。

▲ 参加中国经济规律学会第十一届年会和西部经济发展管理创新国际研讨会并讲话。

▲ 参加中俄友好协会第三届理事会第一次会议，当选荣誉理事，授予中俄友好奖章。

2001 年

▲ 获俄罗斯科学院授予的荣誉博士称号。

▲ 参加太平洋经济合作理事会东盟经济合作研讨会，作形势报告。

▲ 出席中国经济规律研究学会第十二届年会上并发表讲话，题为《中国宏观经济形势与宏观调控问题》。

2002 年

▲ 参加东亚经济合作研讨会并发言，题为《中国宏观经济形势问题》。

▲ 在国家发展改革委经济研究所主办的"国宏论坛"上讲话，题为《当前经济形势的几个问题》。

▲ 应波兰科学院邀请，访问了华沙、克拉科夫等地。

▲ 参加中国社会科学院主办"中国经济形势分析与预测秋季讨论会"并发言，题为《将经济增长率提升的几个问题》。

▲ 参加党的十六届三中全会报告起草班子召集会。

▲ 参加全国城市经济学会第四次会议，并作报告。

▲ 参加中央政治局常委吴邦国主持的修改宪法座谈会。

▲ 作为文件起草小组成员，列席十六届三中全会，讨论制定关于完善社会主义市场经济体制的文件。

▲ 出席中国经济规律研究会第十三届年会，并发言。题为《关于经济形势与收入分配问题》。

▲ 参加友人与学生在中国社会科学院院部举办生日庆祝会暨经济学恳谈会，发言题为《八十心迹》。

▲ 出席中国改革综合研究院举办的"建设公共服务型政府"研讨会，并作报告，题为《谈谈政府职能与财政功能的转变》。

▲ 主持第十届孙冶方经济学颁奖大会。

2004 年

▲ 参加时任国务院总理温家宝召集的征求政府工作报告的意见会，在会上讲了双向防范（防通胀与防通缩）与群众关心的政府行为等问题。

▲ 参加全国社会保障理事会，并作发言。

▲ 应海南省邀请，出任海南省咨询顾问，参加海南省顾问会成立会并作发言。

▲ 参加中国宏观经济学会召开宏观经济形势座谈会，并发言。

▲ 出席中国社会科学院召开的"中国经济形势分析与预测"春季讨论会，并讲话，题为《宏观经济问题小论三则》。

▲ 参加温家宝总理主持召开的经济专家座谈会并发言，题为《谈中性宏观调控政策问题》。

▲ 参加中国社会科学院主办的"经济形势分析与预测"秋季座谈会，发言题为《杂谈宏观调控问题》。

▲ 参加温家宝总理主持的国务院座谈会，并发言。

2005 年

▲ 获中国宏观经济学会和中国经济体制改革研究会颁发的"中国经济学杰出贡献奖"。

▲ 出席中国城市发展研究会第五次代表大会并发言，题为《关于社会公平问题》。习近平等国家领导人与会。

▲ 发表《对经济学教学和研究中一些问题的看法》，引起中共中央领导高度重视。

▲ 致函国家主席胡锦涛和国务院总理温家宝，主张当前要淡化"效率优先，兼顾公平"的提法，强调要更加重视社会公平问题。

▲ 参加马克思主义理论研究和建设工程组在京举办的"政治经济学提纲"评审会。

▲ 出席中国社会科学院召开的"中国经济形势分析与预测"秋季讨论会并发言，题为《把效率优先放到应该讲的地方去讲》。

▲ 出席中国经济规律研究会第十五届年会，并发言。题为《关于经济学教学与研究中的若干问题》。

▲ 出席中国社会科学院马克思主义研究院成立大会。

2006 年

▲ 当选中国社会科学院学部委员。

▲ 出席中国经济规律研究会第十六届年会并发言，题为《关于改革方向问题》。

▲《刘国光文集》（十卷本）的出版发布会在人民大会堂举行。

2007 年

▲ 出席中国经济规律研究会第十七届年会并发言，题为《关于收入分配

问题》。

2008 年

▲ 出席孙冶方经济科学基金会与香港中文大学举办的"孙冶方100周年纪念研讨会"，并讲话，题为《试用马克思主义哲学方法总结改革开放30年》。

▲ 参加中国经济规律研究会第十八届年会并讲话，题为《辩证地看30年改革开放》。

▲ 入选人民日报社《中国经济周刊》评选的"改革开放30年中国经济百人榜"。

2009 年

▲ 刘国光口述，毛立言协助整理的文章《建国六十年来中国的计划与市场》入选"第一届当代中国史国际高级论坛特稿"。

▲ 出席中国经济规律研究会第十九届年会并讲话，题为《经济建设与阶级斗争》。

▲ 出席第十三届孙冶方经济科学奖颁奖会，并致开幕词。

▲ 参加中国城市经济学会年会并讲话，题为《准确理解改革的含义和正确掌握不同领域改革进程》。

2010 年

▲ 荣获世界政治经济学学会颁发的"二十一世纪世界政治经济学杰出成果奖"。

▲ 应马克思主义理论研究和建设工程编写组关于《马克思主义政治经济学概论》意见稿征求，撰写审稿意见。该稿以《关于社会主义政治经济学的若干问题》为题，刊发《政治经济学评论》等杂志。

▲ 出席在河北财经大学召开的中国经济规律研究会第二十届年会并发言。题为《社会主义初级阶段的主要矛盾》。后，该文稿刊发《求是内参》。

▲ 先后在中国宏观经济学会座谈会及中国城市经济学会年会上，作题为《分好蛋糕比做大蛋糕更重要更困难》的发言。

2011 年

▲ 荣获世界政治经济学学会颁发的首届"世界马克思经济学奖"。以录像方式与大会交流，发表了授奖答辞《经济学研究的立场》。后，该文刊发于《光明

日报》。

▲ 受大型政论纪录片《信仰的力量》专访，拍摄了《关于市场经济与计划经济的争论》访谈片。

▲ 出席中国经济规律研究会第二十一届年会，就"共同富裕"的主题发言。

2012 年

▲ 出席中国宏观经济学会召开的常务理事会并发言。题为《改革必须坚持社会主义方向，坚持公有制为主体，坚持共同富裕，不搞两极分化》。

▲ 出席中国经济规律研究会第二十二届年会，研讨生产和分配问题并发言，题为《端正改革方向》。

▲ 出席中国经济社会发展资源第六届高层论坛会并发言，题为《重视发展集体经济》。

▲《关于中国社会主义政治经济学若干问题》被《政治经济学评论》杂志评选为优秀论文。出席获奖会并发言，题为《关于社会主义初级阶段的矛盾和社会主义的本质特征》。

2013 年

▲ 出席在福建师范大学召开的中国经济规律研究会第二十届年会，并发表讲话，题为《十八大后再论中国经济体制改革的方向——警惕以"市场化"为名推行私有化为实的倾向》。该发言后修订，以"十八届三中全会建言"报送中央有关同志。

▲ 出席"孙冶方经济科学基金会成立 30 周年纪念会暨第 15 届孙冶方经济科学奖颁奖大会"并发言。

▲ 出席中国经济社会发展智库第七届高层论坛并发言，题为《谈谈政府和市场在资源配置中的作用》。

▲《社会主义市场经济理论问题》出版。该书隶属"中国社会科学院学部委员专题文集"丛书系列。

2014～2015 年

▲ 应中国社会科学院世界社会主义研究中心邀约，将 2011 年以来所写有关经济改革反思的文章辑编为《中国经济体制改革的方向问题》一书，纳入李慎明主编的"居安思危"丛书出版。

2016 年

▲ 就正视和克服马克思主义政治经济学边缘化及认识中国特色社会主义政治学与马克思主义政治学的关系问题，复马克思主义理论研究和建设办公室调研访谈函。

2017 年

▲《刘国光经济论著全集》（十七卷）出版。

▲ 由刘国光口述，桁林和邢桂芹整理的《刘国光》一书出版。

附录二：刘国光主要学术成果
（1980～2019）

（一）专著

1. 刘国光. 社会主义再生产问题［M］. 北京：生活·读书·新知三联书店出版，1980.

2. 刘国光. 南斯拉夫的计划与市场［M］. 长春：吉林人民出版社，1981.

3. 刘国光. 马克思的社会再生产理论［M］. 北京：中国社会科学出版社，1981.

4. 刘国光. 论经济改革与经济调整［M］. 南京：江苏人民出版社，1983.

5. 刘国光. 苏联东欧几国的经济理论和经济体制［M］. 北京：中国展望出版社，1984.

6. 刘国光选集［M］. 太原：山西人民出版社，1986.

7. 刘国光. 中国经济大变动与马克思主义经济理论的发展［M］. 南京：江苏人民出版社，1988.

8. 刘国光. 改革、稳定、发展——稳中求进的改革与发展战略［M］. 北京：经济管理出版社，1991.

9. 刘国光经济文选（1991－1992）［M］. 北京：经济管理出版社，1993.

10. 刘国光. 中国经济改革和发展的新阶段［M］. 北京：经济管理出版社，1996.

11. 刘国光. 中国经济走向——宏观经济运行与微观经济改革［M］. 南京：江苏人民出版社，1998.

12. 刘国光. 中国经济运行与发展［M］. 广州：广东经济出版社，2001.

13. 刘国光自选集［M］. 北京：学习出版社，2003.

14. 刘国光. 中国宏观经济问题［M］. 北京：经济管理出版社，2004.

15. 刘国光专集［M］. 太原：山西经济出版社，2005.

16. 刘国光集［M］．北京：中国社会科学出版社，2005.

17. 刘国光文集（十卷本）［M］．北京：中国社会科学出版社，2006.

18. 刘国光改革论集［M］．北京：中国发展出版社，2008.

19. 刘国光．经济学新论［M］．北京：社会科学文献出版社，2009.

20. 刘国光经济文选［M］．北京：中国时代经济出版社，2010.

21. 刘国光．社会主义市场经济理论问题［M］．北京：中国社会科学出版社，2013.

22. 刘国光．中国经济体制改革的方向问题［M］．北京：社会科学文献出版社，2015.

23. 刘国光经济论著全集（共17卷）［M］．北京：知识产权出版社，2017.

24. 刘国光．中国社会主义政治经济学的若干问题［M］．济南：济南出版社，2017.

25. 刘国光集［M］．北京：中国社会科学出版社，2019.

（二）主编和合著作品

1. 刘国光主编．国民经济管理体制改革的若干理论问题［M］．北京：中国社会科学出版社，1980.

2. 刘国光主编．国民经济综合平衡的若干理论问题［M］．北京：中国社会科学出版社，1981.

3. 刘国光主编．匈牙利经济体制考察报告［M］．北京：中国社会科学出版社，1981.

4. 刘国光，王瑞荪．中国的经济体制改革［M］．北京：人民出版社，1982.

5. 刘国光等．苏联经济管理体制考察资料［G］．北京：中国社会科学出版社，1983.

6. 刘国光主编．中国经济发展战略问题研究［M］．上海：上海人民出版社，1984.

7. 刘国光编．学习《邓小平文选》发展和繁荣社会科学［M］．北京：中国社会科学出版社，1984.

8. 刘国光主编．政治经济学（二）（三）［M］．北京：经济管理出版社，1984.

9. 刘国光主编．深圳特区发展战略研究［M］．香港：香港经济导报社，1985.

10. 刘国光主编．国民经济管理体制改革的若干理论问题［M］．北京：中国社会科学出版社，1985.

11. 刘国光主编 . 中国经济建设的若干理论问题［M］. 南京：江苏人民出版社，1986.

12. 刘国光等 . 中国社会主义经济的改革、开放和发展［M］. 北京：经济管理出版社，1987.

13. 刘国光主编 . 中国经济体制改革的模式研究［M］. 北京：中国社会科学出版社，1987.

14. 刘国光等 . 孙冶方的经济体制改革理论研究［M］. 北京：经济日报出版社，1987.

15. 刘国光，林宗棠主编 . 中国经济技术协作手册（四册）［M］. 北京：经济科学出版社，1987.

16. 刘国光主编 . 海南经济发展战略［M］. 北京：经济管理出版社，1988.

17. 刘国光主编 . 中国城市年鉴（1989）［M］. 北京：中国城市年鉴社，1989.

18. 刘国光等主编 .1949－1952 中华人民共和国经济档案资料选编（基本建设投资和建筑业卷）［G］. 北京：中国城市经济社会出版社，1989.

19. 刘国光等主编 .1949－1952 中华人民共和国经济档案资料选编（综合卷）［G］. 北京：中国城市经济社会出版社，1990.

20. 刘国光主编 . 体制变革中的经济稳定增长［M］. 北京：中国计划出版社，1990.

21. 刘国光主编 . 经济大辞典（计划卷）［M］. 上海：上海辞书出版社，1990.

22. 刘国光等编 . 中国城市年鉴（1990）［M］. 北京：中国城市出版社，1990.

23. 刘国光主编 .1991 年中国：经济形势分析与预测［M］. 北京：中国社会科学院数量经济技术经济研究杂志社，1991.

24. 刘国光等主编 .1949－1952 中华人民共和国经济档案资料选编（农业卷）［G］. 北京：社会科学文献出版社，1991.

25. 刘国光等 .80 年代中国经济改革与发展——研究报告续集［M］. 北京：经济管理出版社，1991.

26. 刘国光主编 . 中苏经济体制改革研讨会论文集［G］. 北京：经济管理出版社，1991.

27. 刘国光主编 . 不宽松的现实和宽松的实现——双重体制下的宏观经济管

理 [M]. 上海：上海人民出版社，1991.

28. 刘国光等编. 中国城市年鉴（1991）[M]. 北京：中国城市出版社，1991.

29. 刘国光主编. 1992 年中国：经济形势分析与预测 [M]. 北京：中国社会科学出版社，1991.

30. 刘国光主编. 1993 年中国：经济形势分析与预测 [M]. 北京：中国社会科学出版社，1992.

31. 刘国光等主编. 1949－1952 中华人民共和国经济档案资料选编（农业经济体制卷）[G]. 北京：社会科学文献出版社，1992.

32. 刘国光等主编. 中国改革全书（工业企业体制改革卷）[M]. 大连：大连出版社，1992.

33. 刘国光等主编. 有中国特色的社会主义 [M]. 北京：中国社会科学出版社，1993.

34. 刘国光等主编. 1949－1952 中华人民共和国经济档案资料选编（工商体制卷）[G]. 北京：中国社会科学出版社，1993.

35. 刘国光等. 九十年代改革开放与经济发展 [M]. 长沙：湖南科学技术出版社，1993.

36. 刘国光主编. 走向市场经济的行动纲领——学习党的十四届三中全会决定 [M]. 北京：新华出版社，1993.

37. 刘国光主编. 1994 年中国：经济形势分析与预测 [M]. 北京：中国社会科学出版社，1993.

38. 刘国光主编. 工资改革新思路 [M]. 北京：经济科学出版社，1993.

39. 刘国光主编. 深圳经济特区 90 年代经济发展战略 [M]. 北京：经济管理出版社，1993.

40. 刘国光等主编. 经济改革与国际化：中国和太平洋地区 [M]. 北京：经济管理出版社，1994.

41. 刘国光等主编. 1949－1952 中华人民共和国经济档案资料选编（劳动工资和职工福利卷）[G]. 北京：中国社会科学出版社，1994.

42. 刘国光等主编. 1949－1952 中华人民共和国经济档案资料选编（对外贸易卷）（上中下）[G]. 北京：经济管理出版社，1994.

43. 刘国光主编. 邓小平建设有中国特色社会主义理论学习文库（上）[M]. 北京：红旗出版社，1995.

44. 刘国光等编. 中国城市年鉴（1995）[M]. 北京：中国城市年鉴社，

1995.

45. 刘国光等主编. 1949 – 1952 中华人民共和国经济档案资料选编（商业卷）［G］. 北京：中国物资出版社，1995.

46. 刘国光等主编. 1995 年中国：经济形势分析与预测［M］. 北京：中国社会科学出版社，1995.

47. 刘国光等主编. 1996 年中国：经济形势分析与预测［M］. 北京：中国社会科学出版社，1995.

48. 刘国光，沈立人. 中国经济的两个根本性转变［M］. 上海：上海远东出版社，1996.

49. 刘国光等主编. 1949 – 1952 中华人民共和国经济档案资料选编（交通通讯卷）［G］. 北京：中国物资出版社，1996.

50. 刘国光等主编. 1997 年中国经济形势分析与预测［M］. 北京：社会科学文献出版社，1996.

51. 刘国光，王明哲主编. 1949 – 1952 中华人民共和国经济档案选编（工业卷）［G］. 北京：中国物资出版社，1996.

52. 刘国光，王明哲主编. 1949 – 1952 中华人民共和国经济档案选编（金融卷）［G］. 北京：中国物资出版社，1996.

53. 刘国光等主编. 1998 年中国经济形势分析与预测［M］. 北京：社会科学文献出版社，1997.

54. 刘国光主编. 邓小平建设有中国特色社会主义理论学习文库（下）［M］. 北京：红旗出版社，1997.

55. 刘国光主编. 中国城市年鉴（1997）［M］. 北京：中国城市年鉴社，1997.

56. 刘国光主编. 邓小平建设有中国特色社会主义理论学习文库［M］. 北京：红旗出版社，1997.

57. 刘国光等主编. 中国跨世纪的三大改革（卷 2）［M］. 北京：中共中央党校出版社，1998.

58. 刘国光等主编. 1953 – 1957 中华人民共和国经济档案资料选编（交通通讯卷）［G］. 北京：中国物价出版社，1998.

59. 刘国光等主编. 1953 – 1957 中华人民共和国经济档案资料选编（工业卷）［G］. 北京：中国物资出版社，1998.

60. 刘国光等主编. 1953 – 1957 中华人民共和国经济档案资料选编（固定资产投资和建筑业卷）［G］. 北京：中国物价出版社，1998.

61. 刘国光等主编.1953－1957中华人民共和国经济档案资料选编（农业卷）［G］.北京：中国物价出版社，1998.

62. 刘国光主编.现代市场经济实用知识［M］.长春：吉林人民出版社，1998.

63. 刘国光主编.中国经济体制改革的模式研究［M］.广州：广东经济出版社，1998.

64. 刘国光等主编.1999年中国：经济形势分析与预测［M］.北京：社会科学文献出版社，1998.

65. 刘国光等主编.中国经济前景分析：1999年春季报告［M］.北京：社会科学文献出版社，1999.

66. 刘国光主编.中国城市年鉴（1999）［M］.北京：中国城市年鉴社，1999.

67. 刘国光等主编.1953－1957中华人民共和国经济档案资料选编（劳动工资和职工保险福利卷）［G］.北京：中国物价出版社，1999.

68. 刘国光等主编.2000年中国：经济形势分析与预测［M］.北京：社会科学文献出版社，2000.

69. 刘国光等编.中国经济前景分析：2000年春季报告［M］.北京：社会科学文献出版社，2000.

70. 刘国光等主编.1953－1957中华人民共和国经济档案资料选编（财政卷）［G］.北京：中国物价出版社，2000.

71. 刘国光等主编.2001年中国：经济形势分析与预测［M］.北京：社会科学文献出版社，2001.

72. 刘国光等主编.中国经济大转变（上、下）［M］.广州：广东经济出版社，2001.

73. 刘国光等主编.2002年：中国经济形势分析与预测［M］.北京：社会科学文献出版社，2002.

74. 刘国光等编.社会主义市场经济概论［M］.北京：人民出版社，2002.

75. 刘国光等编.中国经济前景分析：2002年春季报告［M］.北京：社会科学文献出版社，2002.

76. 刘国光等编.2003年：中国经济形势分析与预测［M］.北京：社会科学文献出版社，2002.

77. 刘国光等主编.2004年：中国经济形势分析与预测［M］.北京：社会科学文献出版社，2003.

78. 刘国光等编. 中国经济前景分析: 2003 年春季报告 [M]. 北京: 社会科学文献出版社, 2003.

79. 刘国光等主编. 2005 年: 中国经济形势分析与预测 [M]. 北京: 社会科学文献出版社, 2004.

80. 刘国光等主编. 中国经济前景分析: 2004 年春季报告 [M]. 北京: 社会科学文献出版社, 2004.

81. 刘国光等主编. 中国经济前景分析: 2005 年春季报告 [M]. 北京: 社会科学文献出版社, 2005.

82. 刘国光等主编. 2006 年: 中国经济形势分析与预测 [M]. 北京: 社会科学文献出版社, 2005.

83. 刘国光等主编. 中国经济前景分析: 2006 年春季报告 [M]. 北京: 社会科学文献出版社, 2005.

84. 刘国光主编. 中国十个五年计划研究报告 [M]. 北京: 人民出版社, 2006.

85. 刘国光主编. 中国经济体制改革的模式研究 [M]. 北京: 中国社会科学出版社, 2009.

86. 刘国光等主编. 1958 - 1965 中华人民共和国经济档案资料选编 (财政卷) [G]. 北京: 中国财政经济出版社, 2011.

87. 刘国光主编. 共同理想的基石 [G]. 北京: 经济科学出版社, 2012.

88. 刘国光主编. 收入分配之争 [G]. 北京: 中国社会科学出版社, 2013.

89. 刘国光主编. 国进民退之争 [G]. 北京: 中国社会科学出版社, 2013.

90. 刘国光主编. 外资控制之争 [G]. 北京: 中国社会科学出版社, 2013.

(三) 论文 (2005 ~ 2019)①

1. 刘国光. 著名经济学家刘国光教授在首届中国经济学奖颁奖典礼上的讲话 [J]. 经济学动态, 2005 (5).

2. 刘国光. 进一步重视社会公平问题 [J]. 中国经贸导刊, 2005 (8).

3. 刘国光. 对经济学教学和研究中一些问题的看法 [J]. 高校理论战线, 2005 (9).

4. 刘国光. 把效率优先放在该讲的地方去 [J]. 理论参考, 2005 (12).

---

① 2005 年之前, 刘国光的论文基本收编在前述专著和编著中。故此处不再复录。

5. 刘国光. 建设新农村，解决黑龙江"三农"问题的重要途径 [J]. 黑龙江社会科学，2006（1）.

6. 刘国光. 收入分配不用再提"效率优先、兼顾公平" [J]. 中华魂，2006（1）.

7. 刘国光. 试谈我国经济体制改革的正确方向 [J]. 南京理工大学学报，2006（4）.

8. 刘国光. 坚持正确的改革方向 [J]. 马克思主义研究，2006（6）.

9. 刘国光. 为科学发展提供理论支撑 [N]. 人民日报，2006 - 06 - 02.

10. 刘国光. 略论所谓"市场化改革" [J]. 中华魂，2006（7）.

11. 刘国光. 我们面临的是一场全方位改革 [J]. 国民经济管理，2006（10）.

12. 刘国光. 略评民主社会主义 [J]. 中共天津市委党校学报，2007（3）.

13. 刘国光. 始终坚持正确的改革方向，推进社会主义和谐社会建设 [J]. 中华魂，2007（4）.

14. 刘国光，杨承训. 关于当前思想理论领域一些问题的对话 [J]. 高校理论战线，2007（6）.

15. 刘国光. 关于分配和所有制关系若干问题的思考 [J]. 红旗文稿，2007（24）.

16. 刘国光. 对十七大报告论述中一些经济问题的理解 [J]. 经济学动态，2008（1）.

17. 刘国光. 对十七大报告三则论述的理解 [J]. 财经研究，2008（2）.

18. 刘国光，沈立人. 宏观调控面面观 [J]. 开放导报，2008（4）.

19. 刘国光. 暂时的被误解不要怕——一位经济学家的 60 余年的理论探索 [J]. 人民论坛，2008（4）.

20. 刘国光. 坚持以马克思主义思想为指导　走中国特色社会主义道路 [J]. 中国城市经济，2008（5）.

21. 刘国光. 试用马克思主义哲学方法总结改革开放三十年 [J]. 中国社会科学，2008（5）.

22. 刘国光. "国进民退"争论的实质与发展私营经济的正确道路 [J]. 南京理工大学学报，2008（6）.

23. 刘国光. 如何正确认识近期我国的宏观调控目标 [J]. 马克思主义研究，2008（6）.

24. 刘国光. 关于近期宏观调控目标的一点意见 [J]. 现代经济探讨，2008

（8）.

25. 刘国光. 回顾改革开放 30 年：计划与市场关系的变革 [J]. 财贸经济，2008（11）.

26. 刘国光. 真理越辩越明，事实越辩越清 [J]. 红旗文稿，2008（23）.

27. 刘国光. 不改革中国没有出路 [J]. 中国煤炭工业，2008（12）.

28. 刘国光. 辩证地看中国改革三十年 [J]. 南京大学学报，2009（1）.

29. 刘国光. 有计划是社会主义市场经济的强板 [J]. 绿叶，2009（1）.

30. 刘国光. 关于党的十一届三中全会以来探索和确立社会主义市场经济制度情况的回顾 [J]. 党的文献，2009（1）.

31. 刘国光. 论中国特色社会主义经济学三则 [J]. 毛泽东邓小平理论研究，2009（3）.

32. 刘国光. 一个思想解放的良好果实 [J]. 学术界，2009（5）.

33. 刘国光. 当前世界经济危机中中国的表现与中国特色社会主义模式的关系 [J]. 高校理论战线，2009（5）.

34. 刘国光. 中国模式让我们有望最先复苏 [J]. 红旗文稿，2009（6）.

35. 刘国光. 解析改革开放经验，探索经济发展规律 [J]. 高校理论战线，2009（8）.

36. 刘国光. 中国特色社会主义不是向新民主主义的回归 [N]. 中国社会科学报，2009 - 08 - 20.

37. 刘国光. 中国特色社会主义经济运行机制的探索与创建 [J]. 当代中国史研究，2009（9）.

38. 刘国光. 中国为什么会被卷入本轮经济危机 [J]. 浙江经济，2009（9）.

39. 刘国光. 也谈"改革开放" [J]. 现代经济探讨，2009（9）.

40. 刘国光. 新中国六十年感言 [J]. 百年潮，2009（10）.

41. 刘国光. 改革开放新时期的宏观调控 [J]. 百年潮，2010（1）.

42. 刘国光. 在实践中发展中国特色社会主义经济学 [J]. 政治经济学评论，2010（1）.

43. 刘国光. 准确理解改革含义，正确掌握不同领域的改革进程 [J]. 中国城市经济，2010（1）.

44. 刘国光. 管理好通胀预期，防范出现明显通胀 [J]. 前线，2010（1）.

45. 刘国光. 关于管理通胀预期的几点思考 [J]. 财贸经济，2010（2）.

46. 刘国光. 改革开放新时期的收入分配问题 [J]. 百年潮，2010（4）.

47. 刘国光. 关于中国社会主义政治经济学的若干问题 [J]. 政治经济学评

论，2010（4）.

48. 刘国光. 经济建设与阶级斗争［N］. 环球视野，2010 – 01 – 05.

49. 刘国光. 分好蛋糕比做大蛋糕更困难［J］. 江淮论坛，2010（6）.

50. 刘国光."十二五规划"编制前夕谈加强国家计划的导向作用［J］. 财贸经济，2010（7）.

51. 刘国光. 转变对外经济发展方式的国内基础［J］. 商务周刊，2010（10）.

52. 刘国光. 究竟如何看待当前的"贫富差距"［J］. 人民论坛，2010（11）.

53. 刘国光. 社会主义初级阶段的主要矛盾问题［J］. 河北经贸大学，2010（6）.

54. 刘国光. 社会主义本质理论与初级阶段实践的矛盾［J］. 经济学动态，2010（12）.

55. 刘国光. 社会主义市场经济与资本主义市场经济的两个根本性区别［J］. 红旗文稿，2010（21）.

56. 刘国光. 发展流通产业要计划和市场两种手段并用［J］. 中国流通经济，2011（2）.

57. 刘国光. 巩固社会主义初级阶段的基本经济制度［J］. 当代中国史研究，2011（2）.

58. 刘国光. 正确改革国有垄断企业［J］. 国企，2011（3）.

59. 刘国光. 如何切实转变经济发展方式［J］. 中华魂，2011（4）.

60. 刘国光. 发展公有制经济有利于防止两极分化［J］. 当代中国史研究，2011（7）.

61. 刘国光. 公有制是社会主义初级阶段基本经济制度的基石［J］. 国企，2011（7）.

62. 刘国光. 是"国富优先"转向"民富优先"，还是"一部分人先富起来"转向"共同富裕"［J］. 探索，2011（4）.

63. 刘国光. 探寻大国的优势和发展战略［N］. 人民日报，2011 – 04 – 15.

64. 刘国光. 深化对公有制经济地位和作用的认识［N］. 人民日报，2011 – 06 – 21.

65. 刘国光. 共同富裕推进艰难的原因及对策［N］. 中国社会科学报，2011 – 07 – 12.

66. 刘国光. 经济学研究的立场［N］. 光明日报，2011 – 07 – 15.

67. 刘国光. 中国的财富走向［J］. 人民论坛，2011（8）.

68. 刘国光. 努力探索大国经济规律［J］. 大国经济研究，2011（9）.

69. 刘国光．关于国富、民富和共同富裕问题的一些思考［J］．经济研究，2011（10）．

70. 刘国光．收入分配问题的核心问题是贫富差距扩大［J］．前线，2011（12）．

71. 刘国光．新形势下深刻认识和主动发挥社会主义初级阶段基本经济制度优势［J］．国外理论动态，2011（12）．

72. 刘国光．我的经济学探索之路［J］．毛泽东邓小平理论研究，2012（1）．

73. 刘国光．不坚持社会主义方向的改革同样死路一条［J］．人民论坛，2012（3）．

74. 刘国光．两个毫不动摇"的当前价值——公有制是社会主义初级阶段基本经济制度的基石［J］．人民论坛，2012（15）．

75. 刘国光．坚持社会主义市场经济改革方向［N］．中国社会科学报，2012 - 06 - 18．

76. 刘国光．中国社会主义市场经济的特色［N］．中国社会科学报，2012 - 09 - 17．

77. 刘国光．坚持社会主义市场经济改革方向［J］．中华魂，2012（17）．

78. 刘国光．深化对社会主义初级阶段主要矛盾的认识［J］．政治经济学评论，2013（1）．

79. 刘国光．社会主义初级阶段的矛盾和本质特征［J］．当代经济研究，2013（2）．

80. 刘国光等．共同理想的基石——国有企业若干重大问题评论［J］．中国石油石化，2013（2）．

81. 刘国光．十八届三中全会前再谈中国经济体制改革的方向——警惕以市场化为名推行私有化之实的倾向［J］．江淮论坛，2013（5）．

82. 刘国光．再论我国经济体制改革的方向［N］．企业家日报，2013 - 9 - 14．

83. 刘国光．九十感恩［N］．人民日报，2013 - 12 - 08．

84. 刘国光．关于政府和市场在资源配置中的作用［J］．当代经济研究，2014（3）．

85. 刘国光．关于当前马克思主义理论的一些问题［J］．马克思主义研究，2015（4）．

86. 刘国光．政府和市场关系的核心是资源配置问题［J］．毛泽东邓小平理论研究，2015（11）．

87. 刘国光．中国经济体制改革的方向、目标和核心议题［J］．改革，2018（1）．

88. 刘国光．基于经济手段的视角解析计划与市场的关系［J］．福建论坛，2018（1）．

89. 刘国光．关于中国政治经济学研究的几个基本理论问题［J］．当代经济研究，2019（8）．

附录三：关于刘国光的主要传记作品及访谈（1980～2022）

（一）传记作品

1. 邓加荣. 中国经济学杰出贡献奖获得者——刘国光传（中国经济学家列传）［M］. 北京：中国金融出版社，2009.

2. 霍文琪. 刘国光：功业一生，经世济民［N］. 中国社会科学报，2015 - 07 - 27.

3. 邓加荣. 刘国光传［M］. 南京：江苏人民出版社，2015.

4. 刘国光，桁林，邢桂芹. 刘国光［M］. 北京：社会科学文献出版社，2017.

（二）访谈

1. 林晨，卢仲云. 在改革中丰富和发展社会主义学说——访著名经济学家刘国光［J］. 瞭望周刊，1987（37）.

2. 何德旭. 引进外资银行：中国金融业对外开放的重要举措——访著名经济学家刘国光教授［J］. 银行与企业，1993（12）.

3. 肖梦，德旭. 构建社会主义市场经济的坚实主体——访著名经济学家刘国光教授［J］. 改革，1994（1）.

4. 董瑞生，陈大钧.《决定》有哪些新的突破和进展？——著名经济学家刘国光访谈录［J］. 瞭望周刊，1994（2）.

5. 詹小洪. 拿出改革汇率一样的勇气来改革利率——专访著名经济学家刘国光教授［J］. 经济学动态，1994（6）.

6. 何煦. 推进经济改革促进经济发展——访著名经济学家刘国光教授［J］. 统计与决策. 1995（2）.

7. 尹向东. 大转变时期的消费问题——访著名经济学家刘国光教授［J］. 消

费经济，1995（5）.

8. 肖梦. 改革再上新台阶——专访著名经济学家刘国光教授［J］. 马克思主义与现实，1993（4）.

9. 吴育川. 刘国光教授谈我国当前经济形势和经济增长方式的转变［J］. 经济经纬，1996（2）.

10. 何煦. 国债市场：进一步规范和发展的方向与举措——访著名经济学家刘国光教授［J］. 浙江金融，1996（2）.

11. 习修轩. 我看"软着陆"——原中国社会科学院副院长、著名经济学家刘国光访谈录［J］. 经济师，1997（3）.

12. 刘莹. 怎样看待当前的宏观经济形势和宏观经济政策——访著名经济学家刘国光［J］. 前线，1998（11）.

13. 杜梅萍. 着力深度挖掘保持快速增长［J］. 前线，2003（1）.

14. 武迪. 中性调控拉长上升周期——访经济学家刘国光教授［J］. 今日中国论坛，2004（7）.

15. 杜梅萍. 转变政府职能，建设公共服务型政府［J］. 前线，2005（12）.

16. 里白. 关于双稳健的宏观调控政策探讨［J］. 经济师，2005（12）.

17. 如何正确认识我国宏观经济调控目标［J］. 马克思主义研究，2008（6）.

18. 宋毅成，刘国光. 坚持以马克思主义思想为指导，走中国特色社会主义道路——刘国光谈30年改革开放历史经验［J］. 中国城市经济，2008（5）.

19. 庄宇辉. 深圳经验丰富了中国特色社会主义理论［N］. 深圳特区报，2010 - 11 - 30.

20. 周建军. 如何切实转变经济发展方式？——著名经济学家、中国社科院特邀顾问刘国光专访［J］. 中华魂，2011（4）.

21. 新形势下深刻认识和主动发挥社会主义初级阶段基本经济制度优势——专访著名经济学家、中国社科院特邀顾问刘国光［J］. 国外理论动态，2011（12）.

22. 张文齐. 中国社会主义市场经济的特色——为纪念经济体制改革目标提出20周年访经济学家刘国光［N］. 中国社会科学报，2012 - 09 - 12.

23. 孙坚. 刘国光：把分好"蛋糕"摆在更加重要的地位［J］. 董事会，2012（10）.

24. 崔克亮，杨召奎. 刘国光：中国市场取向改革的最早倡导者（上篇）［N］. 中国经济时报，2013 - 08 - 07.

25. 崔克亮，杨召奎. 刘国光：中国市场取向改革的最早倡导者（下篇）

［N］. 中国经济时报，2013 – 08 – 14.

26. 经济观察报. 纯粹的市场经济不是我们改革的方向 ［EB/OL］. （2005 –
12 – 10） ［2014 – 09 – 25］. http：//finance. sina. com. cn/economist/jingjixueren/
20051210/16352188621. shtml.

27. 鲁保林. 实现共同富裕要坚持什么样的理论——访著名经济学家刘国光
学部委员 ［J］. 政治经济学研究，2022 （2）.

附录四：研究刘国光经济学术思想的主要成果（1980～2018）

1. 唐宗焜. 总结实践经验，探索改革方向 [J]. 经济研究，1980（12）.

2. 赵人伟. 总结调整经验，探索发展问题 [J]. 经济研究，1981（12）.

3. 王瑞荪，肖灼基. 学贵在用 [J]. 学术月刊，1982（3）.

4. 史班. 评介《论经济改革与经济调整》一些理论问题和实际问题的探讨 [J]. 经济与管理研究，1984（1）.

5. 沈立人. 把经济改革的理论研究向前推进《论经济改革与经济调整》对一些理论和实际问题的探讨 [J]. 中国社会科学，1984（3）.

6. 厉以宁. 有益的探讨，可贵的起步 [J]. 经济研究，1984（4）.

7. 褚葆一，罗申. 评刘国光同志编的《中国经济战略研究》[J]. 世界经济研究，1985（1）.

8. 陈仪坤. 刘国光折旧模型的公式化及其与多马公式的比较 [J]. 江西财经学院学报，1985（6）.

9. 沈立人.《刘国光选集》的学术思想 [J]. 中国社会科学，1988（5）.

10. 杜辉. 经济体制改革理论的冷静思考 [J]. 经济研究，1988（7）.

11. 肖灼基，杜辉. 中国经济体制改革模式的系统探索 [J]. 经济研究，1990（5）.

12. B. 波尔佳科夫，段合珊. 关于经济发展模式的探讨 [J]. 国外社会科学，1991（1）.

13. 肖梦，春霖. 再论加大改革的份量 [J]. 经济社会体制比较，1991（1）.

14. 沈立人. 学以致用的积极成果 [J]. 财贸经济，1992（4）.

15. 朱志杰. 市场经济与商品经济是两种不同的经济形态吗？——与刘国光同志商榷 [J]. 社会科学战线，1994（2）.

16. 东旗. 独树一帜的理论探索——读《刘国光经济文选（1991—1992）》一书 [J]. 经济学动态，1994（5）.

17. 郑耀东. 中国经济改革与发展的宏观方略——读刘国光著《中国经济改革和发展的新阶段》[J]. 经济学动态, 1996 (8).

18. 王建平, 刘黄. 严谨务实的经济学家 [J]. 金融消息参考, 1998 (12).

19. 沈立人. 发展和改革的理论开拓与实践探索——刘国光著《中国经济走向》评介 [J]. 经济学动态, 1999 (2).

20. 沈立人. 发展与改革的理论开拓和实践探索 [J]. 经济学动态, 1999 (2).

21. 戴园晨. 市场经济和买方市场 [J]. 经济研究, 1999 (4).

22. 刘迎秋. 长期坚持双紧, 短期适时微调 [J]. 社会科学管理与评论, 1999 (5).

23. 李向阳. 刘国光经济思想 [J]. 经济理论与经济管理, 2000 (6).

24. 阳国亮. 我国经济体制改革和运行规律探索的重要贡献——刘国光《中国经济走向——宏观经济运行与微观经济改革》评介 [J]. 社会科学家, 2000 (2).

25. 顾松年. 转变经济增长方式研究的纵深开拓——读刘国光、李京文主编的《中国经济大转变》[J]. 现代经济探讨, 2001 (10).

26. 何德旭. 世纪之交中国经济运行和发展的理性思考——读刘国光教授新作《中国经济运行与发展》[J]. 财贸经济, 2002 (4).

27. 李建伟. 刘国光教授经济增长理论——改革开放之前的理论体系与实证研究 [J]. 经济动态, 2003 (11).

28. 桁林. 从"双重模式转换"到"两个根本性转变"——刘国光经济思想专题研究 [J]. 经济学动态, 2003 (11).

29. 沈立人. 源自实践的开拓创新——评介刘国光的《中国宏观经济问题》[J]. 经济学动态, 2004 (10).

30. 刘贻清等编. "刘国光旋风"实录 [G]. 中国经济出版社, 2006.

31. 杨承训. 坚持基本路线必须澄清错误思潮 [J]. 炎黄春秋, 2007 (7).

32. 东琪. 良知与责任 [J]. 财贸经济, 2007 (8).

33. 沈立人. 坚持和发展马克思主义经济学的中国化——《刘国光文集》十卷本评介 [J]. 经济研究, 2007 (2).

34. 程恩富.《"刘(国光)旋风"——掀翻新自由主义经济思潮》感评 [J]. 海派经济学. 2007 (1).

35. 杨承训. 理论创新根植于改革实践 [J]. 当代经济研究, 2010 (4).

36. 杨承训. 改革理论创新的中流砥柱——评刘国光《经济学新论》的睿智

［J］. 经济经纬，2010（1）.

37. 沈立人. 评介刘国光著《经济学新论》［J］. 现代经济探讨，2010（4）.

38. 桁林. 刘国光《经济学新论》评介 ［J］. 经济学动态，2010（1）.

39. 何干强. 贯彻科学发展观，继续反对经济学"西化" ［J］. 管理学刊，2010（5）.

40. 李炳炎. 用马克思主义引领中国经济学的正确走向 ［J］. 改革与战略，2010（6）.

41. 毛立言. 刘国光经济思想扫描 ［J］. 管理学刊，2011（1）.

42. 胡乐明，毛立言. 评首届世界马克思经济学奖获得者刘国光的学术思想 ［J］. 外国经济学说与中国研究报告，2012（1）.

43. 郭笑撰. 刘国光经济思想研究 ［D］：［博士学位论文］. 武汉：武汉大学，2003.

44. 何海琳. 刘国光经济研究方法探析 ［J］. 宜春学院学报，2013（4）.

45. 何海琳. 新世纪以来刘国光关于个人收入分配问题的思考 ［J］. 管理学刊，2014（2）.

46. 王新建，周勇. "锦绣河山收拾好，万民尽作主人翁" ——刘国光先生经济学研究的无产阶级立场及启示 ［J］. 管理学刊，2014（3）.

47. 程恩富主编. 完善社会主义市场经济体制暨刘国光经济思想研讨会文集 ［C］. 北京：中国社会科学出版社，2014.

48. 颜鹏飞，丁霞主编. 马克思主义经济学中国化研究 ［M］北京：中国社会科学出版社，2015：238－245.

49. 卢继传. 刘国光：中国经济学家的标杆 ［J］. 经济，2015（20）.

50. 赵磊. "刘国光之忧" ［J］. 贵州商学院学报，2016（1）.

51. 高为学. 刘国光十论"中国经济体制改革的方向问题"述评 ［J］. 海派经济学，2016（4）.

52. 何海琳，李建平. 刘国光：中国特色社会主义政治经济学大师 ［J］. 海派经济学，2018（2）.

参 考 文 献

一、经典著作和重要文献

[1] 马克思恩格斯选集（第一卷）[M]. 北京：人民出版社，1995.

[2] 马克思恩格斯选集（第二卷）[M]. 北京：人民出版社，1995.

[3] 马克思恩格斯选集（第三卷）[M]. 北京：人民出版社，1995.

[4] 马克思恩格斯选集（第四卷）[M]. 北京：人民出版社，1995.

[5] 马克思. 资本论（第一卷）[M]. 北京：人民出版社，2004.

[6] 马克思. 资本论（第二卷）[M]. 北京：人民出版社，2004.

[7] 马克思. 资本论（第三卷）[M]. 北京：人民出版社，2004.

[8] 马克思恩格斯全集（第三十七卷）[M]. 北京：人民出版社，1973.

[9] 马克思恩格斯全集（第四十三卷）[M]. 北京：人民出版社，1972.

[10] 马克思恩格斯全集（第四十八卷）[M]. 北京：人民出版社，1985.

[11] 马克思恩格斯全集（第四十六卷上册）[M]. 北京：人民出版社，1979.

[12] 马克思恩格斯全集（第四十六卷下册）[M]. 北京：人民出版社，1980.

[13] 列宁选集（第一卷）[M]. 北京：人民出版社，1995.

[14] 列宁选集（第三卷）[M]. 北京：人民出版社，1995.

[15] 列宁选集（第四卷）[M]. 北京：人民出版社，1995.

[16] 列宁选集（第三十四卷）[M]. 北京：人民出版社，1995.

[17] 列宁选集（第四十卷）[M]. 北京：人民出版社，1995.

[18] 毛泽东选集（四卷）[M]. 北京：人民出版社，1996.

[19] 邓小平选集（三卷）[M]. 北京：人民出版社，1993.

[20] 中共中央文献研究室编. 三中全会以来重要文献选编（上、中、下）[G]. 北京：人民出版社，2011.

[21] 中共中央文献研究室编. 十二大以来重要文献选编（上中下）[G]. 北京：人民出版社，2011.

[22] 中共中央文献研究室编. 十三大以来重要文献选编（上中）[G]. 北

京：人民出版社，2011.

[23] 中共中央文献研究室编．十三大以来重要文献选编（下）［G］．北京：人民出版社，2013.

[24] 中共中央文献研究室编．十四大以来重要文献选编（上中下）［G］．北京：人民出版社，2011.

[25] 中共中央文献研究室编．十五大以来重要文献选编（上中）［G］．北京：人民出版社，2000.

[26] 中共中央文献研究室编．十五大以来重要文献选编（下）［G］．北京：人民出版社，2003.

[27] 中共中央文献研究室编．十六大以来重要文献选编（上中下）［G］．北京：人民出版社，2011.

[28] 中共中央文献研究室编．十七大以来重要文献选编（上）［G］．北京：人民出版社，2009.

[29] 中共中央文献研究室编．十七大以来重要文献选编（中）［G］．北京：人民出版社，2011.

[30] 中国共产党第十八届中央委员会第三次全体会议公报［M］．北京：人民出版社，2013.

[31] 中共中央关于全面深化改革若干重大问题的决定［M］．北京：人民出版社，2013.

[32] 中共中央宣传部．邓小平同志建设有中国特色社会主义理论学习纲要［M］．北京：学习出版社，1995.

[33] 中共中央文献研究室编．江泽民论有中国特色社会主义（专题摘编）［G］．北京：中央文献出版社，2002.

[34] 江泽民．坚定信心加强领导狠抓落实加快国有企业改革和发展步伐［M］．北京：人民出版社，1996.

[35] 江泽民．论"三个代表"［M］．北京：中央文献出版社，2001.

[36] 江泽民论有中国特色社会主义（专题摘编）［M］．北京：中央文献出版社，2002.

[37] 胡锦涛．高举中国特色社会主义伟大旗帜，为夺取全面建设小康社会新胜利而奋斗［M］．北京：人民出版社，2007.

[38] 胡锦涛．坚定不移沿着中国特色社会主义道路前进，为全面建成小康社会而奋斗［M］．北京：人民出版社，2012.

[39] 习近平．紧紧围绕坚持和发展中国特色社会主义学习宣传贯彻党的十

八大精神［M］．北京：人民出版社，2012.

　　［40］习近平谈治国理政（第一卷）［M］．北京：外文出版社，2014.

　　［41］习近平谈治国理政（第二卷）［M］．北京：外文出版社，2017.

　　［42］习近平谈治国理政（第三卷）［M］．北京：外文出版社，2020.

　　［43］国家经济贸易委员会，中共中央文献研究室编．十四大以来党和国家领导人论国有企业改革和发展［G］．北京：中央文献出版社，1999.

二、刘国光的著作及相关文章

（详见本书附录二、三、四）

三、其他著作和论文

（一）学术著作

　　［1］陈征．《资本论》和中国特色社会主义经济研究［M］．太原：山西经济出版社，2005.

　　［2］陈征，李建平，郭铁民主编．政治经济学［M］．北京：经济科学出版社，2001.

　　［3］陈征，李建平，郭铁民主编．《资本论》与当代中国经济［M］．北京：社会科学文献出版社，2008.

　　［4］胡培兆．《资本论》研究之研究［M］．成都：四川人民出版社，1985.

　　［5］吴宣恭主编．社会主义所有制结构改革［M］．杭州：浙江人民出版社，1994.

　　［6］吴宣恭等著．产权理论比较：马克思主义与西方现代产权学派［M］．北京：经济科学出版社，2000.

　　［7］胡培兆．有效供给论［M］．北京：经济科学出版社，2004.

　　［8］胡培兆．经济学本质论：三论三别［M］．北京：经济科学出版社，2006.

　　［9］李建平．《资本论》第一卷辩证法探索［M］．北京：社会科学文献出版社，2006.

　　［10］李建平，李建建，黄茂兴主编．马克思主义经济学的创新与发展［M］．北京：社会科学文献出版社，2008.

　　［11］中国经济体制改革研究会编写组．中国改革开放大事记［M］．北京：中国财政经济出版社，2008.

　　［12］任仲文．深入学习习近平总书记重要讲话精神［M］．北京：人民日报

出版社，2014.

[13] 彭五堂. 马克思主义产权理论研究 [M]. 上海：上海财经大学出版社，2008.

[14] 朱春燕. 《资本论》产权思想研究 [M]. 北京：中国社会科学出版社，2008.

[15] 张宇，孟捷，卢荻. 高级政治经济学 [M]. 北京：中国人民大学出版社，2006.

[16] 何秉孟. 新自由主义评析 [M]. 北京：社会科学文献出版社，2008.

[17] 张宇. 社会主义与市场经济的联姻：对一个历史性难题的思考 [M]. 北京：经济科学出版社，1996.

[18] 吴敬琏. 当代中国经济改革 [M]. 上海：上海远东出版社，2004.

[19] 卫兴华，张宇. 社会主义经济理论 [M]. 北京：高等教育出版社，2007.

[20] 何秉孟. 新自由主义评析 [M]. 北京：社会科学文献出版社，2004.

[21] 张才国. 新自由主义意识形态 [M]. 北京：中央编译出版社，2007.

[22] 周新城. 经济学若干理论问题研究 [M]. 北京：高等教育出版社，2010.

[23] 周新城. 围绕着改革问题马克思主义同反马克思主义的斗争 [M]. 北京：中国社会科学出版社，2010.

[24] 彭森等. 中国经济体制改革重大事件（上、下）[M]. 北京：中国人民大学出版社，2008.

[25] 赵士刚. 共和国经济风云（上、下）[M]. 北京：经济管理出版社，1996.

[26] 郭德宏等. 党和国家重大决策的过程 [M]. 北京：红旗出版社，1997.

[27] 张问敏等. 中国经济大论战 [M]. 北京：经济管理出版社，1996.

[28] 王静. 转型经济中宏观调控 [M]. 上海：三联出版社，2008.

[29] 苏剑. 内外失衡下的中国宏观调控 [M]. 北京：北京大学出版社，2012.

[30] 柳欣等. 中国经济学三十年 [M]. 北京：中国财政经济出版社，2008.

[31] 刘思华. 当代中国马克思主义经济学：批判与创新 [M]. 北京：中国出版集团，世界图书出版公司，2012.

[32] 张卓元，郑海航．中国国有企业改革30年回顾与展望［M］．北京：人民出版社，2008．

[33] 魏礼群．改革开放三十年见证与回顾［M］．北京：中国言实出版社，2008．

[34] 陈佳贵等．中国国有企业改革与发展研究［M］．北京：经济管理出版社，1999．

[35] 李克穆．中国宏观经济与宏观调控概说［M］．北京：中国财政经济出版社，2007．

[36] 张卓元．当代中国经济学理论研究［M］．北京：中国社会科学出版社，2009．

[37] 张卓元．中国改革开放经验的经济学思考［M］．北京：经济管理出版社，2000．

[38] 柳红．八〇年代：中国经济学人的光荣与梦想［M］．桂林．广西师范大学出版社，2010．

[39] 干春晖．中国经济体制改革30年［M］．上海：上海财经大学出版社，2008．

[40] 吴晓波．大败局［M］．杭州：浙江人民出版社，2010．

[41] 加强和改善宏观调控政策读本［M］．北京：中共中央党校出版社，2009．

[42] 杨欢进．薛暮桥经济思想研究［M］．北京：中国经济出版社，1992．

[43] 吕政，黄速建主编．中国国有企业改革30年研究［M］．北京：经济管理出版社，2008．

[44] 刘永佶．政治经济学方法论教程［M］．北京：中国社会科学出版社，2012．

[45] 高尚全．改革只有进行时：对3个三中全会改革决定的回顾［M］．北京：人民出版社，2013．

[46] 高尚全．政府转型：献给改革开放30年［M］．北京：经济科学出版社，2008．

[47] 吴敬琏，马国川．重启改革议程：中国经济改革二十讲［M］．北京：生活·读书·新知三联书店，2013．

[48] 吴易风．马克思主义经济学与西方经济学比较研究（三卷本）［M］．北京：中国人民大学出版社，2014．

[49] 朱勇等编．吴易风经济思想评说［G］．北京：中国经济出版社，2012．

［50］马国川．争锋：一个记者眼中的中国问题［M］．北京：中国水利水电出版社，2008.

［51］林毅夫．中国经济专题［M］．北京：北京大学出版社，2012.

［52］吴晓波．激荡三十年［M］．北京：中信出版社，2008.

［53］程恩富．经济理论与政策创新［M］．北京：中国社会科学出版社，2013.

［54］程恩富．马克思主义与新中国60年［M］．北京：中国社会科学出版社，2010.

［55］卫兴华．社会主义经济理论研究集萃（2012）：稳中求进的中国经济［M］．北京：经济科学出版社，2013.

［56］卫兴华．理论是非辨析——误解错解马克思主义理论事例评说［M］．北京：经济科学出版社，2012.

［57］顾海良．马克思经济思想的当代视界［M］．北京：经济科学出版社，2005.

［58］李炳炎．论卓炯经济学说［M］．银川：宁夏人民出版社，2009.

［59］李成瑞．陈云经济思想发展史［M］．北京：当代中国出版社，2009.

［60］余斌，陈昌建．国民收入分配：困境与出路［M］．北京：中国发展出版社，2011.

［61］王小鲁．国民收入分配战略［M］．海口：海南出版社，2013.

［62］赵智奎．改革开放三十年思想史［M］．北京：人民出版社，2008.

［63］卫祥云．国企改革新思路：如何把正确的事做对［M］．北京：电子工业出版社，2013.

［64］国务院国资委产权管理局．国资新局：企业国有产权管理经典案例1［M］．北京：中信出版社，2013.

［65］金碚，刘戒骄，刘吉超，卢文波，陈佳贵．中国国有企业发展道路［M］．北京：经济管理出版社，2013.

［66］苏东斌．当代中国经济思想史断录［M］．北京：社会科学文献出版社，2009.

［67］马艳，郝国喜，漆光瑛．马克思主义经济思想史（中国卷）［M］．上海：东方出版社，2006.

［68］张卓元，张晓晶主编．新中国经济学研究70年［M］．北京：中国社会科学出版社，2019.

（二）期刊文献

[1] 吴宣恭. 关于国有企业战略性改组的几个问题 [J]. 福建改革, 2000 (1).

[2] 陈征. 有关从战略上调整国有经济布局的几个问题 [J]. 东南学术, 2000 (3).

[3] 吴宣恭. 马克思主义的企业产权理论 [J]. 当代经济研究, 2006 (10).

[4] 吴宣恭. 国有经济改革及其主要指导思想 [J]. 理论视野, 2007 (3).

[5] 吴宣恭. 从生产关系的主导因素探讨中国经济学的主线 [J]. 政治经济学评论, 2010 (1).

[6] 吴宣恭. 所有制改革应保证公有制的主体地位 [J]. 管理学刊, 2011 (5).

[7] 吴宣恭. 阶级分析在我国政治经济学中的地位 [J]. 政治经济学评论, 2012 (2).

[8] 李建平. 改革开放必须坚持正确的方法论 [J]. 当代经济研究, 2019 (1).

[9] 李建平. 新自由主义市场拜物教批判 [J]. 当代经济研究, 2012 (9).

[10] 黄茂兴. 李建平的学术贡献与经济思想 [J]. 海派经济学, 2010 (4).

[11] 黄瑾, 李建平. 深刻认识社会主义生产目的新内涵 [J]. 经济研究参考, 2021 (1).

[12] 中国社科院新自由主义研究课题组. 新自由主义研究 [J]. 马克思主义研究, 2003 (6).

[13] 白永秀, 刘盼. 关于构建中国经济学的几个基本问题 [J]. 改革, 2021 (2).

[14] 胡培兆. 马克思主义经济学的主流地位不可动摇 [J]. 政治经济学评论, 2013 (7).

[15] 周新城. 共产党员应有坚定的理想信念 [J]. 思想理论教育导刊, 2013 (2).

[16] 周新城. 运用毛泽东关于矛盾的学说来阐述改革问题 [J]. 思想理论教育导刊, 2013 (4).

[17] 王贵贤, 张静. 探索一条培养思想政治课骨干教师的新途径 [J]. 思想理论教育导刊, 2013 (4).

[18] 糜海波. 新自由主义全球化批判 [J]. 马克思主义研究, 2013 (10).

[19] 丁冰. 新自由主义与经济全球化——试析经济全球化的消极影响 [J].

当代经济研究，2002（6）.

［20］周宏，李国平．金融资本主义：新特征与新影响［J］．马克思主义研究，2013（10）.

［21］路爱国．应当充分认识私有化的后果和危害［J］．探索，2009（1）.

［22］程恩富．国有经济的主导功能与制度创新［J］．学术月刊，1997（10）.

［23］韩喜平．"中国梦"与理论工作者的使命［J］．马克思主义研究，2013（10）.

［24］梅荣政，白显良．中国特色社会主义与新自由主义［J］．马克思主义研究，2013（10）.

［25］谢敏．国有经济改革路径与改革成效研究综述［J］．开放导报，2009（6）.

［26］顾玮玮．我国公营企业的存在与改革［J］．江南论坛，2009（11）.

［27］何力．"后危机"时期需要新一轮改革［J］．财经，2009（25）.

［28］陈志平．论全球经济危机发生的多重原因及对我国的启示［J］．内蒙古财经学院学报，2009（5）.

［29］张传鹤．新中国成立60年来我国所有制政策的历史变迁［J］．中国浦东干部学院学报，2009（5）.

［30］晓亮．中国民营经济60年［J］．南方经济，2009（10）.

［31］叶琪．新中国成立60年来我国国有企业改革历程与成效［J］．经济研究参考，2009（67）.

［32］韩金华，李忠华，白子芳．改革开放以来劳动报酬占初次分配比重演变轨迹、原因及对策研究［J］．中央财经大学学报，2009（12）.

［33］何秉孟．新自由主义在我国的传播及我们应采取的科学态度［J］．中国社会科学院院报，2003（11）.

［34］蔡强．稳定分配理论与市场设计实践的完美合作［J］．当代经济研究，2012（11）.

［35］方福前．新自由主义及其影响［J］．高校理论战线，2003（12）.

［36］张增臣．国有经济的功能与产业定位标准［J］．经济纵横，2005（7）.

［37］杨泽柱．建设大国资促进大发展［J］．国有资产管理，2011（12）.

［38］王正宇．围绕做大做强做优做久加快核心竞争力提升——关于加快地方国企发展的调查与思考［J］．国有资产管理，2011（12）.

［39］潘石，李莹．论中央企业深化改革与科学发展［J］．当代经济研究，2012（11）.

［40］卫兴华. 把握新一轮深化经济体制改革的理论指导和战略部署［J］. 党政干部学刊，2014（1）.

［41］卫兴华. 近年来关于效率与公平关系的不同解读和观点评析［J］. 教学与研究，2013（7）.

［42］卫兴华，侯为民. 当前经济理论热点问题研究［J］. 唯实，2013（7）.

［43］卫兴华. 坚持社会主义市场经济的改革方向［N］. 光明日报，2013 - 11 - 07.

［44］卫兴华. 2011 年理论经济学若干热点问题研究综述［J］. 经济学动态，2012（2）.

［45］张喜燕. 马克思分配理论的几点再思考［J］. 科学社会主义，2006（4）.

［46］程恩富. 现代马克思主义政治经济学的四大理论假设［J］. 中国社会科学，2007（1）.

［47］郭飞. 深化中国所有制结构改革的若干思考［J］. 中国社会科学，2008（3）.

［48］何炼成. 谈分配与所有制的关系——与刘国光学部委员商榷［J］. 开放导报，2007（12）.

［49］张雷声. 效率与公平统一的视角理解社会主义的本质［J］. 学术界，2005（4）.

［50］王碧峰. 公平与效率问题讨论综述［J］. 经济理论与经济管理，2006（3）.

［51］郭蓓. 马克思分配理论研究述要［J］. 中共贵州省委党校学报，2009（4）.

［52］李楠. 论按劳分配与公平与效率的关系［J］. 江汉论坛，2003（5）.

［53］李楠，胡爽平. 马克思主义分配原理在新中国 60 年的创造性运用和发展［J］. 山东社会科学，2009（6）.

［54］金碚. 三论国有企业是特殊的企业［J］. 中国工业经济，1997（7）.

［55］林毅夫. 新结构经济学——重构发展经济学的框架［J］. 经济学季刊，2011（1）.

［56］杨记军，禄东，杨丹. 国有企业的政府控制权转让研究［J］. 经济研究，2010（2）.

［57］徐传谌，艾德洲. 中国国有企业社会责任研究［J］. 吉林大学社会科学学报，2010（6）.

［58］杨春学 . 中国经济模式与腐败问题［J］. 经济学动态，2011（2）.

［59］杨承训 . 用"三个有利于"标准评判国有经济的"进"与"退"［J］. 红旗文稿，2010（2）.

［60］李鹏飞 . 慎言"国进民退"［J］. 领导之友，2009（6）.

［61］马骏 . 我国总体趋势上不存在"国进民退"［J］. 红旗文稿，2010（2）.

［62］邱海平 . 中国政治经济学研究的主要缺陷与出路［J］. 马克思主义研究，2010（6）.

［63］马怀礼 . 论政治经济学研究的基本思路［J］. 当代经济研究，2010（1）.

［64］何自力 . 论马克思主义经济学的独特品质及其主流地位［J］. 天津商业大学学报，2010（5）.

［65］于金富 . 论现代马克思主义经济学的构建［J］. 经济纵横，2010（9）.

［66］何爱平，任保平 . 新中国60年政治经济学教学与研究的特征总结与展望［J］. 经济纵横，2010（2）.

［67］卫兴华 . 转变经济发展方式需要处理好四个关系［J］. 红旗文稿，2010（15）.

［68］刘瑞，王岳 . 从"国进民退"之争看国企在宏观调控中的作用［J］. 政治经济学评论，2010（3）.

［69］程恩富，王朝科 . 用发展的马克思主义政治经济学引领应用经济学创新［J］. 教学与研究，2010（2）.

［70］洪远朋 . 构建马克思主义政治经济学的新思维［J］. 探索与争鸣，2010（2）.

［71］逢锦聚 . 建设中国化时代化的马克思主义经济学［N］. 光明日报，2010－01－25（8）.

［72］何干强 . 维护社会主义公有制主体地位的若干观点［J］. 海派经济学，2010（4）.

［73］唐钧 . 改革三思再行［J］. 商业周刊，2009（3）.

［74］汤吉军 . 中国国有经济战略性调整的路径依赖及其超越［J］. 首都经济贸易大学学报，2009（6）.

［75］宗寒 . 正确认识国有企业的作用效率［J］. 当代经济研究，2011（2）.

［76］张宇 . 中国特色社会主义理论体系的发展与创新［J］. 教学与研究，2007（11）.

[77] 马洪. 关于经济管理体制改革的几个问题 [J]. 经济研究, 1981 (7).

[78] 纪宝成. 单纯"效率导向"导致冲突加剧 [J]. 人民论坛, 2011 (8).

[79] 武力. 新中国60年经济发展回顾与思考 [J]. 江苏行政学院学报, 2009 (6).

[80] 逄锦聚. 论中国经济学的方向和方法 [J]. 政治经济学评论, 2012 (4).

[81] 张宇. 论马克思主义经济学的本质与理论框架 [J]. 学习与探索, 2012 (3).

[82] 丁霞, 颜鹏飞. 中国经济学逻辑体系的新探索——兼论马克思的经济学逻辑构建体系 [J]. 当代经济研究, 2011 (1).

[83] 李炳炎. 构建中国特色社会主义分享经济制度的探索 [J]. 当代经济研究, 2012 (7).

[84] 李景田. 夺取中国特色社会主义新胜利必须牢牢把握的基本要求 [J]. 求是, 2012 (24).

[85] 易涤非. 深化国企改革要避免误入歧途 [J]. 红旗文稿, 2012 (8).

[86] 鄢杰. 关于做强做优国有企业的若干重大问题——"中国经济社会发展智库第五届高层论坛"综述 [J]. 马克思主义研究, 2011 (11).

[87] 王佳菲. 摒弃"零和"思维坚持两个毫不动摇 [J]. 红旗文稿, 2012 (12).

[88] 张宇, 蒋茜, 王娜. 深化对社会主义本质认识的若干思考 [J]. 经济学动态, 2012 (3).

[89] 赵华荃. 关于公有制主体地位的量化分析和评价 [J]. 当代经济研究, 2012 (3).

[90] 郑志国. 怎样量化分析公有制的主体地位——与赵华荃先生商榷 [J]. 当代经济研究, 2012 (10).

[91] 谭劲松, 王文焕. 公有制主体地位的衡量标准与评价体系 [J]. 马克思主义研究, 2010 (10).

[92] 刘越. 我国公有制经济占主体地位之"质"的分析 [J]. 马克思主义研究, 2012 (8).

[93] 张俊山. 关于收入分配的几个概念的讨论 [J]. 教学与研究, 2012 (4).

[94] 高德步. 历史主义与中国经济学的当代建构 [J]. 政治经济学评论, 2012 (1).

［95］杨金兰．略论我国国民收入分配的价值原则［J］．学理论，2009（11）.

［96］郑有国，陈甫．中国经济结构中国有企业的张力［J］．亚太经济，2009（6）.

［97］吴强．新中国60年与中国社会主义经济发展理论研讨会综述［J］．红旗文稿，2009（20）.

［98］张东岭，王俐君．中国特色社会主义经济建设应坚持基本的经济制度［J］．当代经济研究，2009（3）.

［99］朱奎．论两种错误的所有制改革取向［J］．毛泽东邓小平理论研究，2010（2）.

［100］刘伟．中国特色社会主义收入分配问题的政治经济学探索——改革开放以来的收入分配理论与实践进展［J］．北京大学学报（哲学社会科学版），2018（2）.

［101］朱安东．新自由主义对中国的影响、危害与应对［J］．红旗文稿，2017（10）.

［102］卫兴华，谭璇．2018年理论经济学若干热点问题研究及讨论综述［J］．经济纵横，2019（1）.

［103］周新城．关于我国社会主义初级阶段的基本经济制度的理论思考［J］．中华魂，2019（11）.

［104］程恩富，张福军．要注重研究社会主义基本经济制度［J］．上海经济研究，2020（10）.

［105］马艳．新时代中国特色社会主义经济思想的逻辑关系［J］．经济学家，2020（8）.

［106］卫兴华．关于当前三个重要经济理论问题［J］．政治经济学研究，2020（1）.

［107］杨志军．从全球贫富差距拉大看经济全球化的本质［J］．思想理论教育导刊，2013（2）.

四、译著及国外文献

［1］亚诺什·科尔内．短缺经济学［M］．北京：经济科学出版社，1986.

［2］罗纳德·哈里·科斯．变革中国［M］．徐尧，李哲民，译．北京：中信出版社，2013.

［3］约翰·伊特韦尔等编．新帕尔格雷夫经济学辞典（第3卷）［M］．北京：经济科学出版社，1992.

［4］阿瑟·奥肯.平等与效率——重大的抉择［M］.王奔洲,译.北京:华夏出版社,1987.

［5］布坎南.自由、市场和国家［M］.吴良健,桑伍,曾获,译.北京:北京经济学院出版社,1989.

［6］哈耶克.通往奴役之路［M］.王明毅,译.北京:中国社会科学出版社,1997.

［7］米尔顿·弗里德曼.资本主义与自由［M］.张瑞玉,译.北京:商务印书馆,1986.

［8］哈耶克.自由宪章［M］.杨玉生,冯兴元,陈茅,等译.北京:中国社会科学出版社,1999.

［9］David Baldwin. *Neorealism Neoliberalism*: *The Contemporary Debate*［M］. New York: Comlumbia University Press, 1993.

［10］Barzel, Yoram. *Economic Analysis of Property Rights*［M］. Cambridge University Press, 1989.

［11］David Priesland. Marx and the Kremlin: writing on Marxism – Leninism and Soviet politics after the fall of communism［J］. *Journal of Political Ideologies*, 2000 (6).

［12］Enrique Leff. The scientific-technological revolution, the forces of nature, and Marx's theory of value［J］. *Capitalism Nature Socialism*. 2000 (6).

［13］Anand, Sudhir, Hanson. Kara: Efficiency versus equity［J］. *World Development*, Volume 26, Issue 2, 2004.

［14］Maniquet, François. A strong incompatibility between efficiency and equity in non-convex economies［J］. *Journal of Mathematical Economics*, Volume 32, Issue 4, 1999.

［15］Tadenuma, Koichi. Efficiency first or equity first? Two principles and rationality of social choice［J］. *Journal of Economic Theory*, Volume 104, Issue 2, 2002.

［16］Turvey, Calum G. Islam, Zahiru. Equity and efficiency considerations in area versus individual yield insurance［J］. *Agricultural Economics*, Volume 12, Issue 1, 2004.

［17］Alfaro, Laura, Andrew Charlton, and Fabio Kanczuk. Plant-size distribution and cross-country income differences［C］. NBER Working Paper, 2008.

［18］Allen, Franklin, Jun Qian, and Meijun Qian. Law, Finance, and economic growth in China ［J］. *Journal of Financial Economics*，Vol. 77，2005.

［19］Danielle Guizzo. Why does the history of economic thought neglect Post – Keynesian economics? ［J］. *Review of Keynesian Economic*，Volume 8，Issue 1，2020.

［20］Dieter Bögenhold. History of economic thought as an analytic tool：why past intellectual ideas must be acknowledged as lighthouses for the future ［J］. *International Advances in Economic Research*，Volume 26，Issue 3，2020.

［21］Nicolas Veroli. Beyond the neoliberal horizon：Elements for a theory of universal crisis ［J］. *Constellations*，Volume 27，Issue 1，2020.

五、学位论文

［1］刘俊. 西方新自由主义的批判研究 ［D］. 成都：四川外语学院，2012.

［2］陈卓. 新自由主义对东亚经济发展的影响 ［D］. 北京：外交学院，2009.

［3］喻新强. 国有经济的主导地位与控制力问题研究 ［D］. 长沙：湖南大学，2006.

［4］高鹤文. 准公共产品领域国有经济功能研究 ［D］. 长春：吉林大学，2009.

［5］刘睿. 反思新自由主义经济理论 ［D］. 沈阳：辽宁大学，2011.

［6］潘永强. 改革开放以来党的国有经济改革理论与实践 ［D］. 长春：东北师范大学，2012.

［7］刘琼. 新自由主义对中国影响 ［D］. 西安：长安大学，2009.

［8］吴强玲. 转轨中的平衡——维护社会公平的政府行为 ［D］. 上海：复旦大学，2005.

［9］杨昌尧. 社会公平的界定与实现途径 ［D］. 北京：中共中央党校，2006.

［10］矫幸. 关于我国的公平和效率问题研究 ［D］. 长春：吉林大学，2007.

［11］黄新华. 中国经济体制改革的制度分析 ［D］. 厦门：厦门大学，2002.

［12］王承新. 中国经济体制改革的哲学思考 ［D］. 乌鲁木齐：新疆大学，2009.

后　　记

作为一名 70 后，我是生活在好时代，没有经历祖辈的流离颠沛，没有经历父辈的饥餐少食。沐浴着改革开放的春风，丰衣足食，我是"富起来"时代的见证者和受益者。国泰民安彰显着社会主义制度的优越性和生命力。社会主义制度的优越性和生命力的彰显离不开伟大思想家的推动。刘国光是伟大思想家中的一位。

刘国光是海内外享有盛誉的马克思主义经济学家，他的经济学术思想对中国的经济体制改革具有重大影响作用。对于一名从事马克思主义中国化理论研究和教学的高校教师，研究刘国光经济学术思想是很有意义的课题。在导师李建平教授的鼓励和支持下，我将刘国光经济学术思想研究作为我的博士论文课题。这，既是光荣的使命，更是重大的挑战。写作中，几经迷惘，几经徘徊，几经疲惫。导师李建平教授对马克思主义事业的满腔热情和饱满激情深深触动了我，给予我莫大的正能量激励，让我能及时调整好状态，以饱满的精神状态投入科研中。李老师对马克思主义的坚定信仰和渊博深厚的专业造诣是我的研究不断实现进展的明灯！师母綦正芳教授多年来无微不至的关心和帮助，让我在为人治学上深有所得！李老师和綦老师诲人不倦的师者之风、宽容敦厚的为人之道，激励我"知明行笃求学问，立诚致广写人生"。对他们的感谢、感激、感恩之情将永远伴随着我！

本书写作中，有幸四次拜见刘国光先生，亲耳聆听先生深刻的见解和谆谆教诲，让我受益匪浅，终生难忘！有幸得到先生题词勉励，让我备受鼓舞！借此，向刘国光先生再次致以崇高的敬意和由衷的感谢！刘国光先生的秘书邢桂芹女士为本书的写作予以热情的帮助和大力的支持，借此，深表谢意！

本书得以出版感谢母校福建师范大学经济学院的大力支持！特别感谢鲁保林教授的宝贵建议以及黄瑾院长的热诚支持！

感谢我的工作单位厦门医学院在本书写作期间的支持和帮助！

感谢经济科学出版社编辑为本书出版的辛勤付出！

感谢我父母的理解和支持，他们的爱给了我勇往直前的信心和力量！

本文在写作中参阅了诸多文献资料。借此，谨向这些研究成果的作者致谢！

本书不足之处，敬请学界同仁批评指正！

祝祖国繁荣昌盛！

何海琳

于厦门医学院明德楼

2022 年 5 月 1 日